國家社科基金重大項目（10&ZD104）

上海師範大學古籍整理研究所編
項目首席專家、主編　戴建國
主編　朱易安　傅璇琮　周常林

国家出版基金项目
NATIONAL PUBLICATION FOUNDATION

全宋筆記

第九編 四

大象出版社

顧　　問　王水照　朱瑞熙　徐　規　李裕民

項目首席專家、主編　戴建國

主　　編　朱易安　傅璇琮　周常林

編纂委員會（以姓氏筆畫爲序）

王劉純　朱易安　李亞娜　周常林　俞　鋼　查清華

徐時儀　陳　新　張劍光　傅璇琮　虞雲國　戴建國

〔宋〕洪邁 撰

夷堅志（二）

李昌憲 整理

目録

夷堅丙志序

始予萃《夷堅》二書，顓以鳩異崇怪，本無意於纂述人事，及稱人之惡也。然得於容易，或急於滿卷帙成編，故頗違初心。如甲志中人爲飛禽，乙志中建昌黄氏冤、馮當可、江毛心事，皆大不然，其究乃至於誣善。又董氏俠婦人事，亦不盡如所説。蓋以告者過，或予聽焉不審，爲竦然以慙。既删削是正，而冗部所儲，可爲第三書者，又已襞積。懲前之過，止不欲爲，然習氣所溺，欲罷不能，而好事君子復縱臾之，輒私自恕曰：「但談鬼神之事足矣，毋庸及其它。」於是取爲丙志，亦二十卷，凡二百六十七事云。乾道七年五月十八日，洪邁景盧敘。

夷堅丙志目録

【一】十三事　涵芬樓本注，實有十五事。

【二】周昌時孝行　涵芬樓本注，五字原闕，據陸本補。

【三】虞孟文妾　涵芬樓本注，四字原闕，據陸本補。

夷堅丙志卷第一 八事

九聖奇鬼

永嘉薛季宣，字士隆，左司郎中徽言之子也。隆興二年秋，比鄰沈氏母病，宣遣子沄與何氏二甥問之。其家方命巫沈安之治鬼，沄與二甥皆見神將著戎服，長數寸，見於茶托上，飲食言語，與人不殊。得沈氏亡妾，挾與偕去，追沈母之魂，頃刻而至。形如生身，化爲流光，入母頂，疾爲稍間。沄歸，夸語薛族，神其事。時從女之夫家苦魑怪，女積抱心恙，邀安之視之，執二魑焉，狀類猴而手足不具。神將白：「其三遠遁，請得追迹。」俄甲士數百建旗來前。旗章畫三辰八卦，舒光煒然。器械悉具，弩梁施八龍首，機藏柄中，觸一機，則八龍張吻受箭，激而發之，躍如也。無何，縛三魑至。又執二人，一青巾，一髽髻，皆木葉被體。命置獄考竟，地獄百毒，湯鑊剉碓，隨索隨見，鬼形糜碎，死而復甦屢矣，訖不承。安之呼別將藍面跨馬者訊治，叱左右考鞫，親折鬼四支投于空，而承以槊，大抵不能過前酷，而鬼屈服受辭，具□【一】乃宅旁樹。剞其腹，得一卷書，曰：「此女魂也。」投之於口，亦入其頂中，是夕小愈。明日，神將言：「魈黨三輩，挾大力不肯就逮，方以兵見

校勘記

【一】具□　涵芬樓本注，陸本作「具言」。

拒，請擊之。」遽發卒數萬，且召會城隍、五嶽兵，偵候絡繹，既而告敗。或有爲所劓刖，竄而歸者，曰：「通郡郭爲戰場，我軍巷鬬，皆不利。」又遣鐵幘將，率十倍之衆以往，亦敗。如安之色不怡，燒符追玉笥三雷院兵爲援。會日暮，不決。後二日，始有執旗來獻捷者。如世間捷旗，而後加「謹報」二字。得一酋，冕服而朱纓，械之。大青鬼稱爲雷部，憑空立雲，氣覆冒其體，鼓於雲間，霆聲再震，金蛇長數丈，乘電光入幽圄中。沄及何甥謂，與常雷電亡異，而餘人不覺。其夜，神將曰：「聞遠方神物爲諸鬼地，且將劫吾獄。」命檻車錮囚於內，羅甲卒衛守。安之焚楮鏹數萬以犒士，既焚，則已班給，人纔得七錢。數日，女疾如故。安之復領神將來曰：「女魂又爲鬼所奪矣。」於是解髮禹步，仗劍呵祝，每俘獲，必囚之。何甥自是無所覩。沄見神將形漸長大如人，揖季宣就席，與論鬼神之事，曰：「是非真有，原皆起於人心。人心存而有之，無無有有，蓋無所致詰。」又語沄問學，曰：「當讀睿智，顯謨兩先生文集。」告以世無此書，曰：「書已爲秦政焚滅矣。承烈先生者，顯謨先生子也。」其意蓋指帝堯及文王、武王。又曰：「人無信不立。果知自信，則先生之道，可由學而致。」宣外甥久病瘧，女兄覩此事，敬異之。神即傍顧曰：「聞親戚間有鬼瘧，可并案也。」安之不許。明日，女兄來，假室治甥病。神降者三人，其一類左司公，呼宣小字曰：「虎兒，吾汝父也。今爲天上明威王，位在岳飛右。吾兄吏部嘉言、待制弼、姻家孫秘丞端朝，分將五雷兵，亦爲三，明當與孫公過汝，宜治具以待。」凡捕得七鬼，悉繫獄。迨夜下漏，呼囚，大略如人世。明日，神將來甚衆，自此不復離堂户，或稱南北斗、真武、嶽帝、灌口神君、成湯、高宗、伊尹、周公、陳摶、司馬温公者。又言：「堯舜在天爲左右相，文王典樞密，孔子居翰苑。」其語多鄙野可笑。閻羅王續至，望神將再拜謁。勑陰吏索薛氏先亡者，得男女十有六人，宣父母及外舅孫公咸在，皆公服帔裳，一家婢僕悉見。席罷，曰：「獄事未竟，明當再來。今日饌具殊薄惡，後必加豐，令足以成禮。」遂去，獨留兩偏將儆巡。沄出，見吏士塞途，所經祠廟，主者迎謁。一走卒還白曰：「上天以下元考功，吾王轉飛天大神，王以元帥董督五院矣。」五院者，安之所行法也。宣兄寧仲竊怪之，誦言曰：「此奇鬼附託，不足復祀。」宣曰：「鬼神固難知。既稱吾先人，安得不祭？」神將稍不懌，爲奏，誣寧仲等不孝，請于帝，減其算。旋得詔報：「可。」意欲以懼宣。明夜，十六人復集，自設供張，變堂奧爲廣庭，幄帟皆錦繡，器用皆金玉。男子貂蟬冕服，婦人褘衣，侍女珠翠。金石備樂，如塤篪柷敔之屬，沄所未嘗見。酒既酣，奏妓爲潑寒胡、曼延、龍爵之戲，千詭萬態，聽其音調，若因風自遠而至。伶官致語，多讖未來事，或誚不己信者，皆矗俗，持兩端，自相繆戾，頗覺人議己。左司者哭而言曰：「汝謂死而無知，可乎？殆有相熒惑者，非汝之過。可繪我與孫公像，并所事神將祠于室。」宣曰：「大人死爲天神，甚善。子孫當蒙福，不宜見怪，以邀非正之享。今其絶影響，勿復來。」應曰：「諾。」詰旦，久未起。妻淑者，祕丞女也，亦疑以爲不可復祀。宣未對，所謂左司、祕丞者，已泣于床隅，曰：「真絶我乎？」淑曰：「阿舅、阿父，幸見臨，何爲造兒女子床下？」皆大慚曰：「汝言是也，吾即去。」遂跨虎以出。淑謂長姒：「吾翁、吾父皆正人，必不爲此。殆是假其名而竊食者。」語竟，即有驅先二人來，曰：「此等皆妄也。真飛天王使我捕之。」宣叱曰：「汝輩魑魅亡狀，又欲以真飛天誑我。」拔劍擊之，則復其本質。少焉，盡室皆魈，移時乃没。明日，沄誦書堂上，又有啟户者，曰：「二魈已伏誅，吾來報子。」宣以劍拂其處，血光赫然。它奇形異狀者踵至，皆計窮捨去。其一梟辟於廷，曰：「晝日吾無可奈何，夜能苦子耳。」及夜，徑來逼沄，宣抱之於懷，魈將以物置沄口，宣掩之。沄於手中得藥，投諸地，有聲，墮宣指間，瘡即隱起。已，又投食器中，淑取食之，無傷也。夜半不去，沄困急，悶悶不自持，默誦《周易·乾卦》，似小定，既而復然。淑取真武象，挂于傍，沄覺如人噀水入身中，冷若冰雪，魈化爲光氣，穿牖而滅，精神始寧。薛氏議呼道士行正法，魈歷指其短，惟不及張彦華。偶隨請而至，魈詐稱舊僕陳德華。叱令吐實，曰：「我西廟五通九聖也。沈安之所事，皆吾魈屬。此郡人事我謹，唯薛氏不然，故因沈巫以紿之，欲害其子。今手足俱露，請從此别。」華去之明日，妖復作，攻沄益甚。華始命考召。沄見神人散髮飛空，乘鐵火輪，魅以藥瓢迎拒之，人輪皆喪。九聖者自稱神將，著紗帽赭服，與道士並步罡噀水，略無忌憚。華歸，焚章上奏，掃室爲獄，置灰焉。明旦，閲灰跡，一鬼一婦人就繫，獄吏朱衣在傍立。空中鬼反呼正神爲賊將，言曰：「勿得以戈揞我，我爲王邦佐，鐵心石腸人也。汝何能爲，趣修我廟，乃已。」宣不復問，領僕毀其廟，悉斷土偶首。初，沄夢爲羣猴舁入穴，青色鬼牽虎，齗齗然。於是□其像，廟既壞，邦佐方引咎，請於沄宣還家。續又七人至，其一自名蕭邦貢。沄呼曰：「神將胡不擒此？」即有大星出中庭，雲烝其下，三魈扶摇而上，旋致于灰室，其四脱走。火輪石斧交涌雲際，凡俘鬼二十一，皆斬首。其十五尸印火文于背，曰：「山魈不道，天命誅之。」其六尸印文稱：「古埋伏尸，不著墳墓，害及平人者，竿梟其首以徇。」是夕，啓獄，灰迹從横凌亂，而縶者才五輩。將上送北酆，金甲神持黄紙符勑示沄，上爲列星九，中畫黑殺符，下云：「大小鬼神邪道者，並誅之。」沄録示華，華喜曰：「上帝有命矣。」質明，詣獄問吏，吏白：「制勑已定，行刑可也。首惡非王邦佐，實蕭文佐、蕭忠彦、李不逮，餘不可勝計，姓名不足問也。」甲卒以木驢、石砼、火印、木丸之屬列廷下，吏具成案，律書盈几，呼軍正案法。一吏捧策書至，曰：「已有特旨，無庸以律令從事。先列罪於漆板，易以朱榜，金填之，立大旗，書「太清天樞院」，下揭牌曰「奉勑，某神將行刑」。吏以引示沄，曰：「有勑，諸魈并其所偶，一切案誅之。」五雷判官者，進曰：「元惡斃以陰雷，皆三生三死。次十五人支解，餘陰雷擊之。」引三魈震于前，酌水灌頂，旋復活，如是三擊，乃死。以籃盛尸去。三朱榜標其後，曰九聖，曰山魈，曰五通，罪皆有狀，使徇于廟，相次以驢牀釘二男四女及六魈。劊者朱帕首，虎文衣，亦各書其罪。一人乃舊婢華奴，以震死而爲厲者。一人非命而爲木魅者，男强死而行疫者，魈正神而邪行者，詐稱九聖者，竊正神之廟食者。生不守正，死爲邪鬼，殺人誤國，無所不至，而蹤跡詭祕，如某人者。皆先啗以食，吞以木丸，而後爨之。其斃於雷火者，又二十二人，竟刑，皆失所在。武吏持天樞院牒致宣曰：「山魈之戮，非本院敢違天律，爲據臣僚奏請，專勑施行，牒請照會。」初，郡人事九聖淫祠，久爲民患。及是，光響訖熄。自沈巫治從女病，以十月七日，迨二十八日乃畢事，首尾踰再旬。彥華所降天人，與沈巫之怪無以異，弟語音如鐘磬金玉，細若嬰兒，而怪聲則重濁類人云。宣恨其始以輕信召禍，自爲文曰《志過》，記本末尤詳。予采取其大概，著諸此。沄時方十四五歲。

陳舜民

晉江主簿陳舜民，被檄詣福州。未至三驛，已就館，從者皆出外，獨坐于堂。有婦人自東偏房出，著淡黄衫，靚裝甚濟，徘徊堂上，歌新水詞兩闋。舜民知其鬼物，默誦天蓬呪。殊不顧，緩步低唱，其客如初。舜民益疾誦，呪聲漸厲，婦人頩然，怒曰：「何必如此！」趨入房，乃不見。梁叔子參政説。

貢院鬼

臨安貢院故多物怪，吏卒往往見之。乾道元年秋試，黄仲秉鈞、胡長文元質、芮國瑞煇、昌禹功永爲考試官。國子監胥長柳榮獨處一室，病痁晝臥。一男子一婦人攜手而入，招榮曰：「門外極可觀，君奈何獨塊處此？」榮不應。就榻，强挽之。榮起坐，澄念誦天蓬呪，才數句，兩人即趨出。禹功之僕取湯於中堂，覺如人疾步相躡者，心頗動，望堂上燈光，方敢回顧，乃白鵝一羣，叱之，即没。長文之小史，從堂後中間過，遇婦人高髻盛服，凭闌坐，不見其足，稍前視之，已失矣。持更者言，每夕必見此鬼往來云。

東橋土地

李允升者，以進士登第。用樞密使汪明遠薦，得上元令，歸宜興待闕。夢縣之東橋土地，遣人來迎云：「當作交代。」允升辭以當赴官，不願爲此職。土偶【二】甚怒，曰：「汝且去上元，滿一任。」允升到官二年，以事去，竟用贓罪徙嶺南。

閻羅王

林衡，字平甫，平生仕宦，以剛猛疾惡自任。嘗知秀州，年過八十，乃以薦被召，除直敷文閣。既而言者以爲不當得，罷歸。歸而病，病且革，見吏抱案牘來，紙尾大書「閻羅王林」，請衡花書名。衡覺，以語其家：「前此二十年，蓋嘗夢當爲此職，祕不敢言。今其不免矣。」家人憂之，少日遂卒。卒之夕，秀州精嚴寺僧十餘人，同夢出南門，迎閻羅王。

【二】土偶　涵芬樓本按：「偶」字似「地」字之誤。

車中坐者，儼然林君也。衡居於秀之南門外，時乾道二年。二事方務德説。

文氏女

乾道三年四月，永州文氏女及笄，已定昏。將嫁前兩夕，夢黄衣人領至官曹，判官緑袍戴幘，迎謂曰：「且得汝來此間。錯了公事，起大獄十五六年，累人不少。汝且歸，明日復來。」遂覺，以白父母，殊不曉其言【三】。次夕，又夢至殿下，王者據案坐，判官抱文牘以上。王判云：「改正。」即有人持湯【四】一杯於【五】廷下，飲之極腥惡。出門而寤，則化爲男子矣。父母驚，遣報壻。壻家以爲本非女子，特以詐紿人，投牒訟于州。案驗得實，乃已。其語音態度猶與女不異【六】，但改衣男服爾。壻家復欲妻之以女云【七】。

神乞簾

永州譙門相對有小廟。廟神見夢于録事參軍何生，曰：「吾一方土地神耳，非王侯也。郡守每出入必徑祠下，我輒趨避之，殊不自安。就君乞一簾蔽我。」如其言，明日夢來謝。化州守何休説，録事之子也。

【三】殊不曉其言　涵芬樓本注，「言」葉本作「旨」。
【四】湯　涵芬樓本注，明鈔本作「酒」。
【五】於　涵芬樓本注，葉本作「至」。
【六】其語音態度猶與女不異　涵芬樓本注，此句葉本作「猶類女人」。
【七】復欲妻之以女云　涵芬樓本注，「復欲」葉本作「乃復」。

南嶽判官

李摭，字德粹，濟南人。建炎初，度江，寓居縉雲。調台州教授，單車赴官。與州鈐轄趙士垚善，以官舍去學遠，請以趙，願易其處，趙許之。既徙家往居，摭稍葺鈐轄廨，且謁告歸迎妻子。未還，教授廨内有小樓，趙氏之人至其上，聞馳馬呼噪聲，恐而下，則歌吹間作，如大合樂。遽以告趙，即日反故宅。摭還，亦但處元廨中。久之，從容謂趙曰：「吾前生爲天曹録事，坐有過，謫居人間。而吾平生操心復不善，故所享殊弗永。去此半月，當發惡瘡死。敢以後事累君。」趙咢然曰：「必無是理，勿妄言。」才旬日，疽生于腦，信宿，浸淫見骨，果死。死數日，家方飯僧，庖婢在房，舉止驟與常異，自稱教授來。遣僕急邀趙，趙至，婢泣而言曰：「摭死矣，以在生隱惡，受譴至重。可令吾家用今夕設醮，謝罪於天。」趙即呼道士，如其請。婢著青袍，執簡戴幘，雍容出拜，外間聞之，爭入觀。婢炷香跪爐，與官人無少異。醮竟，又謂趙曰：「已蒙道力，得脱苦趣。猶當爲異類，只在郡城某橋下。過三日，幸一視我。」三日往焉，見巨黑蟒蟠屈土中，半露其脊，趙酹之以酒。他日，婢復作摭來，又邀趙，謂曰：「蟒禍已免，今爲南嶽判官，威權況味，非陽官可及。得請於上帝，許般家矣。遺骸滿室，唯君是託焉。」趙責之曰：「君爲士人，豈不知書？不孝有三，無後爲大。君既不幸早世，而令一家共入鬼録，可乎？」婢不復答。少頃，即蘇。未幾，摭妻繼亡，三子皆幼，凡其送終之事，趙悉辦之。摭從兄德升尚書擢，後居天台，始收卹其孤云。趙之子不拙説。

夷堅丙志卷第二 十事

舞陽侯廟

馮當可時行爲萬州守，郡有舞陽侯樊噲廟，民俗奉之甚謹。馮以爲噲從漢高祖入蜀，漢未久即還定三秦，取項羽，未嘗復西，而萬州落南已深，與黔中接，非噲所得至也，是必夷祆之鬼，假託附著以取血食爾，法不當祀，即日撤其祠。未幾，出視事，見偉丈夫被甲持戟，儀狀甚武，坐於公庭上。馮知其怪也，叱之。掀髯怒曰：「吾乃漢舞陽侯，廟食於兹地千歲矣。何負於君，而見毁撤？吾無所歸，今當與君同處此。」馮以所疑質責之，其人自言爲真噲不已。馮奮曰：「借使真樊噲，亦何足道！」歷詆其平生所爲，不少懾。神無以爲計，奄奄而滅。自是雖不復形見，然日撓其家。馮之子年七八歲，屢執縛於大木之杪，如是數月。馮用公事去郡，然後已。

魏秀才

成都雙流縣宇文氏，大族也。即僧寺爲書堂，招廣都士人魏君，誨其羣從子弟。它日，家有姻禮，張樂命伎，優伶之戲甚盛。諸生皆往觀，至暮僮僕數輩亦委去。魏獨處室中，心頗動，上堂欲尋僧，而諸僧適出民家作佛事，闔寺悄然，乃反室，張燈而坐。夏夜盛熱，牕牖穿漏，松竹淒戛，明月滿庭，一婦人數往來，知其鬼也。外户猶未閉，不敢起，益添膏油，數挑燈，舉手顫掉，誤觸燈滅，不勝恐，急登床引帳自蔽。時時望庭下，婦人固自若也。既又觸帳，繩絶帳隨墜，蕩然一榻，空無遮闌，愈益懼，不覺昏睡。及寤，婦人已在側，魏蒼黄無計，運枕擲之。婦人悵惋驚起，不復出外，但繞室徘徊，且笑且泣。雞初鳴，忽趨出。少焉，僧盡歸，呼語其故。乃三日前，民家菆一柩於此，今所見蓋其魄云。

蜀州紅梅仙

舊傳蜀州州治有所謂紅梅仙者。紹興中，王相之爲守，延資中人李石爲館客，石年少才儁，勇於見異，戲作兩小詩書屏間，以挑之。明日，便題一章于後，若相酬答。他日，郡宴客，中夕方散，石已寢，見一女子背榻踞胡床而坐，問之，不對。疑司理遣官奴來，相汙染爲謔。或使君侍妾，乘主父被酒而私出者。不然，則鬼也。自謀曰：「三者必居一于此矣。不如殺之，猶足以立清名于世。」取劍奮而前，女子起行，相去數步間，逐之出户。俄躍升高木上，奄冉而滅。石始大恐，欲反室，足弱不能動。會持更卒振鈴至前，乃與俱還。次夕，又至。初覺暗中如小圓光，漸隱隱，辨人物，已而成人形。雖不敢與語，然財合眼必見之。其友趙莊叔逵輩，兩三人，同結科舉課，來共宿。石囑之曰：「必相與唤我，無令熟寐，以墮鬼計。」然自是不復可脱，後如成都，亦隨以至。或教之曰：「青城丈人觀，神仙窟宅也。君第往彼，必不敢來。」既而亦然。石追悔前戲，付之於無可奈何。久之，歸東川，過靈泉縣，朱真人分棟山下，將入簡州境，始不見。蓋歲餘乃絶。石字知幾，乾道中，爲尚書郎。

劉小五郎

漢州德陽人劉小五郎，已就寢，聞門外人爭鬨。一卒入呼之，不覺隨以行。回顧，則身元在床上，審其死，意殊愴然。才及門，見老媪攜一女子，氣貌悲忿，别有兩大神，自言城隍及里域主者，取大鏡照之，寒氣逼人，毛髮皆立，其中若人相殺傷狀。二神曰：「非也。此女自爲南劍州劉五郎所殺，君乃漢州劉小五郎，了無相干。吾固知其誤，而早來，必欲入君門，所以紛爭者，吾止之不聽故也。今但善還，無恐。」女子聞此言，泫然泣下，歎曰：「茫茫尋不得，漠漠歸長夜。」遂捨去。劉生即蘇。

羅赤脚

羅赤脚名晏，閬中人。少時遇異人攜以出，歸而有所悟解。宣和中，或言於朝，賜封

「靜應處士」。張魏公宣撫陝、蜀，延致軍中。金虜攻饒風關，盡鋭迭出，大將吴玠禦之，殺傷相當，猶堅持不去，公以爲憂。羅曰：「相公勿恐，明日虜遁矣。有如不然，晏當伏鈇質，以受誤軍之罪。」明日，果引而歸。公始敬異之，連奏爲太和冲夷先生。好游漢州，每至，必館於王志行朝奉家。王氏傳，三世見之矣。其事志行夫婦禮甚敬，曰：「吾前身父母也。」紹興丙辰歲，蜀大饑，志行買妾於流民中，姿貌甚麗。羅見而駭曰：「此人安得在公家？留之稍久，得禍將不細。當相爲除之。」命煮水數斗，取竈下灰一籃，唤妾前，以巾蒙其首，而注湯於灰上，煙氣勃勃然，妾即仆地，蓋枯骨一具也。羅曰：「渠來時，經女儈否？今安在？」曰：「在某處。」亟呼之。伺且至，則又以巾蒙枯骨，復爲人形，舉止姿態，與初時不異。遂付于儈，而取其直。志行從弟志舉登第歸，羅見之他所，授以書一卷，緘其外，戒曰：「還家逢不如意事，則啓之。」及家三日，而聞母訃，試發書，乃畫一官人，緑袍騎馬，前列賀客，最後輿一柩，凶服者隨之而哭。廣都龍華寺者，宇文氏功德院也。羅與主僧坐，忽起曰：「房令人來。」僧驚問：「何在？」曰：「入祠堂矣。」僧謂其怪誕。明日，宇文時中信至，其妻房氏正以前一日死。嘗往楊村鎮，館於陳氏，夜如厠，奔而還，曰：「異事，異事！適四白衣人踰垣入圃中。」陳氏皆懼。羅曰：「無預君事，明晨當知之。」及旦，圃人告羊生四子。紹興三十年，在鹽亭得疾，寓訊如温江，求迎於李芝提刑家。李遣數僕來，羅病良愈，即上道。戒其僕曰：「自此而左，唯金堂路近，且易行。然吾不欲往，願從廣漢，或它塗以西。幸無誤。」僕應曰：「諾。」退而背其言。行抵古城鎮，羅悶然不怡，曰：「汝諸人必置我死地，固語汝勿爲此來，今無及矣。」是夕，病復作。古城者，金堂屬鎮也。及温江而殂，蜀人以爲年百七八十歲矣。士人往問科名得失，奇應如神，兹不載。

趙縮手

趙縮手者，不知其名，本普州士人也。少年時，父母與錢，令買書於成都。及半塗，有方外之遇，遂棄家出游。至紹興末，蓋百餘歲矣。喜來彭、漢間，行則縮兩手於胸次，以是得名。人延之食，不以多寡，輒盡。飲之酒，自一盃至百盃，皆不辭。或終日不飲食，亦怡然自樂。嘗於醉中放言，文潞公入蜀事，歷歷有本末。他日，復詢之，曰：「不知也。」黄仲秉鈞家寫其真，事之。成都人房偉爲贊云：「養氣近術，談道近禪。被褐懷玉，其樂也天。欲去即去，欲住即住。縮手袖間，孰測其故。」趙見而笑曰：「養氣安得謂之術？禪與道一也，安有二？我縮手於胸，非袖間也？」取筆續曰：「似驢無觜，似牛無角。文殊、普賢，摸索不著。」又自贊曰：「紅塵中，白雲裏，好箇道人活計。無事東行西行，有時半醒半醉。相逢大笑高談，不是胡歌虜沸。除非同道方知，同道世間有幾？」綿竹人袁仲舉久病起，遇趙過門，邀入飲以酒，問曰：「吾疾狀如此，先生將奈何？」趙不答，但歌詞一闋，曰：「我有屋三間，柱用八山，周回四壁海遮闌，萬象森羅爲斗栱，瓦蓋青天無漏，得多年，結就因緣。修成功行滿三千，降得火龍伏得虎，陸地通仙。」云：「此吕洞賓所作也。吾亦有一篇。」又歌曰：「損屋一間，兒好與支持。休教風雨等閑欺，覓箇帶修安穩路，休遣人知。須是著便宜，運轉臨時。祇知險裏卻防危，透得玄關，歸去路，方步雲梯。」歌罷，滿引數杯，無所言而去。仲秉正與偕行，徐問其故。曰：「觀吾詞，意可見矣。」後旬日，袁果死。什邡縣風俗，每以正月作衞真人生日。道衆畢會。趙亦往，寓於居人謝氏。先一夕，告之曰：「住君家，不爲便，假我此榻，吾將有所之。」拂旦，徑趨對門小寺，得一室，據榻趺坐。傍人怪其不言，就視，已卒矣。會者數千人，爭先來觀，以香火致敬。越三日火化，其骨鉤聯如鎖子云。

長道漁翁

興州長道民，以釣魚爲業。家在嘉陵江北，每日必拏小舟過江南，垂綸於石上，至晡而返。老矣，尚自力不輟。一日且暮，猶不歸，妻子遥望之，民宛然據石如常時，而呼之不應，疑以爲得疾。其子遽鼓棹往視，見蓑衣覆其體。是日未嘗雨，民元不持蓑笠行。既至，已死，但蚯蚓遍滿身中，咂齧不置，若披蓑茸茸然。蓋平生取魚，用蚓爲餌也。

守約長老

漢州楊村鎮三聖寺長老守約，彭州人，元受業於州之白鹿山。既死，其弟子在山中者，夢之曰：「吾已託身異類，只在山下某人家，宜來眂我。」弟子覺而泣。明日，往訪焉。得一犬四體純黑，唯腹下白毛一叢，儼然成「守約」兩字，乃贖取以歸。

朱真人

成都民李氏，居郡城北。嘗有丐者至，容體垢汙可憎，與之錢，不肯去，叱逐之，入于門側，遂隱不見。李氏雖怪吒，然不測爲何人。後三日，別一道士至，顧其家人言曰：「汝家光采頓異，殆有神仙過此者。」曰：「無之。」道士指左扉，拱手曰：「此靈泉朱真人象也。」始諦視之，面目冠裳，歷歷可辨。道士曰：「真人來而君不識，豈非命乎？吾能以繪事加其上，當爲君出力，使郡人瞻仰。」即探囊中，取丹粉之屬，隨手點綴，俄頃間而成。美髯長眉，容采光潤，宛然神仙中人。李氏驚喜，呼妻子稽首百拜。道士曰：「猶有一處未了，吾只在對街天慶觀，今姑歸，晚當復來。」不揖而出，過期杳不至。就問之，蓋未嘗有此人也。李氏愈恨其不遇，揭扉施觀中。張忠定參政燾爲府帥，爲建小殿以奉焉。

聶從志

儀州華亭人聶從志，良醫也。邑丞妻李氏，病垂死，治之得生。李氏美而淫，慕聶之貌，他日丞往傍郡，李僞稱有疾，使邀之。伺其至，語之曰：「我幾入鬼録，賴君復生。顧世間物無足以報德，願以此身供枕席之奉。」聶驚懼，但巽詞謝。李垂涕固請，辭情愈哀。聶不敢答，趨而出，徑還家，再招不復往。迨夜，李盛飾冶容，扣門就之，持其手曰：「君必從我。」聶絶袖脱去，乃止。亦未嘗與人言。後歲餘，儀州推官黄靖國病，陰吏逮入冥證事。且還，一吏揖使少留，將有所覩。又行，至河邊，見獄吏捽一婦人，持刀剖其腹，擢其腸而滌之。傍有僧，語曰：「此乃子同官某之妻也，欲與醫者聶生通。聶不許，見好色而不動心，可謂善士。其人壽止六十，以此陰德，遂延一紀。仍世世賜子孫一人官。婦人減算，如聶所增之數。所以蕩滌腸胃者，除其淫也。」靖國素與聶善，既甦，密往詢之。聶驚曰：「方私語時，無一人聞者。而奔來之夕，吾獨處室中，此唯婦人與吾知爾，君安所得聞？」靖國具以告，由是播於衆口。時熙寧初也。王敏仲《勸善録》書其事，他曲折甚詳。然頗有小異，又無聶君名及李氏姓。聶死後，一子登科。其孫曰圖南，紹興中，爲漢州雒縣丞，屬仙井喻迪孺汝礪作隱德詩數百言，以發潛德。其詞曰：「太虚八境初無二，中有道人常洞視。借問道人何等公？從志其名聶其氏。華亭春酣戰桃李，香氣入簾人道人不動如澄水，看破新裝小年紀。回身向破睡。凌波微步度勞塵，梔子同心傳密意。世人悠悠初未知，故有郎郎忍棄，愁眺月華空掩涕。含羞轉態春百媚，而我定心初不起。冥籍還見記。儀州判官臨潁生，良原甲夜黄衣吏。手提淡墨但倉黄，門列陰兵更奇俺。昧爽堂皇勢呀豁，玉帶神君氣高厲。靖國再拜呼使前，案頭吏抱百葉紙。數行具書一善事，聶君夜卻淫奔李。由來胸中無濁見，前塵百暗心常止。一室超然方隱几，入眼狂花亂飄墜。定情豈復顧倏脱，合歡未許同陽燧。坐令密行動幽祇，棘使華年增一紀。出門仍問紫衣翁，陰誅與世無差異。百葉部中分次第，忠孝棄捐神所劓。殺生之報定何如，朝生暮死蜉蝣爾。踏翠裁紅可憐妓，濯足瓊漿被鞭箠。房公湖邊秋色裹，阿孫圖南前拜跪。扣頭授我如上事，願謁英篇書所以。我聞南曹北曹尺有咫，天知地知元密邇。豈惟妙藥徹五藏，況復寶鑑懸千里。幽中諒有鬼能言，密處須防牆有耳。諸生舉止雖細微，動念觀心實幽邃。端知天上戊申録，記盡人間不平地。東鄰西舍總不知，卻有鬼神知子細。障礙爲壁通爲空，只有此心難掩蔽。云何是中有明暗，至行通神裁一理。道人兩眼無赤眚，指定人間幾真僞。趙驊已矣馬元死，郡有隱德如君子。嗟我諸生苦流轉，奔色奔聲復奔味。其間貪魃尤陰詭，收索攜提入饞喙。都兒阿對共揶揄，笑殺官人常夢穢。雖云幽暗巧規避，僮僕羞之那不愧。哀哉詭譎王冀公，未省胡顔向祁睿。我愛昔人尤簡貴，寡欲清真有高氣。曠然澹處但真獨，胸中豈復留塵累。生死幽明了不期，是心默與神明契。王忱繡被下庭堂，李約寶珠存含襚。九原可作吾與歸，斂膝容之想幽致。」喻公詩頗奇澀，或不可曉云。此卷皆黄仲秉云。

校勘記

【一】興 涵芬樓本注，嚴校：宋本「與」誤「興」。

夷堅丙志卷第三十一事

黃花倀鬼

成都人楊起，字成翁。政和中，興【一】鄉人任皋同入京赴省試。出散關下，行黃花右界中，此地素多寇，不敢緩轡。馬瘏僕痡，正暑倦困，入道旁僧舍少憩。長廊閴寂，不逢一僧，兩客即堂上假寐。楊睡未熟，一青衣童，長二尺，面色蒼黑，自外來。持白紙一幅，直至于傍，欲以覆其面。相去尺許，若人掣其肘，不能前，童卻立咨嗟，久之掩泣而去。楊以爲不祥，洒淚自悼，亦不敢語人。是夕，泊村店中，方就枕，童亦至，徑造皋側，以所攜紙蒙之，退而舞躍，爲得志洋洋之態，皋不覺也。明日，行三十里間，逢清溪流水，二人往濯足。畢事，楊先登，皋方以滌蕩爲愜，未忍去。忽大聲疾呼，楊回首視之，已爲虎銜去矣。始知所見，蓋倀鬼云。楊是年登科。

諾距那尊者

眉州青神縣中巖山，諾距那尊者道場也。山下三石筍，峭拔鼎立，游人齋戒往宿，多獲見華幢豪光之瑞。臨邛宋似孫過其地，逢一僧在前，酣醉跌宕，掛新筍三枝於杖頭。時方午暑，殊可憎，然未嘗語也。僧回首咄曰：「我不飲酒，君何得以犯戒謗我？」宋怒不對，猶以其醉，强忍不與校，僧又曰：「知君是依政宋官人，薄有淨緣，故得至此。」宋忽悟其人負三筍，豈非尊者示現乎？下車欲致敬，無所覩矣。

李弼違

李弼違者，東州【二】人。建炎間入蜀，後爲蜀州江原宰，與邑人胡生游。胡生妻【三】，四川都轉運使之女，女嘗陷虜，後乃嫁胡。弼違每戲侮之，至作小詩以資嘲誚。胡積不能堪，采摭其公過，肆溢惡之言售於都漕。所善張君，適爲幹官，證以爲然，下其事於眉州。州令録事參軍閻忞典治，逮捕邑胥十餘人下獄，必欲求其入己贓。弼違當官清白，無過可指，但得嘗買鐵湯瓶爲價錢七百五十，指爲虧直。忞以爲非辜，難即追攝。郡守畏使者，不從忞言，立遣吏逮之。弼違不勝忿，自刎死。死財一月，眉之獄吏與郡守相繼亡，都漕與胡生亦卒。忞官罷，赴調成都，過雙流縣，就郭外民家宿。夜且半，聞扣寢門者，問爲誰，曰：「弼違也。」又問之，答曰：「弼違，姓李，君豈不憶乎？君雖不開關【四】，吾自能穿隙以過【五】。」語畢，已在牀前立，忞甚懼，回面向壁臥。弼違曰：「君不欲見我，當以項下不絜之故，吾今自掩之。」即解腰間帛，匝其頸。忞不獲已，起坐。弼違曰：「吾前冤已

【二】東州　涵芬樓本注，葉本作「東川」。
【三】妻　涵芬樓本注，葉本作「娶」。
【四】君雖不開關　涵芬樓本注，「關」葉本作「門」。
【五】過　涵芬樓本注，葉本作「入」。

白，無所憾。然連坐者衆，非君來證之不可。君固知我者，今禄命垂盡，故敢奉煩一行。尚有未到人甚多，天符在是，可一閲也。」取手【六】中文書示忞，如黄紙微淺碧，其上皆人姓名，而墨色濃淡不齊。弼遑指曰：「此卷中皆將死，墨極濃者期甚近，最淡者亦不出十年。所以泄天機者，欲君傳於人間，知幽有鬼神，可信不疑如此。」揖别而去。故略能記所書。它日其人【七】病，豫告其家，此必不起。已而果然。蓋以所見驗之也，忞少時亦卒。

費道樞

費樞，字道樞，廣都人。宣和庚子歲入京師，將至長安，舍於燕脂坡下旅館。解擔時，口已銜山。主家婦嫣然倚户，顧客微笑，發勞苦之語。中夜，獨身來前，曰：「竊慕上客風致，願奉頃刻之歡，可乎？」費愕然，曰：「汝何爲者？何以得至此？」曰：「我父京師販繒主人也，家在某里，以我嫁此店子。夫今亡，貧無以歸，不能忍獨宿，冒恥就子。」費曰：「吾不欲犯非禮。汝之情，吾實知之。當往訪汝父，令遣人迎汝。汝勿怨。」婦人羞愧，不樂去。費至京，他日過某里，得所謂販繒者家，通名欲相見。主人曰：「客何人？安得與我有故？」答曰：「吾蜀人費樞也。比經長安，邂逅翁女，有所託，是以來。」翁躡履出迎，曰：「疇昔之夜，夢神告吾，女將失身於人，非遇費秀才，殆矣。君姓字真是也，

【六】手　涵芬樓本注，明鈔本作「袖」。

【七】其人　涵芬樓本注，葉本作「某人」。

願聞其説。」具以告。翁流涕拱謝，曰：「神言君且爲貴人，當不妄。」退而計其夢，果所見女之時。即日遣長子取女歸，而更嫁之。明年，費登科，官至大夫，爲巴東守。

楊希仲

楊希仲，字季達，蜀州新津人。未第時，爲成都某氏館客。主人小婦少而蕩【八】，詣學舍調客，欲與綢繆，希仲正色拒之，遂去。其妻在鄉里，是夕夢人告曰：「汝夫獨處他鄉，能自操持，不欺暗室，神明畢知之，當令魁多士，以爲報。」妻覺，不知何事也。歲暮，夫歸，始言其故。明年，全蜀類試，希仲爲第一人。

張四郎

邛州南十里白鶴山張四郎祠，蓋神仙者流。山下碑甚古，字畫不可識。郡人云：「四郎所立，以禦魑魅，救疾疫。後人能辨其字者，則可學仙。」青城唐稆爲邛守，好游其地，冀有所遇。每立碑下，摩挲讀之。忽能認一字，曰：「豈非某字乎？」傍有人應曰：「然。」稆惡其儳言，叱使去。既而悔之，不見其人矣。又嘗出游，逢道人立路左作戲，呼曰：「使君奉贈一土鏡。」命從吏取之，乃頑塊也。怒以爲侮己，將執以歸，細視其塊，果耿耿有光采，始疑爲異人，俄亦不知所在。唐氏至今寶此土，稆字益大【九】，仕至祕閣

【八】少而蕩　涵芬樓本注，葉本作「少而麗」。

【九】字益大　「大」字原闕，據陸本、南圖本補。

修撰。

常羅漢

嘉州僧常羅漢者，異人也，好勸人設羅漢齋會，故得此名。楊氏媪嗜食雞，平生所殺，不知幾千百數。既死，家人作六七齋，具黄籙醮。道士方拜章，僧忽至，告其子曰：「吾爲汝懺悔。」楊家甚喜，設坐延入。僧顧其僕，去街東第幾家買花雌雞一隻來，如言得之，命殺以具饌。楊氏子泣請曰：「尊者見臨，非有所愛惜。今日正啓醮筵，舉家内外，久絶葷饌，乞以付鄰家。」僧不可，必欲就煮食。既熟，就廳踞坐，析肉滿柈，分置上真九位，乃食其餘。齋罷，不揖而去。是夕，賣雞家及楊氏悉夢媪至謝，曰：「坐生時罪業，見責爲雞。賴常羅漢悔謝之賜，今解脱矣。」自是郡人作佛事薦亡，幸其來，以爲冥塗得助。紹興末卒，今肉身猶存。

道人留笠

永康青城山，每歲二月十五日爲道會，四遠畢至。巨室張氏、唐氏輪主之。會者既集，則閉觀門，須齋罷乃啓。一日，方齋，有道人扣門欲入，閽者止之，呼罵不已，閽往告張氏子。張慮其撓衆，堅不許。其人不樂，乃往山下賣茶家少駐。索筆題壁間，脱所頂笠掛其上，祝主人曰：「爲我視此，徐當復來。」去未久，笠如轉輪，旋繞於壁上。見者驚異，走報觀中人，共揭笠觀之，得詩一首，其語曰：「偶乘青帝出蓬萊，劍戟崢嶸遍九垓。緑履黄冠俱不識，爲留一笠不沉埋。」衆但相視，悔恨無及矣。

楊抽馬

楊望才，字希吕，蜀州江原人。自爲兒童，所見已異。嘗從同學生借錢，預言其笥中所攜數，啟之而信。既長，遂以術聞，蜀人目爲楊抽馬【一〇】。容狀醜怪，雙目如鬼，所言事絶奇。其居舍南，大木蔽芾數丈，忽書揭於門，曰：「明日午未間，行人不可過此，過則遇奇禍。」縣人皆相戒，勿敢往。如期，木自拔【一一】仆地，盈塞街中，而兩旁屋瓦略不損。然所爲【一二】初乃類妖誕。每持縑帛賣于肆，若三丈，若四丈，主人審度之，償錢使去，既而驗之，財三四尺爾。或跨騾訪人，而託故暫出，繫騾其庭，行久不反，騾亦無聲，視之剪紙所爲也。或詣郡告其妖，云：「每祠祀時，設爲位六，虚其東偏二位，而楊夫婦與相對，又一僧一道士坐其下。左道惑衆，在法當死。」坐是，執送獄。獄吏素畏信之，不敢加械杻，又慮逸去。楊知其意，謂曰：「無懼我。我當再被刑責，數已定，吾含笑受之。吾前日爲某事某事，法所不捨，蓋魔業使然。度此兩厄，則成道矣。」司理楊忱夜定獄【一三】，楊言曰：「賢叔某有信來乎？殊可惜。」忱不答。暨出户，而成都人來，正報叔訃。他日，

【一〇】楊抽馬　原注：謂與人抽檢禄馬也。

【一一】拔　涵芬樓本注，葉本作「摧」。

【一二】然所爲　涵芬樓本注，葉本作「其所言」。

【一三】夜定獄　涵芬樓本注，葉本「夜」作「議」。

又謂忱曰：「明年君家有喜，名連『望』字者，四人及第。」忱一女年十六七歲，暴得疾，更數醫不効。則又告之，曰：「公女久病，醫陳生【一四】用某藥，李生用某藥，皆非是。此獨後庭朴樹内蛇祟爾【一五】，急屏去藥，須我受杖了，爲以符治之【一六】，女當平安，勿憂也。」忱歸語其妻，且疑且信。蓋常見小蛇延緣樹間，而所説易醫用藥，皆不妄。後楊受杖歸，書符遺忱，使掛于樹，女即洒然。明年，忱羣從兄弟類試，果四人中選，曰從望、民望、松望、泰望。先是，楊取倡女爲妻，一日，招兩杖直至其居【一七】，與錢三萬，令用官大杖撻己及妻各二十【一八】下。兩人驚問故，曰：「吾夫婦當罹此禍，今先禳之。」皆不敢從而去。及獄成，與妻皆得杖，如所欲禳之數，而持杖者正其所招兩人。晚來成都。其門如市。士人問命，應時即答。或作賦一首，詩數十韻，長歌序引，信筆輒成。每類試，必先爲一詩示人，語祕不可曉。迨揭牓，則魁者【一九】姓名，必委曲見於詩。或全牓百餘人，豫書而緘之，多空缺偏傍，不成全字，等級高下，無有不合【二〇】。四川制置司求三十年前案牘不得，以告楊。楊曰：「在某室某匱第幾沓中。」如言而獲。眉山師琛造其家，鄉人在坐，新得一馬黑體而白鼻。楊曰：「以此馬與我，君將不利。」客恚曰：「先生恃有術，欲奪【二一】吾馬。吾用錢百千未能旬日，而可脅取乎？」楊曰：「欲爲君救此厄，而不吾信，命也。明年五月二十日，寃當督報【二二】，謹志之。勿視其芻秣，善護左肋。過此日，或可再相見。」客愈怒，固不聽，亦忘其語。明年是日，親飼馬，馬忽跑躍，踶其左肋下，即死。

【一四】醫陳生　涵芬樓本注，葉本作「醫者陳生」。

【一五】蛇祟爾　涵芬樓本注，葉本作「蛇爲祟爾」。

【一六】爲以符治之　「爲」下，涵芬樓本按：此疑有脱誤。

【一七】招兩杖直至其居　涵芬樓本注，葉本「杖」下多一「卒」字。

【一八】二十　涵芬樓本注，明鈔本作「二十六」。

【一九】魁者　涵芬樓本注，葉本作「魁元」。

【二〇】無有不合　涵芬樓本注，葉本「有」作「一」。

【二一】奪　涵芬樓本注，葉本作「賺」。

【二二】寃當督報　涵芬樓本注，「當」明鈔本作「家」，「督」葉本作「有」。

闞壽卿耆孫爲果州教授，致書爲同僚詢休咎。僕未至，楊在室告其妻，令以飯犒闞教授僕，飯已具，僕方及門。又迎問之，曰：「不問己事，而爲他人來，何也？」僕驚拜，殊不知所以然。與華陽富家某氏子游甚暱【二三】，嘗貸錢二十千，富子靳不與。夜處外室，聞扣門聲，曰：「我乃東家女，夫壻使酒見逐，夜不可遠去，幸見容【二四】。」富子欣然延納，與共寢。慮父母覺【二五】，未曉，呼使起，杳不應，但聞血腥滿帳，挑燈照之，女身首斷爲三，鮮血横流，如方被刑【二六】者。駭悸幾絶。自念奇禍作，非楊君無以救，奔詣其家，排闥入，告急。楊曰：「與君游久，緩急當同之。前日相從假貸，拒不我與。今急而求我何故【二七】？」富子哀泣引咎，楊笑曰：「此易爾，無庸憂。持吾符歸，置室中，亟閉户，切勿語人。」富子謝曰：「果蒙君力，當奉百萬以報。」曰：「何用許【二八】，但當與我所需二萬錢【二九】。」遂以符歸，惴惴竟夜【三〇】。遲明，潛入室，不見尸，一榻皎然，若未嘗有漬汙者【三一】。不勝喜。即日携謝錢【三二】，且携酒殽過楊所【三三】。楊曰：「吾家冗隘，不可飲，盍相與出郊乎？」遂行。訪酒家，命席對酌。視當壚婦，絶似前夕所偶者，唯顔色萎黄，爲不類。婦亦頻屬目，類有所疑。呼問之，對曰：「兩日前，夢人召至一處，少年郎留連竟夕。暨睡醒，體中殊不佳，血下如注，幾二斗乃止。今猶奄奄短氣，平生未嘗感此疾也。」始悟所致，蓋其魂云。虞丞相自荆襄召還，子公亮遺書扣所向。楊答曰：「得蘇不得蘇，半月去作同簽書。」虞公以謂，簽書不帶「同」字已久。既而守蘇臺，到官十五日，召

【二三】與華陽富家某氏子游甚暱　涵芬樓本注，葉本「與」上多二「楊」字。

【二四】幸見容　涵芬樓本注，葉本多「一宿」二字。

【二五】慮父母覺　涵芬樓本注，葉本作「慮人知覺」。

【二六】刑　涵芬樓本注，葉本作「殺」。

【二七】何故　涵芬樓本注，葉本作「何也」。

【二八】何用許　涵芬樓本注，葉本多一「錢」字。

【二九】但當與我所需二萬錢　涵芬樓本注，葉本作「但貸我二萬足矣」。

【三〇】惴惴竟夜　涵芬樓本注，葉本作「惴惴如戒」。

【三一】若未嘗有漬汙者　涵芬樓本注，葉本無「有」字。

【三二】謝錢　涵芬樓本注，葉本無「謝」字。

【三三】且携酒殺過楊所　涵芬樓本注，「携」明鈔本作「具」，「過楊所」葉本作「往謝」。

【三四】有所　「所」字原闕，據陸本、南圖本補。

【三五】木杪　「杪」原作「抄」，據南圖本改。

爲同簽書樞密院事。時錢處和先爲簽書，故加「同」字。如此類甚多，不勝載。

王孔目

成都孔目吏王生，住大安門外，每五鼓趨府，必誦大隨求呪一通，將及門，率值婦人行汲，如是久之。一旦，有惑志，誦呪稍輟。婦人忽至前，曰：「我每旦將過此，吾主公必夙興，如有所【三四】敬者，故我汲水不敢緩。今日獨否，君豈有所慢乎？」王生竦然而去，固不曉其語。晚歸，過江瀆廟，心動，亟入瞻謁，見壁畫一婦人，手持汲器，蓋平生所見者。

唐八郎

唐八郎者，本青城趙氏子。父曰趙老，居山下，喜接道流。唐年十許歲，似有所遇，家人失之。踰兩月，得於山後磐石上，取以歸，自是率意狂言。嘗升木杪【三五】，大呼曰：「青城市中水且至。」明日，縣乃大火。又嘗摩拊一巨木，咨嗟其傍。或問之，曰：「是將爲吾父柩。」居亡何，趙老果死。久之，告人曰：「張天師在仙井，我將從之游。」棄家而行，至仙井，每夜臥室中，白氣被其體如月，外間皆見。邑人員彦材，老矣，自謂行運與何文縝丞相同，必繼魁多士。紹興庚午，赴廷試。既行，唐訪其家，悉取器皿之屬，倒置于地，曰：「秀才出去狀元歸，可賀也。」一家皆喜。彦材既入試，誤有所識於白襴上，爲内侍所發，當罷歸。以有升甲恩，特旨列於五甲末。乃悟倒置之意。士子十數輩將應舉，來謁唐。唐云：「君輩皆非虞任之比。」任之者，虞育也。是年，育免舉，衆士俱不利。員顯道興宗家以肉茹作餅，食而餘其四。其日晚，唐至，索食。顯道曰：「適無一物可以爲先生供。」唐笑曰：「肉餅尚有四枚，何靳也。」凡所見，皆類此。隆興初，成都村民挽車入市，逢道人，遺交子二千，授以書，曰：「倩汝送與仙井唐八郎。」民接書即行。同輩稍黠者，咤曰：「吾聞八郎異人也。書中得非有奇藥方書乎？」發視之，白紙也，急復緘封之。纔至仙井，唐迎罵曰：「何不還吾書。」民再拜謝罪。唐執書再三讀，歎曰：「又遲了我二十四年。」不樂而去，至今猶存。此卷皆員興宗顯道説。

夷堅丙志卷第四 十四事

餅店道人

青城道會時，會者萬計。縣民往往旋結屋山下，以鬻茶果。有賣餅家，得一店，初啓肆之日，一客被酒造其居，醉語無度，袒臥門左。餅師殊苦之，與之錢不受，飼以餅不納。先是，有風折大木，居民析爲二橙，正臨門側，以待過者。店去江頗遠，方汲水，二器未及用。客忽起，縛茆帚【一】，蘸水洗木，揩揩踰兩時，又臥其上。往來望見者皆惡之，及門即返，餅終日不得泄【二】。客亦捨去，謝主人曰：「毋怒我，我明日攜錢償汝直，當倍售矣。」遂行。或詣橙旁欲坐，見光采爛然，乃濃墨大書「呂先生來【三】」四字。取刀削之，愈削愈明，深透木底，上下若一。觀者如堵，自此餅果大售。時紹興三十二年二月，闞壽卿親見其洗木時，云一清瘦【四】道人也。

麻姑洞婦人

青城山相去三十里，有麻姑洞。相傳云，亦姑修真處也。丈人觀道士寇子隆獨往瞻

校勘記

【一】縛茆帚　涵芬樓本注，葉本「茆」下多一「爲」字。

【二】泄　涵芬樓本注，葉本作「賣」。

【三】來　涵芬樓本注，葉本作「坐」。

【四】清瘦　涵芬樓本注，葉本作「清癯」。

謁，至中塗，遇村婦數輩，自山中擔蘿蔔而出，弛擔搴裳，就【五】道上清泉跣足洗菜。見子隆至，問：「尊師何往？」曰：「將謁麻姑。」一婦笑曰：「姑今日不在山，無用去。」取蘿蔔一顆授子隆，曰：「可食此。」食之，遂行。竊自念，曰：「彼皆村野愚婦，豈識麻姑爲何人，得非戲我歟？」忽焉如悟，回首視之，無所見矣。自是神清氣全，老無疾病，爲人章醮，自稱火部尚書。壽過百歲，隆興中乃卒。

青城老澤

青城縣外八十里老人村，土人謂之老澤。《東坡集》中所載，不食鹽酪，年過百歲者，蓋此也。平時無人至其處，關壽卿與同志七八人，以春暮作意往游。未到二十里，日勢薄晚，鳥鳴猿悲，境界淒厲。同行相顧，塵埃之念如掃，策杖徐進。久之，山月稍出，花香撲鼻，諦視之，滿山皆牡丹也。幾二更，乃得一民家。老人猶未睡，見客至，欣然延入，布葦席而坐。諸客謝曰：「中夜爲不速之客，庖僕尚遠，無所得食，願從翁賒一飡，明當償直矣。」翁曰：「幸不以糲食見鄙，敢論直乎？」少頃，設麥飯一鉢，菜羹一盆，當席間，環以椀，揖客共食，翁獨據榻正中坐。俄烝一物如小兒狀，置于前。衆莫敢下箸，獨壽卿擘食少許。翁曰：「吾儲此味六十年，規以待老。今遇重客，不敢愛，而皆不顧，何也？」取而盡食之，曰：「此松根下人參也。」明日，導往傍舍，亦皆喜，爭相延飲饌，曰：「兹地無税租，吾斸山爲壠，僅

【五】就　原闕，據陸本、南圖本補。

可播種，以贍伏臘。縣吏不到門，或經年無人跡，諸賢何爲肯臨之？」留三日，始送出山。凡在彼所見數百人，其少者亦尨眉白髮，略無小兒女曹。後不暇再往。右三事皆關壽卿説。

孫鬼腦

眉山人孫斯文，文懿公抃曾孫也，生而美風姿。嘗謁成都靈顯王廟，視夫人塑象端麗，心慕之。私自言曰：「得妻如是，樂哉！」是夕，還舍，夢人持鋸截其頭，别以一頭綴項上。覺而摸索其貌大駭，取燭自照，呼妻視之，妻【六】驚怖即死。紹興二十八年，斯文至臨安，予屢見之於景靈【七】行香處。醜狀駭人，面絶大，深目倨鼻【八】，厚脣廣舌【九】，鬢髮鬅鬙如藂。每啖物時，伸舌捲取，咀嚼如風雨聲，赫然一土偶判官也。畫工圖其形【一〇】，鬻於市廛，以爲笑。斯文深諱前事，人問者，輒曰：「道與之貌也【一一】。」楊公全識其未換首時，曰：「與今不類【一二】。」蜀人目之爲孫鬼腦云。

閬州通判子

閬州通判之子，數遣小兵貨物於市。嘗持象笏至富民，家民詰之，曰：「此吾家物，汝從何得之。」兵以實告。民入索篋中，果不見，證其爲盜，執而訟于官。時同郡數家被盜，所失財物甚衆，立賞迹捕，莫能得。及聞是事，皆詣府投牒。吏就鞫問，其對如初。郡守韓君

【六】覺而摸索其貌大駭取燭自照呼妻視之妻　涵芬樓本注，葉本作「覺而照鏡，大駭。其妻視之」。

【七】景靈　涵芬樓本注，葉本作「景靈宫」。

【八】深目倨鼻　涵芬樓本注，葉本「倨」作「巨」。

【九】厚脣廣舌　涵芬樓本注，葉本「厚」作「反」。

【一〇】畫工圖其形　涵芬樓本注，葉本「工」下多一「陰」字。

【一一】道與之貌也　涵芬樓本注，葉本作「道貌也」。

【一二】與今不類　涵芬樓本注，葉本「今」下多一「大」字。

以語倅，倅心疑其子，潛入書室，見所陳衣服、器皿、玩好，皆非己所有，大駭。呼問之，以竊對。父震怒曰：「吾不幸生子，而以穿窬爲罪，世間之辱，何以過此？」命擒縛送府，子殊無懼色。守以美言誘之，曰：「吾與汝父同寮，當爲汝地。但還諸人元失物，必不窮竟也。」遣兵官監詣其室，盡取所藏。子具言，某物某家者，某物某家者，乃各以付失主。但餘皮韈一雙，無主名。子再拜，懇請，曰：「願以見賜。」守問：「何所用？」對曰：「頃登子城，見此物在城下，試取著之，便履空如平地。自是，入人家，白晝亦不能覺。」守益不信，還其韈，且驗焉。子欣然，才著畢，騰升屋端，了無滯礙。其去如飛，竟失所往。予婦姪張寅爲臨桂丞，聞之於靈川尉王琨。琨云：「此近年事，不欲顯其姓名。」特未審也。

廬州詩

廬州自酈瓊之難，死者或出爲厲，帥守相繼病死。歷陽張晉彦祁作詩千言，諷邦人立廟祀之。廬人如其戒，郡治始甯。其詩曰：「平湖阻城南，長淮帶城西。壯哉金斗勢，吴人築合肥。曹瞞狼顧地，苻秦又顛擠。六飛駐吴會，重兵鎮邊陲。紹興丁巳歲，書生綰戎機。酈瓊劫衆叛，度河從僞齊。蒼黄驅迫際，白刃加扶持。在職諸君子，臨難節不虧。尚書徇國事，既以身死之。罵賊語悲壯，搯喉聲喔咿。嗚呼趙使君，忠血濺路歧【一三】。喬、張實大將，横尸枕階基。至今遺部曲，言之皆涕洟【一四】。法當爲請謚，史策垂清規。法

【一三】忠血濺路歧　原注：趙康國知廬州。

【一四】言之皆涕洟　原注：統制官喬仲福、張璟以不從亂被害於州治。

當爲立廟，血食安淮圻。奈何後之人，邈然弗吾思。居官潭潭府，神不芘茅茨。寃氣與精魄，皇皇何所依？所以州宅内，鬼物多怪奇。月明廷廡下，髣髴若有窺。謦欬聞動息，衣冠儼容儀。士民日凋瘵，岳牧嬰禍罹。一紀八除帥，五喪三哭妻【一五】。張侯及内子，遍體生瘡痍。爬搔疼徹骨，脱衣痛粘皮。狂氓據聽事，夫人憑指撝。玉勒要烏馬，雲鬟追小姬。同殂頃刻許，異事今古稀【一六】。磊落陳閣學，文章李紫微。築城志不遂，起廢止於斯。杜侯在官日，夜寢鬼來笞。拔劍起驅逐，反顧出户幃。曰杜二汝福，即有鼓盆悲【一七】。德章罷郡去，厭厭若行尸。還家席未煖，凶問忽四馳【一八】。安道移嘉禾，病骨何尩羸。於時秋暑熾，絮帽裹領頤。餘齡亦何有？幹在神已睽【一九】。師説達吏治，通材長拊綏。東來期月政，簡静民甚宜。傳聞蓋棺日，邑里皆號啼【二〇】。近者吴徽閣，魚軒發靈輀。營卒仆公宇，廐駟裹湫帷。行路聞若駭，舉家驚欲癡【二一】。昔有鄴中守，迴諱姓尉遲。後周死國難，英忠未立祠。及唐開元日，刺史多艱危。居官屢謫死，未至先戲欷。仁矣張嘉祐，下車知端倪。廟貌嚴祀典，滿考遷京畿。兄弟列三戟，金吾有光輝。吴兢繼爲政，神則加冕衣。自此守無患，史書信可推。伯有執鄭政，汰侈荒於嬉。出奔復爲亂，羊肆死猖披。强魂作淫厲，殺人如取攜。其後立良止，祭祀在宗枝。罪戮彼自取，禍福尚能移。族大所馮厚，子産豈吾欺？寒温五種瘧，踸踔一足夔。或能爲病祟，祈禱烹伏雌。況我義烈士，品秩非賤卑。凛凛有生氣，爲神復何疑？勺水不酹地，敢望壺與

【一五】五喪三哭妻　原注：張節度宗顔夫婦俱喪。陳閣學規、李舍人誼、韓大夫沃、鮑左司琚皆死。杜觀察琳、吴徽猷垌皆喪妻。

【一六】異事古今稀　原注：張宗顔妻既死，一日，有村民狂走，登廳事據坐，作妻附語，怨詈家事。又言取欲烏馬與小婢，俄皆死。

【一七】即有鼓盆悲　原注：杜琳夜爲喬、張笞擊，拔劍擊之，乃顧曰：「杜二，汝有福。」

【一八】凶問忽四馳　原注：鮑宇德章。

【一九】幹在神已睽　原注：王安道帥廬，病亟，請於朝，移嘉禾死。

【二〇】邑里皆號啼　原注：韓沃字師説。

【二一】舉家驚欲癡　原注：吴垌之妻喪車臨啟，有茶酒卒與一馬同斃。

蹄？片瓦不覆頂，敢望題與榱？邦君寄民社，此責將任誰？既往不足咎，來者猶可追。儻依包孝肅，或依皇地祇。經營數楹屋，豐儉隨公私【二二】。丹青羅像設，香火奉歲時。尚書名位重，正寢或可施。呂姬徇夫葬，義婦嚴中閨【二三】。清賢列兩廡，後先分等衰。當時同難士，物色不可遺。張陳李鮑韓，勢必相追隨。德章病而去，去取更臨時。尊罍陳儼雅，劍佩光陸離。匠事落成日，醮祭蠲州治。青詞奏上帝，册祝告神知。若曰物異趣，人鬼安同栖？兹焉卜新宅，再拜迎將歸。悲笳響蕭瑟，風馭行差池。穹旻亦異色，道路皆慘悽。巍峨文武廟，千載無傾欹。使君享安穩，高堂樂融怡。豈弟布惠政，吉祥介繁禧。遂紆紫泥詔，入侍白玉墀。斯民獲後福，年穀得禳祈。坎坎夜伐鼓，欣欣朝薦犧。人神所依賴，時平物不疵。中興天子聖，羣公方倚毗。明德格幽顯，和風被華夷。典章粲文治，昭然日月【二四】垂。臣工靡不報，秩祀當緝熙。四聰無壅塞，百揆欽疇咨。咨爾淮西吏，不請奚俟爲？露章畫中旨，施行敢稽遲。太常定廟額，金牓華標題。特書旌死節，大字刻豐碑。碑陰有堅石，鑴我廬州詩。」

趙和尚

僧宗印，本陝西士人，姓趙氏，棄俗爲僧。靖康時，在長安，住大刹，好談世間事，詞鋒如雲。方金寇犯闕，范謙叔致虛左丞帥京兆，節制五路軍，一見大喜，邀使反儒服。即往謁

【二二】豐儉隨公私　原注：城中有后土廢祠，孝肅公故第，皆爽塏，可附爲宇。

【二三】義婦嚴中閨　原注：有得呂尚書括髮之帛歸吴中者，夫人吴氏持之自盡，以殉葬。

【二四】日月　涵芬樓本注，陸本作「日星」。

華山廟，自言以身濟世之意，遂從范公。范以便宜命之官，艱難中頗有功，積遷至直龍圖閣。已而隸川陜宣撫司，亦領兵數千人。對客輒大言，常云：「吾留意釋氏，得大辨才，在古佛中，當與浄明維摩等。至於貫穿今古，精練吏事，於天下文官實爲第一。料敵應變，決機兩陳之間，於天下武官亦爲第一。若四方多壘，煙塵未清，則爲盜賊第一人。不敢多遜。」坐客畏其言無敢答者。其評議人物凶險好罵，蓋出天資。既得志，前後度僧五百，皆名曰宗印，使之代己。時已年六十餘矣，不復娶，唯買妾二十人。復解兵閑居，數歲而得疾，藏府洞泄無時，羣妾棄去不視。趙自取其糞食之，有見而怪之者，答曰：「汝安得知此味？」經旬乃死。識者以爲口業之報。席大光守河中日，嘗蒙其力。適帥湖南，爲飯千僧以資福。趙雖通顯，人猶呼爲趙和尚云。

景家宅

達州江外，民景氏宅甚大。其側古冢屹然，時時鬼物出見。處者不寧，徙入城避之。予婦家入蜀，僦以居。外舅之弟宗正，夏夜露宿，過三更，見大毛物睢盱而前，引手拍其項。宗正矍起，厲聲叱之，曰：「汝豈不見北斗在上乎？乃敢爾！」其物應聲退，安寢至明。

蜀州紫氣

崇寧三年，成都人凌戡詣闕告言：「蜀州新津縣瑞應鄉民程遇【二五】家，葬父母，其墳山上常有火光紫氣。」詔下本郡，令速徙它處。仍命掘其穴成池，環山三里内，自今不許爲墓域。郡每以季月差邑官檢視。明年，詔以其地屢有光景動人，宜爲奉真植福之所，乃建道觀名曰「寅威」，賜田十頃，歲度童行二人。後二年，光堯太上皇帝誕降，實始封蜀國公，竟以潛藩升爲崇慶軍節度【二六】，遂應火光紫氣之祥。而程氏子名適與帝嫌名同，天命昭灼如此。

查氏餅異

荆南查氏，世居沙頭，有女自幼好食餅。每食時，但取其中有糖及麻者咀之，而棄其圈，亦小兒常態也。乾道二年，女十四歲矣，因步中庭，雨忽作，有物挾以騰空，震雷擊之，墮地死。天雨餅棬者，移時乃止。羣犬攫食，與真者不異。朱子淵說。

小溪縣令妾

蜀士某，部綱東下，出成都，泊舟江瀆廟。天未明，入祠拜謁，望正殿内，一婦人已先

【二五】程遇　原注：本名犯光堯嫌名。

【二六】崇慶軍節度　「崇慶」原作「慶崇」，據陸本、南圖本乙正。李按：據《宋史》八九《地理五》，蜀州，紹興十四年，以高宗潛藩升崇慶軍節度。

在，疑其鬼也，甚懼。稍定，倚户窺之，婦人焚香亟拜，泣而禱曰：「妾本京師人，早失父，隨母西入川，嫁成都人某氏。今七年，生男女二人。良人去年赴敘州小溪令，不挈家行，亦無晝信來。近聞負約，别娶矣。妾窮獨難久處，四顧孑孑更無親戚可依。曉夕思之，惟有一死，願大王監此心。」即以剃刀自刎，登時仆地。士人驚怪，且恐暗昧累己，亟登舟解維。過小溪，所謂縣令者，乃鄉人也。出迎於江亭，從容及其家事。令曰：「向買一妾留家間，久未暇取。」士人略道其形容蹤跡，令驚曰：「皆是也。君何由知之？」乃話所見。令瞿然，俛首不語。俄告去，唤湯至，已不能執杯，曰：「君所言才畢，此人即在傍，吾不免矣。」遂升車回，及縣治而死。此乾道元年事也。黄仲秉説。云某部綱者，欲再訪其詳，未得也。

郢人捕黿

郢州江中，積苦老黿出没，爲隄岸及舟船之害。郡設百千賞，募人殺之。有漁者出應募，問所須，但求一渡船，兩人操楫，大甕一枚，猪肝一具，及鐵鉤環索之屬。至日，登舟，穴甕底，以鉤絓肝，置其内，順流以行。移時，黿出食肝，併吞鉤，首不能縮，怒甚。引頸出於甕，欲犯船，而身礙甕間，進退不可。漁者以箠擊其首，欻然而没。則放索隨之，任其所往。度已困，復舉索引鉤，又擊之。至于三四，黿死，始棹舟檥岸。邦人觀者如堵，喜其去害，爭出錢與之。蓋黿性嗜猪肝，漁者知之，又得操縱之術，故爲力甚易。仲秉説。

桃源石文

建炎三年四月，鼎州桃源洞大水，巨石隨流而下。石間有文，似天書，而字畫皎然可識。凡三十二字，云：「無爲大道，天知人情。無爲窈冥，神見人形。心言意語，鬼聞人聲。犯禁滿盈，地收人魂。」其言雖簡，而有警於人世。

韭黄雞子

張魏公居京師，赴客飯，以韭黄雞子爲饌。公不欲食，主人强之，不得已，爲食三顆，而意亦作惡，不終席而歸。夜中，忽足痛不可忍，秉燭照之，乃三雞啄其足，一牡二牝。金甲大神立於旁，扣公曰：「發願否？」公曰：「願盡此生不食雞子。」神曰：「願輕。」公又曰：「某此生不犯戒，則母氏延無量之壽。犯此者，爲不孝。」神人頷之，倏忽間與雞皆不見。迨曉，視啄處，赤腫猶寸餘。自是不復食雞卵。魏公□□□説。

校勘記

夷堅丙志卷第五十三事

李明微

李明微法師，福州人，道戒孤高，爲人拜章伏詞，報應甚著。紹興五年，建州通判袁復一使與天慶觀葉道士同拜醮。既罷，謂葉曰：「適拜章時，到三天門下，見此郡張道士，亦爲人奏青詞，函封極草率，又已破碎。天師云：『此不可進御。』擲去之矣。」葉曰：「張乃觀中道侶也，但不知今夕在誰人家。」明日，張自外歸，葉扣其所往。曰：「昨在二十里外葉家作醮，村民家生疎，青詞紙絶不佳。及焚奏之際，架復傾側，詞墜于地。吾急施手板承之，賴以不甚損，然鶴氅遂遭爇。」葉爲話明微所見，張甚懼，即日自具一醮謝罪云。

虢州驛舍

宣和中，虢州路分都監新到官，以代者未去，寓家于驛。日未晡，會食堂上，白氣從廷下井中出，勃勃如霧。須臾，青衣女子出於井，歷階而上，遍視坐人，丫髻森如，目光可鑒。已而，入西邊小室，沿壁而升，遂失所在。舉室皆悚，至夕不敢寐。二皷後，門窗無故自闞，由外入者紛紛，亦未疑爲怪。就視之，面目衣冠，盡與一家人不異，而家人所見，又皆類都監。憧憧往來，莫知孰爲人，孰爲鬼。雖有刀劍，懼誤傷人，不敢擊。達旦方止，老幼驚怖如癡。即日徙出。後月餘，縉雲人陳汝錫來通判州事，方葺官舍，亦暫泊驛中。都監者具以前事告，陳不謂然。過三日，羣婢悉夢魘，有見人物極大而無言者，有遭鬼物自牀舁至地者，亦至曉乃止。然別無它。

葉議秀才

紹興二年，處州青田人潘紱、閭丘觀俱爲蕭山尉，同處一寺。鄉人葉議秀才，以家貧母老來相依，日飯尉家，夜則寢僧舍。時三衢柴生能相手紋，談禍福。視葉手，驚曰：「君色殊不佳，法當殺人，否則爲人所殺，近三日事爾。切勿妄出，正恐不得免焉。」葉素怯懦，且方僑寄爲客，與人未款曲，度必無如是事，姑應曰：「諾。」越三日，薄暮，二尉留與飲，中夕醉歸。同室僧已寢，一盜在外，尾其後以入。發篋有聲，僧覺之，潛起，將取杖擊盜，正與盜遇，盜以刃傷僧，僧絶叫而走。葉熟睡，聞呼聲，蹶然起。盜適當前，葉急持其袂，盜慮不得脱，掣其肘曰：「放我！不然，將殺汝！」葉醉甚，持之愈急，盜恐衆至，乃剸刃而去，葉即死。二尉聞之，懼以是坐罪，迹捕未獲。見葉從廡下掩腹入僧房，左右無一覩者。邑有女巫，能通鬼神事，遣詢之。方及門，巫舉止言語如葉平生，大慟曰：「爲我謝二尉。我以宿業不幸死，今已得凶人，更數日就擒，無所憾。獨念母老且貧，吾囊中所貯，可及百千，望爲火吾骸，收遺骨及餘貲與母，則存没受賜矣。」尉悉如所戒。後五日，果得盜。盜言殺葉之次日【一】，即見諸百步外。已而漸近，昨乃與同卧起。自知必敗云。

小令村民

青田小令村民家婦，年二十餘，愚而醜，爲祟所憑，能與人言。唯婦見其形，用大紙滿書其上，不能成字，貼婦房内壁，仍設一卓，置香爐，如人家供神佛者。每日焚香十餘度，或沉，或檀，或柏子和香之屬，莫知所從來。富人徐勉素木强，聞其事，特往驗之。方及門，空中語曰：「好客且來，可設茶。」勉已愕然。既坐，問民曰：「聞汝家有鬼，胡不令出見我？」語未竟，一物墜背間，甚重，遂墮地。視之，則茶磨上扇也，背亦不覺痛。勉怖而出，祟以糞逐而洒之。有行者，善誦穢跡呪，能祛斥鬼物。勉邀至民家，未及施術，一刈草大鎌刀從空飛舞而下，揮霍眩轉，如人執持，刃垂及衣裾，急竄去，僅免。後頗盜微物，以益其家。山間牧童嘗窺見之，似十二三歲兒，遍體皆黄毛，疑爲猴玃之屬。至今尚存。

青田小胥

建炎中，青田小胥陳某者，嘗上直。同輩三人皆竊出，陳素謹畏，獨卧吏舍。明旦，門

【一】盜言殺葉之次日　「葉」原作「業」，觀文意，盜所殺爲葉議秀才，據改。中華本亦逕改。

不敢，主吏扣户，連呼之，不應，以告縣令陳彦才。破壁以入，衣衾巾履皆在，獨不見人，而窗壁整密如常，時莫能測。陳父日夕悲泣，山椒水涯，尋訪略遍。適路時中過永嘉，道出青田，蔣存誠祭酒方鄉居，憐其父老而失子，爲以情禱之。時中命具狀，訴于驅邪院，而判其後云：「當所土地里域真官，仰來日辰時，要見陳某下落，如係邪祟枉害生人，亦仰拘赴所屬根治。餘依清律施行。」仍畫玉女于後，令焚于城隍祠。明日，去縣五里曰下浦，漁者方收網，忽潭水沸騰，聲如雷震，急檥舟岸側以避。俄頃，一物躍出，高丈餘，復墜，水亦平帖。徐而觀之，乃陳胥之尸。時秋尚熱，死已旬日，而面色如生，竟不測爲何祟，其身何以能出户也。

長生牛

紹興元年，車駕在會稽時，庶事草創，有旨禁私屠牛甚嚴，而衛卒往往犯禁。有水牛頂函刃，由禹廟側突入城，見者辟易。廂卒慮其蹂躪，欲闌執之，爲所觸，幾死。時府治寓大善寺，牛迤邐入三門，過西廊。一馬繫廊下，見牛至，奮蹄蹴之，牛怒觸其腹，腹裂腸掛于角。怒愈甚，逢人則逐。徑詣廷中，郡守陳汝錫方治事，牛望見，乃緩行，引首悲鳴，遂臥階下。陳令健卒爲去刃傅藥，兀然不動。且告以立賞捕屠者，命牽付圖通寺，作長生牛，即就紲而去，與常牛無以異。後數年方死。

鼈逐人

大理司直陳棣，幼嗜鼈。所居青田山邑，艱得之。隨得則食，初未嘗起念。紹興壬戌歲，夢適通衢，見鼈二十餘，出水中，行甚遽，且將齧己，急走還。及門，鼈亦踵至。復趨堂上，相逐愈急。寤甚，跳登食牀，鼈競緣四脚而上。棣大怖，謂曰：「我元無食汝意，何爲迫我？」叱之而寤。明旦，啟門，有村僕持所親劉元中書，致一竹畚【二】，餉鼈二十八頭。發視之，絕類昨夢所覩。時元中新得僕，善捕鼈，赤手行水際，察沙石間，則知鼈所隱。日獲數十枚，以故親黨亦蒙惠。棣舉所餉放諸溪，自是不復食。

縉雲鱠飛

縉雲縣溪澗淺澀，尋常無大魚。漁者嘗獲巨鯉，異而獻于縣。縣令方從政倍償其直，付庖人斫鱠，招邑官開宴共享。酒數行，絲竹在列，鱠至。未及食，忽雰霧晝冥，雷雨驟至。盤中鱠縷，舞躍而出。大風徹屋脊，瓦落勢如崩。盛夏淒寒，坐客毛髮皆立。火毬如五斗栲栳大，飛集筵間，客趨避書閣中，火亦隨入。電光中，巨人迭往來。踰數刻，雨止，屋内猶黑，秉燭視，令則與【三】兩妓已仆地，良久乃蘇，客及從吏衣裾多焦灼。川流溢溢，踰旬始平。識者以爲龍螭之類也。

【二】竹畚　涵芬樓本注，葉本「畚」作「簍」。

【三】與　涵芬樓本注，葉本作「有」。

西洋廟

永嘉胡漢臣，世居西洋。忽爲祟所撓，始則揚沙擊石，石之所擊，自門廊洞達臥內，皆鏗然有聲，而壁户略無小損。既久，則空中與人語。時置糞汙於飲食器皿中，雖買熟物亦皆然。其家良以爲苦。幼女始分雙髻，見白衣丈夫持剪刀來前，呼曰：「小娘子與我頭上角。」兒女驚啼間，已失一髻。漢臣從外至【四】，抱女膝上，方泣訴，又呼曰：「彼人復來剪我髻矣。」急護其首，則又失其一。命道士巫覡百計禳治，皆不驗。謀徙居避之，家具什物悉膠著于地，雖至輕者，亦極力不可舉。弗克去，如是幾二年。因飲親戚家，大醉歸，及所居巷口，望見小廟，疑其爲祟，乘醉就鄰家假巨斧，碎土偶并香案諸物，鎖鐍其門，自是怪不作。

徐秉鈞女

永嘉徐秉鈞縣丞有女，曰十七娘，慧解過人，將笄而死。母馮氏悼念不能釋。忽夢女坐庭中，弄博具。記其已死，呼謂之曰：「自汝死後，我無頃刻不念汝，汝何得在此？」女曰：「不須見憶，兒已復生爲男子矣。」取骰子示母，曰：「此葉子格也【五】，蓋是我受生處。他日至黄土山前米鋪之鄰訪我，彼家亦且作官人。」言訖而覺，以語徐。徐所居在安

【四】漢臣從外至　「至」原作「生」，據南圖本改。涵芬樓本注，嚴校：「至」誤「生」。

【五】此葉子格也　原注：博徒以骰子兩采相向爲葉子。

米溪村，不知黄土山爲何地。或曰：「乃南郭外一虚市，去城財五里。」即往尋跡，正得一米肆，其鄰若士人居。詢之，云：「葉子羽秀才宅。」驗與夢相符。投刺入謁，從容及其子弟。葉曰：「數日前誕一男子。」較其日，乃馮氏所夢之夜。具以告之，且求見其子，眉目宛與女相類，顧徐有喜笑色，子羽名之儀。明年，果登科。兒十餘歲時，猶間至徐氏，常稱馮爲安溪嫣嫣。

江安世

江安世，蘭溪人。好道士説，受籙於龍虎山張靜應天師，受法於南嶽黄必美先生。所居曰元潭村，於堂側建小室，爲奉事之所。一日，雨初霽，砌下五色光十數道，直出簷間，或大如椽，或小如竹，莫知其所起。疑有伏寶，命僕劚之，過丈餘，無所覩，復填甃之，光出如故。治之以法，又不效。黄先生至其家，爲作黄籙醮，埋金龍於甃下，光始絶。嘗清旦入道室焚香，見一石當香案前，周匝皆青苔，石體尚溼，蓋方自溪澗出者。江君常時唯用二小童掃洒，他人莫得入，意童爲戲。然石甚重，非二人所能舉也。不復問，但令舁著門外塘水中。明日如初，又徙置三里外大潭，而扃此室。明日親啓户，石又在焉。默禱于神，書符其上，投之溪流。又明日，乃不見。江甚喜，以爲蒙符力，殃怪不敢至矣。正對客飯，有物擊堂屋上瓦，犖犖有聲，墜于廷，驗之，蓋元所見石。昨符尚存，題其旁云：「此符有未是處。」反視其背，別一符存焉，與江所書小異。江自度無可奈，乃納諸室中。久之，得朱書小紙於案，曰：「公既無如我何，盍圖我昆弟之形，我當助公行法。」江祝曰：「汝爲何神？昆弟有幾？作何形相？果能助我行法，當明告我。」復有片紙曰：「我三靈官也。」悉以狀貌衣冠告之。江不得已，爲圖象置壇側，其家亦時時遇之。由是生計頓替。二年，江亡怪亦絕。

蘭溪獄

蘭溪祝氏，大家也，所居去縣三十里。一子甫冠，頗知書。宅之側鑿大塘數十畝，秋冬之交水涸，得枯骸一具於岸邊樹下，莫知所從來。鄰不敢隱，聞之里正。先是，有道人行丐至祝氏，需索無厭，祝怒驅使出【六】。語不遜，祝毆之，道人佯死，祝蒼黃欲告官，迫夜未果。道人知不可欺，遂謝罪去。里正夙與祝氏訟田有隙，遂稱祝昔嘗箠人至死，今尸正在其塘内，以白縣。縣宰信以爲然，逮下獄。凡證左胥史【七】訟其寃者，宰悉以爲受賕託，愈加縲治，笞掠無虚日。祝素富室且業儒，未嘗知官府事【八】，不勝慘毒，自誣服。其母慮不得免，迎枯骨之魂歸家，焚香致禱，日夕號泣，且揭牓立賞，募人捕真盜。縣獄具，將上之郡矣，前所謂行丐者，在鄂岳間，欲過湘，南陟衡嶽，夢人告曰：「子未可遽行。翌日，將有來追者。」寤而異之。及明，別與一道流相遇，市酒共飲，問其從何來，有何新事【九】。

【六】祝怒驅使出　涵芬樓本注，葉本「使出」作「逐」。
【七】胥史　涵芬樓本注，葉本作「胥吏」。
【八】未嘗知官府事　涵芬樓本注，「知官府事」葉本作「受官刑」。
【九】新事　涵芬樓本注，葉本作「新聞」。

曰：「吾從婺州來。到蘭溪時，聞市人籍籍，談祝家寃事。」因具語之。丐者矍然曰：「詐之者，我也。我坐此罪，固已得譴於幽冥。今彼縶囹圄，死在旦暮，我不往直之，則真緣我以死，寃債何時竟乎？」乃强後來者與俱東，兼程抵婺，自列於縣【一〇】。縣宰猶謂其不然，疑未決。已而，它邑獲盜訊鞫間，自言「本屠者，嘗賒買客牛，客督直甚急，計未能償，潛害客，乘夜置尸祝氏塘中」云。祝於是始得釋。

桐川酒

紹興二十五年，沈德和介爲廣德守，檄司理陳棣兼公使庫。時□煮酒畢，已疊成棧。一日，庫吏出酒，走告云：「第二棧亡酒數百尊。」棣入視之，信然。疑小人爲欺，但責其蹤跡姦盜。又旬日，所亡滋多。上層宛然不動，皆自下失去。周視牆垣，牕壁鎖鑰，無纖介疎漏，殊怪之。特未遽信爲鬼物也。郡兵行子城上，得一壺於兩竹間，驗之，則桐川印記，莫能究其所以然。又數日，與同官沈文司户偕往觀，所失蓋不可勝計。沈恐地有陷處，秉燭炤之，地平如掌。一層之下，空空無餘。方議以事聞于郡，吏卒相謂：「庫舊有神祠，前官輒去之，得非其爲孼乎？」密市牲醪，羅拜禱，請許以再立廟。明日，衆至，則亡酒皆如故。其後給散，校元數唯欠一尊，蓋竹間者也。乃爲立祠。此卷皆縉雲陳棣説。

【一〇】自列於縣　涵芬樓本注，葉本作「自詣縣」。

夷堅丙志卷第六十三事

范子珉

處州道士范子珉，耆酒落魄。初自鴈蕩游天台，至會稽，中道得異石寶之，賞玩不去手。後爲同行道士竊去，遂若有所失，語多不倫，談人意外事，時時奇中。獨善畫，爲人作煙江寒林，深入妙品，而牛最工，浙東人以故呼爲「范牛」。但好弄溷穢，或匊於手，或濡以衣，或置冠髻間，或以污神祠道佛象，或染指作字書人家牕壁，然不覺有穢氣。從人乞錢米，先以若干語之，如數即受，或多或少，皆棄去不取。其所得，亦多投厠中。青田縣吏留光死，家貧未能葬，稾殯於城隍祠前。次年，冢爲雨所壞，露棺一角。范過其旁，取瓦礫敲之，曰：「勿悲惱，更三日，有親人伴汝矣。」時光弟矩亦爲吏，果以後三日暴死。諸子幼，羣胥爲葬於光冢之側云。遂昌葉道士結菴山間，范謁之，中塗失路，遇葉之僕問津焉。僕畏其擾也，紿曰：「左。」左乃山窮絶處，非人所行。范知之，舉手指僕曰：「汝卻從此去。」乃由他路詣菴中。葉欲具食，而俟僕不至，范告之故，葉自往尋。僕正危坐大石上，神氣如癡，呼問之，始醒，言曰：「適不合欺范先生。先生指令從此去，即覺有物牽引以行，茫如醉夢。非尊師見呼，不可還矣。」葉亦懼，令僕謝罪焉。後至婺州赤松觀，見觀中人，無所不狎侮。每飲必斗餘，買牛肉就道室煮食，醉飽即臥。已則遺糞滿地，徐徐起，引手匊弄，以十指印壁上，一室皆滿。房内人悉捨去，無敢與校，但伺其出，汲水淨滌之而已。唯陳樂天惡之，時對衆咄罵。范笑且怒，曰：「汝乃敢毀我？」趨詣三清殿下，再拜，呫囁有禱，拂衣出。過兩日，樂天無疾死。以是黄冠益謹事之。觀前横小溪，往來病涉。道士姓施者，與弟子一人捐橐中錢爲石橋。工役已具，范曰：「勿爲此橋，君將不利。」施君曰：「吾以私錢爲濟衆事，何不可之有？」卒爲之。范亦不强止，笑謂之曰：「如此亦大好，我恰有紅合子兩箇，將持贈君，以助費。」施敬謝曰：「諾。」不知何物也。他日，復至，無所攜，施以爲請。曰：「吾既許子矣，必不妄言。」後三月橋成，二道士繼死，匠師輿兩紅棺以斂云。太尉成閔責居婺，范嘗往謁。外報潘承宣來，閔將出迎，范曰：「勿見此人，恐公家不免。」閔有子娶秦國大長公主女，潘之妹也，以昏姻之故，竟延入坐。范曰：「禍作矣，禍作矣！急買紙錢，取公夫婦衣來，我爲爾解祟。」既具，范焚香誦呪，并衣與紙同焚之。居亡何，秦國薨，閔與夫人往弔，俱得疾。夫人在素幃裏風涎暴作【一】，冥不知人，閔泄利交下，殊困怠。强舁以歸，未幾平安，而夫人經年僅小愈。乃知元索衣時，侍婢但以閔兩袴往，非夫人者也。乾道二年，錢竽爲縉雲守。范自衢往訪之，曰：「負公畫四軸，故來相償，畢則行矣。」畫成，儼然就逝。將斂【二】，得片紙於席間，書曰：「庚申日，

【一】夫人在素幃裏風涎暴作　中華本注：「此句疑有誤字」。

【二】將斂　中華本作「將殮」，是。

天地詔范子珉。」蓋其亡日也。陳天與説。

紅奴兒

池州青陽主簿斛世將，官滿還臨安。縣人劉録事者，亦赴調，寓於它館。斛過之共飯，飯才罷，又欲同詣肆，啜湯餅。劉曰：「食方下咽，勢不能即饥【三】。君盍還邸小憩，吾徐往相就矣。」斛去移時，劉往訪之，已病臥牀上，望見劉，悲淚如雨，良久言曰：「吾死期至矣。適從君所歸，穿抱劍營街未畢，逢一婦人呼語曰：『君向與我約如何？始以不娶欺我，既而背之。我病，君略不相視。天地間豈有忍人如君比者？今事已爾，我亦不復云。但君亦且得病，病狀殊類我，我雖在此，必不往視君。君勉之。』遂別去。吾行數步，思之，蓋昔時所與游倡女紅奴兒者，其死三年矣。吾心惘然，迨反舍，意緒良不佳。疾勢已然，當不能起。奈何，奈何！」劉爲作粥煮藥，至暮乃歸邸。後七日果死。其黨能談其往事者，云：「曲折病狀，皆與鬼言合。」蓋索買湯餅之時，魂已去幹矣。時乾道二年。韓彦端説。

孫拱家猴

秀州魏塘鎮孫拱家養一猴，數年矣。拱妻顧氏嘗晚步門外橋上，呼小童牽至前。猴

【三】饥　涵芬樓本注，陸本作「飲」。

趨挽顧衣，爲欲淫之狀。顧怒，命僕痛箠之數十，遂歸。迨夜，聞室内牕槅動摇有聲，謂盜至，起覘之。忽兩毛手自牖執其臂，驚悸大叫，隨即仆絶。家人聞之盡起，張燈出視，正見猴踞于外，猶堅持臂不肯釋。擊以杖，乃退。顧昏然不知人，抉齒灌藥，扶救竟夕乃甦。方事急時，不暇縛猴，猴得脱走，登木跳踉，不可奈。孫氏集其鄰，繞村追躡，射殺之，凡三日，乃定。

桃源圖

縉雲人劉甫通判成都日，遇異人揖於道左，攜一籃，中貯二板，堅勁如鐵，言：「能刻桃源景物，恨未有所屬也。吾視君可受其一。」甫喜，延入官舍。異人求一室獨居，索斗酒，引滿入室。須臾出板示甫，圖已成。樓閣人物，細如絲髮，儼然可觀。女仙七十二，各執樂具，知音者案之，乃霓裳法曲全部也。其押案節奏，舞蹈行綴，皆中音會。一漁翁艤舟岸傍。位置規模，雕刻之精，雖世間工畫善巧者所不能到。同時爲倅者，亦欲得其一。初不閉拒，即詣之，所需如前。刻纔半，板忽碎裂，遂失其人所在。時天聖中也。劉氏世傳寶之，建炎之亂，逸於民間，今爲毗陵胡氏所有。郡士孫希記之云：「淵明所志桃源事，止言桃花夾岸，中無雜木，種作男女衣著，悉如外人，黄髮垂髫，怡然自樂。今是圖乃有臺殿，如仙宫佛國，又無桃林，與記頗異。疑異人所見，與世所傳不同；或神仙方外之事，不可以常理度也。」予嘗見墨本，悉如上説。豈非仙家境界，別有所謂桃源者乎？

李秀才

李綸居福州，好與方外人處。嵩山李秀才者，不知從何來，一見合意，即留館門下，且數月。其人尚氣不檢，嘗歐人折齒，捕録送府。綸爲言於府帥薛公弼，得免。他日，又歐人，綸責數之甚至，自是不復出。一日，天正寒，李生素不擁爐，忽索火，邀綸共坐，謂綸曰：「君好尚爐鼎，亦有得乎？」顧其僕取烝餅來。餅至，則細嚼，吐其滓爲四，以擦鐵箸，投火中。少焉，紅焰騰上，挾而擲之地，箸中斷，既成白金矣。綸驚愕，因言：「頃嘗得小郗先生所呵石烝餅。」生笑曰：「此不足爲也，吾當以黄者贈君。」綸大喜，而未敢言。子詵之，甫數歲，家人教之拜，使求戲術。生脱詵之銀扼臂，塗以津，亦置火中。及取出，其一純爲黄金，一變其半。廷下黄菊已槁，詵之折一枝，請爲戲。噓呵，少頃亦成金花。後數日，綸請所謂黄餅者。生曰：「君貪心如許，何由能成道？姑以紅者示君。」取一餅，持刀中分之。噓其半邊，裹以紙，良久出視，已成丹砂。牆壁稜稜，光明可監。又索水銀兩器，飲其一，竦身距躍，珠星從毛竅間踊出，的礫滿地，堅凝可掃。復以一器漱齒，隨即吐之，皆成銀，如丸墨之狀。綸益敬異焉。會綸將調官臨安，生緘水四壺授之，曰：「以是餞行。」是夕，反舍，遂不見。綸行至中途，發水，悉爲美醖，於羃紙上大書「麻姑酒」三字。凡所化物，今皆在詵之處。其銀箸斷處化爲金云。范元卿説。

徐侍郎

衢州人徐生爲新喻丞，被憲司檄鞫獄于廬陵。行未至吉水三十里，值暮，將宿客邸。大姓徐叟者，力邀迎止其家，烹羊置酒，主禮勤甚【四】。丞意以謂叟特以宗盟故耳。至夜密告，曰：「老人居此，未嘗與士大夫接。昨夕夢大官行李過門，先牌題云徐侍郎，而今日君至【五】。君必且貴不疑【六】，願以子孫爲託。」丞少年登科，自待良不薄，聞其語欣然。且約還日復過之，遂去。抵郡踰月而訖事，東歸，徑謁叟，叟館犒如初，然禮敬頗衰矣。臨別，愀然曰：「丞公是行，得無有欺方寸乎？曏昔之夜，夢神人告我，謂君受人錢【七】五百千，鞫獄故【八】不以實。官爵當削除，而年壽亦不遠【九】。君何不自重？負吾所期。」丞驚愧不能答。既還家，會薦員滿品，詣臨安改秩，甫受告，即得疾死逆旅中。其父本米儈也，隨子之官，日夜導以不義。廬陵之役，本富民歐殺人。丞納民賂，抑民僕使承，僕坐死，故陰譴及之。既亡，而父猶在，凡所獲亦隨手散去，其貧如初。劉敏士文伯説。

【四】主禮勤甚　涵芬樓本注，「主禮」葉本作「奉事」。
【五】君至　涵芬樓本注，葉本作「使君至」。
【六】君必且貴不疑　涵芬樓本注，葉本無「君」字，又「不」作「無」。
【七】謂君受人錢　涵芬樓本注，「人錢」葉本作「賄」。
【八】故　涵芬樓本注，葉本無「故」字。
【九】遠　涵芬樓本注，葉本作「永」。

十字經

吴人周舉，建炎元年，自京師歸鄉里。時中國受兵，所在寇盗如織。舉遇星冠羽服人，謂曰：「子明日當死於兵刃，能誦十字經，不唯免死，亦能解寃延壽。」舉跪以請。云：「『九天應元雷聲普化天尊』十字是也。」拜而受之。明日，果遇盗，逼逐至林間。窘懼次，猛憶昨語，亟誦一聲，猶未絶口，雷聲大震，羣盗驚走，遂得脱。趙學老說。

長人島

密州板橋鎮人，航海往廣州，遭大風霧迷，不知東西，任帆所向。歷十許日，所齎水告竭，人畏渴死，望一島嶼漸近，急奔赴之。登其上，汲泉甘甚，乃悉輦瓶罌之屬，運水入舟。彌望皆棗林，朱實下垂，又以竿撲取，得數斛，欲儲以爲糧。大喜過望，眷眷未忍還，共入一石嵓中憩息。俄有巨人四輩至，身皆長二丈餘，被髪裸體，唯以木葉蔽形。見人亦驚顧，相與耳語，三人徑去，行如奔馬。嵓下大石，度非百人不可舉，其留者獨挈之，以塞竇口，亦去。然兩旁小竅尚可容出入，諸人相續奔入船，趣解維。一人來追，跳入水，以手捉船。船上人盡力撑篙，不能去。急取搭鉤止之，奮利斧斷其一臂，始得脱。臂長過五尺，舟中人浥之以鹽，攜歸示人。高思道時居板橋，曾見之。沈公雅爲予説。予《甲志》

書昌國人及島上婦人，《乙志》書長人國，皆此類也。海於天地間爲物最鉅，無所不有，可畏哉。

温州風災

紹興三十二年七月十三日，温州大風震地，居人屋廬及沿江舟楫，吹蕩漂溺，不勝計。淨居尼寺三殿屹立，其二壓焉。天慶觀鐘樓亦仆，唯江心寺在水中央，山顛二塔甚高峻，獨無所損。先是兩日，有巨商艤舟寺下，夢神告曰：「後日大風雨，爲害不細，可亟以舟中之物它徙。吾今夕赴麻行水陸會，會罷，即來寺後守塔矣。」商人如其戒。麻行者，村中地名也。繼往偵問，果有設水陸於兹夕者。初郡有婦人，年可四十許，無所居，每乞食於市，語言不常，夜則寄宿於淨居金剛之下，諸尼皆憐之，不忍逐。風作之前日，指泥像語人曰：「身軀空許大，只恐明日倒了。」去弗宿。已而果然。

諸天靈應

永嘉許及之深甫之父，事諸天，甚著靈應。盜嘗夜入門，家未之覺。許老夢寇至，爲巨人持長槍逐之。驚寤，遽起視，外户已開，略無所失。明旦，見一槍于大門之外，不知從何來。及入諸天室焚香，則神手所持槍失之矣。始悟昨夢。

福州大悲巫

福州有巫，能持穢跡呪行法，爲人治祟蠱，甚驗，俗呼爲大悲。里民家處女忽懷孕，父母詰其故，初不知所以然。召巫考治之，才至，即有小兒盤辟入門，舞躍良久，徑投舍前池中。此兒乃比鄰富家子也。迨暮，不復出。明日，別一兒，又如是。兩家之父相聚詬擊巫，欲執以送官。巫曰：「少緩我，容我盡術，汝子自出矣，無傷也。」觀者踵至，四繞池邊以待。移時，聞若千萬人聲起於池，衆皆辟易。兩兒自水中出，一以繩縛大鯉，一從後箠之，曳登岸，鯉已死。兩兒揚揚如平常，略無所知覺。巫命累瓶甓於女腹上，舉杖悉碎之，已而暴下，孕即失去，乃驗鯉爲祟云。

張八削香像

温州市人張八居家，客持檀香觀音像來貨。張恐其作僞，欲試之，而遍體皆采繪，不可毁，乃以小刀刮足底香屑爇之。既而，左足大痛，如疽毒攻其内者。藥不能施，足遂爛。至今扶杖乃能行。右四事皆木藴之説。

汪子毀神指

饒州雙店民汪渙，世事善神，龕其像於室中。幼子五歲，戲折其中指。渙夢金甲神訴曰：「吾衛護翁家有年矣，未嘗令翁家有小不祥事。奈何容嬰兒毀吾指？」渙驚謝。旦而視之，信然，亟命工補治。此子即日病，中指間瘡絶痛。既愈，遂拳縮不可展。

夷堅丙志卷第七 十七事

大儀古驛

右侍禁姜迪，蔡州新息人，爲天長縣大儀鎮巡檢。寨去縣六十里，迪嘗趨縣回，遇雨，弛擔道上古驛，遣從者具食。迪被酒如厠，見婦人高髻長裙，類唐時裝束，持朱柄銅戟來，直前刺迪。迪盡力拒之，且大叫，從吏繼集，始捨去。索室中，無所見。是夕，不克行，但徙於西序小閤，而戒數卒守門。迪欲寢，婦人已先在，曰：「適相戲爾，何至是？」挽使就枕。迪不得已，與同衾，問其姓名，不答。未曉趨去。及迪起行，又執戟前導，至寨前乃反。自是每詣驛，必出共寢。其出也，輒導至邑門外。及還，又送之，而左右無一見者。迪浸惑焉，率以旬日間，假職事一往來。同僚稍聞其異，迪亦無所隱。一夕方寢，又有二小手扼其喉甚急，迪驚呼，外人至，已失矣。即撤帳明燭，環以僕從。少頃皆睡熟，燭亦滅，婦人復來，曰：「曩亦妹子相戲爾。」便有小婦一人，尤美色，參寢榻上。明日歸寨，兩婦皆戟而前。如是歲餘，氣力枯悴，漸不能食。會供奉官孫古者來攝天長税官，古嘗受上清籙，持天心法，甚驗。迪家人邀治之，設壇考召，佩以靈符。迪明日出，雙戟不至，行數十步，始見於道旁。大婦怒曰：「吾姊妹於君無負，豈有心害君？乃以法遣我耶？」憤邑之氣，形於顔色。幼者從旁解之，曰：「此人無情，若木石然。離合皆定數，何必戚戚于此？」遂瞥然而逝。古戒之曰：「百日内勿再經是驛。」迪以疾故，亦解官還鄉，沉綿累月，乃得脱。王翰之時爲天長宰，日嚴内翰伯父也。

安氏寃

京師安氏女，嫁李維能觀察之子，爲祟所憑，呼道士治之，乃白馬大王廟中小鬼也。用驅邪院法結正，斬其首，安氏遂甦。越旬日，復作，又治之。祟憑附語曰：「前人罪不至殊死【一】，法師太不恕【二】。」須臾考問，亦廟鬼也，復斬之。後半月病勢愈熾。道士至，安氏作鬼語曰：「前兩祟乃鬼爾，法師可以誅。吾爲正神，非師所得治。且師既用極刑損【三】二鬼矣，吾何畏之有？今將與師較勝負。」道士度力不能勝，潛遁去。李訪諸姻舊，擇善法者拯之。纔至，安氏曰：「勿治我。我所訴者，隔世寃也。我本蜀人，以商賈爲業。安氏吾妻也。乘吾之出，與外人宣淫。伺吾歸，陰以計見殺。寃魄悽悽，行求四方，二十有五年不獲。近詣白馬廟，始見二鬼，言其詳，知前妻乃在此。今得命相償，則可去。師無見苦也。」道士曰：「汝既有寃，吾不汝治。但曩事歲月已久，寃寃相報，寧有窮期？吾今令李宅作善緣薦汝，俾汝盡釋前憤，以得生天【四】，如何？」安氏自牀趨下，作

【一】殊死　涵芬樓本注，葉本作「誅死」。

【二】太不恕　涵芬樓本注，明鈔本作「大怒」。

【三】損　涵芬樓本注，葉本作「殞」。

【四】薦汝俾汝盡釋前憤以得生天　涵芬樓本注，葉本作「拔薦與汝解釋，得生人天」。

蜀音聲喏，爲男子拜以謝。李公即命載錢二百千，送天慶觀，爲設九幽醮。安氏又再拜謝，欻然而蘇。李舉家齋素，將以某日醮【五】。前一夕，又病如初。李大怒，自詣其室譙責之。拱而言曰：「諸事蒙盡力，冥塗豈不知感？但明日醮指，當與何州何人，安氏前生爲何姓【六】，前日失於稟白。今如不言，則功德失所付矣。」李大驚異，悉令道所以然【七】。又曰：「有舍弟某亦同行，乞併賜薦拔，庶幾皆得往生。」李從其請，安氏遂無恙。安氏之姊嫁趙伯儀，伯儀居湖州武康，爲王盼説。

揚州雷鬼

上官彦衡侍郎，家居揚州。夫人楊氏白晝在堂中與兒女聚坐，忽雷雨大作，奇鬼從空隕于地，長僅三尺許，面及肉色皆青，首上加幘，如世間幞頭，乃肉爲之，與額相連。顧見人，掩面如笑。既而觀者漸衆，笑亦不止。頃之，大霆激於屋表，雲霾晦冥，不辨人物，倏爾乘空而去。

新城桐郎

練師中爲臨安新城丞，丞廨有樓，樓外古桐一株，其大合抱，蔽蔭甚廣。師中女及笄，嘗登樓外顧，忽若與人語笑者。自是日事塗澤，而處樓上，雖風雨寒暑不輟。師中頗怪

【五】醮　涵芬樓本注，葉本作「設醮」。

【六】姓　涵芬樓本注，葉本作「姓名」。

【七】道所以然　涵芬樓本注，葉本作「具言」。

之，呼巫訪藥治之，不少衰。家人但見其對桐笑語，疑其爲祟，命伐之。女驚嗟號慟，連呼「桐郎」數聲，怪乃絶。女後亦無恙，詢其前事，蓋恍然無所覺也。

壽昌縣君

朝散大夫、池州通判丁餗妻，壽昌縣君施氏，病卒於官舍。越十四日，子愉夢母如存，且曰：「我將往生於淮南，然猶爲女人，壽復不永。所以然者，以宿負未償也。汝與汝父言，亟營勝事，使我得轉爲男子。」愉覺以告父。後數日，孫百朋又夢經官府，衞卒羅陳，方趨而過，或呼於後曰：「縣君在此，安得不省謁？」遽回，入府門，至東廡簾下，果見之。言曰：「吾於此蕭然，無親舊，而旦暮有趨府之勞。幸以命婦得乘車，不然則徒行，嬰拘縶之苦矣。」語未畢，簾外吏【八】曰：「可疾去，判司知之，不可也。」施氏亦曰：「可去矣。」既出門，又有呼者曰：「判司召。」乃由西廡進，見緑衣人据案，熟視之，則故潭州通判李綱承議也。百朋憶其與乃祖同年進士，升堂再拜曰：「公與祖父同年，世契不薄，願毋答拜。」綱受之。既坐，詢大夫安否，甚悉。少頃，吏引施氏就訊，百朋離席。綱曰：「施縣君與子親歟？」曰：「新亡祖母。」綱曰：「天屬也。」百朋曰：「如聞已有往生之緣，而未脱女身，信否？」曰：「然。昨日符已至。」百朋泣曰：「祖父昔從公游，今祖母生緣在公謦欬，苟得轉爲男，存没被厚德矣。」綱曰：「奈事已定何？」百朋哀祈數四，綱

【八】吏　涵芬樓本注，明鈔本作「二吏」。

則須臾復下，若無影響。須臾復下，則曰：「子少俟，當試爲圖之。」於是綱出，循廡而上，迤邐升殿中，若無影響。須臾復下，則左右翼扶，步武詳緩，笑曰：「已遂所請。然須歸誦佛説《月上女經》及《不增不減經》以助度生【九】可也。」百朋拜謝而退。視祖母猶立階下，大言曰：「二經多致之，勿忘也。」遂寤。盡記其説。餗且驚且疑曰：「二經之名，所未嘗聞。」使訪諸乾明院，果得之。乃月上女以辨才聞道，如來授記轉女身爲男，及慧命舍利弗問佛，以三界輪迴有無增減之義。餗始歎異，擇僧之賢【一〇】，及令家人女子皆齋絜【一一】持誦，數至千【一二】卷，設冥陽水陸齋以侑之。迨百日，餗夢妻來曰：「佛【一三】功德不可思議，蒙君追薦恩，今生於廬州霍家爲子【一四】矣。」謝訣而去。

利國圩工

政和中，太平州修利國圩，工徒甚衆。忽有鴉千數，噪集于別埂之傍。主役者異之，使人驗視，乃一役夫已斃，而鴉銜土以覆之，蔽瘞幾半。又令啟土，於死者胸臆間得小卷軸，乃《金剛經》也。衆莫不敬歎，爲徒諸高原，斂而葬之。舊事多有此比者。

錢大夫妻

錢令望大夫之妻陳氏，天性殘忍，婢妾雖微過，必箠之，數有死於杖下者。其後臥疾，

【九】以助度生　涵芬樓本注，「度」葉本作「往」。

【一〇】擇僧之賢　涵芬樓本注，葉本作「擇戒行僧」。

【一一】齋絜　涵芬樓本注，葉本作「齋戒潔淨」。

【一二】數至千　涵芬樓本注，葉本作「數千百」。

【一三】佛　涵芬樓本注，葉本作「佛經」。

【一四】子　涵芬樓本注，葉本作「男子」。

有發語於冥暗中，自言爲亡妾某人，具道欲殺陳之意。錢君具衣冠焚香拜之，且許誦佛飯僧，助其超生，以贖妻過。妾答曰：「妾賤隸爾，何敢當官人之拜？但已訴於陰官，必得縣君一往乃可。功德雖多，無益也。」陳竟死。

蔡十九郎

紹興二十一年，秀州當湖人魯璩赴省試。第一場出，憶賦中第七韻忘押官韻，顧無術可取【一五】，次日，彷徨於案間，惘然如失【一六】。皁衣吏問知其故，言曰：「我能爲君盜此卷。然吾家甚貧，當有以報我。」丁寧至三四，璩許謝錢二百千，乃去。猶疑其不然【一七】。未幾，果取至。即塗乙【一八】以付之，詢其姓氏。曰：「某爲蔡十九郎，居於暗門裏某巷第幾家。差在貢院，未能出。」且以批字倩璩達其家。璩試罷，持所許錢及書【一九】訪其家。妻見之，泣曰：「吾夫亡於院中，今兩舉矣，尚能念家貧邪？」是年，璩登第，復厚恤之，仍攜其子以爲奴。二十六年考試湖州，以此奴行，因爲人言之。此事與唐人所載郭承嘏事相類，而近年士大夫所傳，或小誤云。

子夏蹴酒

湖州學，每歲四仲月，堂試諸生。三場謄録封彌，與常試等。其中選首者，郡餉酒五

【一五】無術可取　涵芬樓本注，「取」葉本作「改」。
【一六】惘然如失　涵芬樓本注，葉本多「忽見」二字。
【一七】猶疑其不然　涵芬樓本注，「不然」葉本作「無益」。
【一八】塗乙　涵芬樓本注，葉本作「塗改」。
【一九】書　涵芬樓本注，葉本作「字」。

尊。第二、第三人三尊。第四、第五人兩尊。紹興二十一年，唐嘉猷堯封爲教授，既試，將揭榜，游學進士福州人陳炎夢登大成殿，夫子賜之酒五尊。子夏怒形於色，舉足蹴其二。覺而異之，以語同舍生。及榜出，名在第二。嘉猷告之，曰：「君本居魁選，坐誤引子夏事，故少貶。」始驗所夢。

周莊仲

周莊仲，建炎二年登科。夢至殿廷下，一人持文字令書押。視其文，若世間願狀，云當作閻羅王。辭以母老，初入仕，不肯從。使者强之再三，令押字，不得已從之。覺而殊不樂。明日，遂改花書。至夜，夢昨夕人復來，云：「汝已書押，豈可更改？但事猶在二十年後。」紹興十七年，爲司農寺主簿。又夢人持黄牒來，請受閻王敕：「更二年，當復來。」愈惡之，祕不語人。逮十九年七月，恰及二年，方爲户部郎官，自謂必無事，始爲家人話前夢。其夜，夢門神土地之屬來拜辭，若有金鼓騎從相送迎者。翌旦，在部中，欲飯，覺頭昏不清，急歸，不及治藥而卒。

陰司判官

紹興二十三年七月，湖州教授趙【二〇】夜夢人投刺來謁，曰：「莫仔。」既入坐，起而

【二〇】湖州教授趙　原注：失其名。

言曰：「仔，城南人。適聞天符下，除教授爲陰司判官，仔副之。方有聯事之幸，不敢不修謁。」趙大駭，扣其何人。答曰：「仔，郡之富民也，行第七十一，嘗以入粟得助教。」趙覺而惡之。明日，詣學，具以所見語諸生。諸生言：「果有此人，名族排行皆不妄。然已墮鬼籍二年矣。」趙意色愴然，退即感疾，不藥而死。

沈押録

紹興二十七年冬，湖州長興縣沈押録，因公事追赴郡獄，繫兩月乃得釋。時已逼冬至，沈晚出門，欲通夕步歸。雖天氣昏暝，不暇止。行四十餘里，夜過半，逢一民居，駐立户外。須臾，女童開門，問何人，告之故。女曰：「村落近多盜，緩急或生事，不若入門内宿。」沈亦念不可前進，乃從之。女又曰：「娘子今夜獨宿後房，君試入，當有好事。」沈不答。又言之，沈曰：「恰打官方了來，那敢作此罪過？」女曰：「無妨也。」强邀至數四，沈求湯洗足，女童即入，以大盆盛湯付沈。沈洗足已，取腰間小書刀削爪，刀纔出鞘，宅與人及盆皆不見，身正坐一冢上。急捨去，乃免。

馬述尹

馬述尹，年十八，隨父肅夫調官京師，抱疾而終。有姊嫁常州税官秉義郎李樞，母留姊家，不知子之亡。李氏婢忽如狂，作男子聲曰：「我即馬述尹也，某月某日以疾死，今幾月矣。欲一見吾母與大姊，故附舟來。欲丐佛果，以助超生。」母與姊始聞之，悲駭，扣之而信，遂許其請。婢乃不言。即召太平寺僧誦經，具饌寫疏以薦。明日，婢復語云：「荷吾母與姊姊如此，但某僧看經至某處止，某僧至某處止，功德不圓，爲可惜爾。」其母未深信，試呼僧責之，皆慚謝而退，亟更誦焉。

馬先覺

馬肅夫次子先覺，嘗與其友游神祠，見壁間所繪執樂妓女中姝麗者，心悦之，戲指曰：「得此人爲室家，素願足矣。」是夕，婦人見於夢寐，耽溺既久，視以爲常。始猶畏人知，祕不敢言。後亦無復忌憚，每切切然私語於室中。外人或入，遇之，則曰：「家人在此。」蓋荒惑之甚，不悟其爲非也。父母以爲憂，百方禳治，弗少衰，竟至不起。

雷火爍金

姑蘇人徐簡叔之祖，居鄉里日，震雷發於房宇間，煙火蔽塞，移時始散，棟柱破裂，龍跡存焉。其後啟木鐀，欲取白金器皿，乃類多穿蝕，皆成珠顆，流散于下。鐀之扃鐍元不動，而内自融液，蓋神龍之火，尤工於敗金石也。

大瀆尤生

長洲人尤二十三者，富民也，居於大瀆村。紹興三年，感疾死。初無它異，既而鄰邑崑山之東，農家牛生白犢，脅下黑毛成七字，曰「尤廿三曾作牢子」。蓋尤始貧時，曾爲縣獄吏，有隱惡云。尤氏子欲贖以二萬錢，其家不許。

蠅虎報

秉義郎李樞妻之乳媪，好以消夜圖爲博戲。每於彩繪時，多捕蠅虎，取血和筆塗之。蓋俗厭勝術，欲使己多勝也，習以爲常。後老疾將終，語人曰：「無數蠅虎兒咬殺我，爲我捕去。」而旁人略無所見，知其不永，久之乃死。此卷皆王日嚴所傳，日嚴多得於其弟盼。

夷堅丙志卷第八 十二事

無足婦人

闞子東説，其兄博士演，在京師見婦人丐於市，衣敝體垢，無兩足，但以手行，而容貌絶冶。有朝士見而悦之，駐馬問曰：「汝有父母乎？」曰：「無。」「有姻戚乎？」曰：「無。」「能縫袵乎？」曰：「頗亦能之。」朝士曰：「與其行乞棲棲，孰若爲人妾？」歛眉歎曰：「形骸若此，不能自料理。若爲婢子，則役於人者也，安能使人爲己役乎？且誰肯用之？」士歸語其妻，妻亦惻然，取致其家。爲之沐浴更衣，調視其飲食，授以針指，敏捷工緻，一家憐愛焉，士亦稍與之昵。居一年許，出游相國寺，遇道人，駭曰：「子妖氣甚盛，奈何？」士以爲誣己，怒不應。異日再見，曰：「祟急矣！子其實語我，我無求於子也。家豈有古器若折足鐺鼎之屬乎？」曰：「無之。」問不已，士不能掩，始以妾告。曰：「是矣，是矣，亟避之！明日宜馳往百里外，藉使不能及，姑隨日力，所至託宿，深關固拒。中夜聞扣户者，無得開，或可以免。捨是，無策也。」士始怖，不謀於家，假良馬，盡日極行，逼暮，舍於逆旅。歘未定，道上塵起，旗幟前驅，一偉丈夫乘黑馬亦詣焉。長揖而坐，指一房相對宿，略不交談。士愈懼，閉户不敢寢。夜艾，外間疾呼曰：「君家忽值喪禍，令我持書來。」時燈火尚存，自隙窺覘，乃無足婦人，負兩肉翼，翼色正青，士駭汗如雨。偉人遽撤關出，揮劍擊之，婦人長嘯而去。明旦，士起，見偉人拜而謝之，曰：「微尊官，吾不知死所矣！敢問公爲誰？」曰：「子識我乎？乃相國寺道人也，曩固告子矣。我即子之本命神，以子平生虔心奉我，故來救護。」言訖，與車馬皆不見。

胡秀才

姜補之師仲在太學，與胡秀才同舍。胡指上病贅疣，欲灼艾去之。或告曰：「今日人神在指，當俟他日。」胡不以爲信，遂灸焉。七日而創發，皮剥去一重，見人面在中，如鏡所照。惡之，亟覆以膏。又七日，稍痛，痒甚，因爬搔皮起，人面如故。歷四十餘日，創益大且痛，竟不起。

趙士遏

武功大夫、閤門宣贊舍人黄某，爲江東兵馬鈐轄。紹興二十二年正月，秩滿，將歸弋陽。過池州，值雪小留，郡守假以教授廨舍，遇舊同官趙士遏。趙訝其顔色青黑，而欬不已，語言動作，非復如疇昔時，從容問所苦。黄愀然久之，曰：「吾家不幸，祖傳瘵疾，緣是殞命者，世世有之。自半年來，此證已萌芽，吾次子沇亦然，殆將死矣。」遂悲傷出涕。趙曰：「每聞此疾可畏，間亦有愈者，而不能絕其本根。吾能以太上法籙治之，但慮人不知道，因循喪軀。公果生信心，試爲公驗。」於是焚香書符，以授黄及沇，使吞之。吞未久，遍手指内外皆生黄毛，長寸餘。趙曰：「疾深矣。稍復遷延，當生黑毛，則不能救療。今猶可爲也。」於是擇日別書符，牒城隍，申東嶽，奏上帝。訖，令黄君汛掃寓舍之西偏小室，紙糊其中，置石灰於壁下，設大油鼎一枚，父子著白衣，閉門對牀坐。吞符訖，命數童男秉燭注視。有頃，兩人身中飛出黑花蟬蛾四五，壁間別有蟲作聲而出，或如蜣娘，如蜘蛛，大小凡三十六，悉投沸鼎中，臭不可聞，啾啾猶未止。繼一蟲細如絲髮，婉蜒而行，入于童袖間，急捕得，亦投鼎中。便覺四體泰然，了無患苦。黄氏舉室歎異，知其靈驗，默禱於天，願爲先世因此疾致死者作九幽大醮，拔度之。未醮數日，黄之妻夢先亡十餘人，内有衣皁小團花衫者，持素黄籙白簡來拜謝，曰：「汝救我，則我救汝。」妻覺，以告夫。黄泣曰：「衣小花衫者，吾父也。吾父死於兵戈中，衣服不備，但得一衫以斂。夢中所見者，真是矣。」遂以二月朔，設醮於天慶觀。是夕，陰雲四垂，雨意欲作。中夜，隱隱聞雷聲，所供聖位，茶皆白如乳，道衆恐雨作，不能焚詞。既而至五鼓，醮事畢，雨乃大至。黄氏歷世惡疾，自此而絕。士遏字進臣，時右朝請大夫魏彦良通判池州，爲作記。

謝七嫂

信州玉山縣塘南七里店民謝七妻，不孝於姑。每飯以麥，又不得飽，而自食白秔飯【一】。紹興三十年七月七日，婦與夫皆出，獨留姑守舍。游僧過門【二】，從姑乞食。笑曰：「我自不曾飽，安得有餘【三】？」僧指盆中秔飯【四】，曰：「以此施我。」姑摇手，曰：「白飯是七嫂者，我不敢動，歸【五】來必遭駡辱。」僧堅求不已，終不敢與。俄而婦來，僧徑就求飯，婦大怒且毁叱之。僧哀求愈切，婦咄【六】曰：「脱爾身上袈裟來，乃可换。」僧即脱衣授之，婦反復細視【七】，戲披於身，僧忽不見，袈裟變爲牛皮，牢不可脱。胸間先【八】生毛一片，漸遍四體，頭面□成牛【九】。其夫走報婦家，父母遽【一〇】至，則儼然全牛矣。今不知存亡。右四事，亦得於王日嚴。

白石大王

福州人陳祖安之父，待兗州通判闕。夢黄衣吏持符至，曰：「帝命公爲白石大王。」問所在，曰：「今未也。俟公見巨石，玷一角，乃當去。及期，復來迎矣。」覺而大惡之。後赴官兩月，謁泰山。宿山下一寺，適見庭下大石，其一角正缺，悵然不樂。還郡未久，而黄衣至，遂以其日卒。

【一】白秔飯　涵芬樓本注，「飯」葉本作「稻」。
【二】游僧過門　涵芬樓本注，葉本「游」上多一「有」字。
【三】安得有餘　涵芬樓本注，葉本作「安得濟爾」。
【四】秔飯　涵芬樓本注，葉本作「秔稻飯」。
【五】歸　涵芬樓本注，葉本作「婦」。
【六】咄　涵芬樓本注，葉本作「唾」。
【七】細視　涵芬樓本注，葉本作「玩視」。
【八】先　涵芬樓本注，葉本作「遂」。
【九】漸遍四體頭面□成牛　涵芬樓本注，明鈔本作「身體頭面，稍成牛形」。上五字，葉本作「頭目稍成牛」。南圖本空格作「半」。
【一〇】遽　涵芬樓本注，葉本無。

莫東得官

吴興莫伯甄爲奉議郎時，三子皆未官。嘗夢以恩澤補第二孫東，寤而喜，曰：「東於子孫數，爲第五。吾得以延賞恩及之，足矣。」至紹興三十二年，以朝請郎爲潼川轉運判官，遇登極恩，當遣子弟奉表入賀。時長子澄已登科，仲、季以母服不可往。乃命吏持函，空其名，令至吴興以授澄，使自處之。澄長子果、次子東，果讀書頗有聲，謂必能繼取名第，乃以官與東。伯甄聞之，念前夢，憮然不樂。是年，以覃恩及磨勘進秩朝散大夫，不及拜而卒。生前所蒙，但一孫得官爾。右二事，倪文舉説。

黄十翁

黄十翁者，名大言，浦城人，寓居廣德軍。紹興二十七年十一月四日，因病久心悸，爲黄衣童呼出門。行大衢，路兩旁【一二】植垂柳，池水清澈可愛，荷花如盛夏時。經十餘里，更無居民，望樓觀嵯峨，金碧相照。童引入門，罪人萬數立廷下。殿上四人，冠通天冠，衣縷金袍，分席而坐。一吏唤黄大言，云：「汝數未盡，誤追汝來。」命青衣童引出東門，回顧餘人，已驅之北去。東門外如陽間市肆，往來闐闐。行未遠，别見宫闕甚麗，内外多牛頭阿旁，王者旒冕秉圭坐，威嚴肅然。紫衣吏問曰：「汝住世作何因果？」對曰：「頃歲

【一二】路兩旁 「兩」原作「雨」，據葉本、南圖本改。

兵亂時，曾爲二寇掠財物，徐就擒捕。保伍欲戮之，大言愍焉，以錢二十千贖其死。」及平生戒殺、持經、造像數十事。俄持巨鏡下照，了無寃業，即令詣總管司照對。總管司之長稱舍人，其副乃廣德出攝吏王珣，與大言素厚，謂之曰：「汝當再還人世。若見世人，但勸修善，敬畏天地，孝養父母，歸向三寶，行平等心。莫殺生命，莫愛非己財物，莫貪女色，莫懷疾妬，莫謗良善，莫損他人。造惡在身，一朝數盡，墮大地獄，永無出期。受業報竟，方得生於餓鬼畜生道中。佛經百種勸戒，的非虚語。」又囑曰：「爲吾口達信於我家，我在公門，豈能無過？但曾出死罪三十一人，有此陰德，故得爲神。可造衣服一襲，多誦經文，化錢萬七千貫，具疏奏城隍司以達，我要贖餘過。」且言：「世人以功德薦亡，須憑城隍證明，方得獲福。若歲時殺物命【一二】祭祀，亦祖先不享。此二事，不可不知。」後二日，陰府會善男女於無憂閣下，隨其善行，俾證道果。至於地獄囚人，亦驅至彼，如州郡囚聽赦。罪輕者亦脱苦受生。宜往觀之。」至則覩所謂無憂閣者，衆寶所成，高出雲表，祥光徹天【一三】，男女皆在其下。其善者衣服盛麗，持香花經卷，徜徉采雲之間，玉砌金階之上。而地獄之衆【一四】，皆鎖梏囚執，尫劣憔悴，跪伏門外，喜懼相半。方顧視感歎，忽蕩無所覩。王總管云：「已憑今日佛蔭，脱地獄苦，然皆失人身矣。」回至總管司，見對事者亦衆，其相識者託爲囑子孫，丐功德。所付之語，皆生平閨門隱祕，非外人所得知。事畢，童導之歸。望一鐵山，烈火熾然，燒炙羣囚，號叫不絶。又一山，有樹無葉，垂植刀劍，囚

【一二】殺物命　涵芬樓本注，葉本作「殺物一命」。
【一三】祥光徹天　涵芬樓本注，原本「徹」字形不全，從葉本補。李按：南圖本亦作「徹」。
【一四】地獄之衆　涵芬樓本注，「之」葉本作「中」。

扳援而上，受剸割之苦，積尸無數。大言合掌誦觀世音、地藏二菩薩。忽震雷一聲，二山皆不見。前行過一巖洞，臭河不可近。童子云：「世人棄殘飲食酒茗於溝渠，皆爲地神收貯於此。俟其命終，則令食之。」又行數里，再至王所。王敕云：「汝還世五年，傳吾語於人間。作善者即生人世，受安樂福。作惡者，萬劫不回，受無間苦【一五】。令聞此者，口口相傳。」遂別命一青衣童引出長春門，有花如初【一六】。過橋【一七】，失足而寤，已初八日矣。黄翁時年八十五，崇仁縣主簿秦絳爲作記。

衡山民

乾道初元，衡山民以社日祀神，飲酒大醉。至暮獨歸，跌於田坎水中，恍忽如狂，急緣田塍行。至其家，已閉門矣。扣之不應，身自從隙中能入。妻在牀績麻，二子戲於前。妻時時咄罵其夫，暮夜不還舍。民叫曰：「我在此。」妻殊不聞，繼以怒罵，亦不答。民驚曰：「得非已死乎？」遽趨出，經家先香火位過，望父祖列坐其所，泣拜以告。父曰：「勿恐。吾爲汝狠土地。」即起。俄土地神至，布衫草屨，全如田夫狀。具問所以，顧小童，令隨民去。童禿髮赤脚，類牧牛兒。相從出門，尋元路，復至坎下。教民自抱其身，大呼數聲，蹶然而寤。時妻以夫深夜在外，倩鄰人持火炬求索之，適至其處，遂與俱歸。予婦姪張寅説。

【一五】受無間苦　涵芬樓本注，葉本作「受無限苦」。

【一六】有花如初　涵芬樓本注，葉本作「荷花如初」。

【一七】過橋　涵芬樓本注，葉本作「過橋次」。

頂山回客

平江常熟縣僧慈悦，結庵於縣北頂山絶巘白龍廟之傍，凡三十餘年。以至誠事龍，得其歡心，有禱必應，邑人甚重之。紹興三十二年，年七十八矣，忽得蠱病，水浮膚革間，累月不瘳。朝夕呻吟，殆無生意。棺衾皆治辦，待盡而已。一客不知從何來，戴碧紗方頂巾，著白苧袍，眉宇軒昂，與常人異。自山下至龍祠禮謁，因歷僧舍，見慈悦病，問之曰：「病幾何時矣？此乃水腫，吾有藥能療。」悦欣然請其術。命解衣正臥，以爪甲畫其腹并臍下，應手水流溢於榻下，宿腫即消。又探藥一餅，如彈丸大，色正黑，戒曰：「宜取商陸根與菉豆，同水十椀煮至沸，去其滓，任意飲之。藥盡，則病愈矣。兼師壽可至八十五歲。」悦愧謝數四，且詢其姓氏鄉里。曰：「我回客也，臨安人。」又曰：「和尚，如今世上人，識假不識真。」語訖，揖而去。悦如言飲藥，味殊甘美。越兩日，乃盡，病如失去，亦不復知客爲何人。後兩月，别一客言：「來從都下，因觀補陀山觀音至此。」出一卷畫贈悦，曰：「此我所爲者。」即去。既而展視之，乃畫薜荔纏結，中覆吕真人象，始知所謂回客者此云。縣主簿趙彦清爲作記。

粉縣主

宗室郇康孝王仲御孫女，曰粉縣主者，年十四五時，與家人會飲于堂。忽大風從庭起，雷雨繼至，火光如毬，縱横飛掣，煙霧四合，對面不相覩。男子號哭乞命，婦人掩耳仆卓上，或有墮地者。移時方止，天晴如初。點檢坐中人，獨不見縣主。久之，但得雙目睛於庭砌下，尸失所在矣。縣主之父曰士驪。

耿愚侍婢

大觀中，京師醫官耿愚買一侍婢，麗而黠。踰年矣，嘗立於門外，小兒過焉，認以爲母，眷戀不忍去，婢亦拊憐之。兒歸告其父，曰：「吾母乃在某家。」時其母死既祥矣。父未以爲信，試往殯所視之，似爲盜所發，不見尸。還家，攜兒謁耿氏之鄰，密訪婢姓氏，真厥妻也。即佯爲販鬻者，徘徊道上，伺其出而見之。妻呼使前，與敘别意，繼以泣，語人曰：「此爲吾夫，小者吾子也。」耿聞之怒，詬責之，曰：「去年買汝時，汝本無夫，有契約牙儈可驗。何敢爾？」夫訴諸開封，迹所從來，婢昏然不省憶。但云：「因行至一橋，迷失路，爲牙媪引去。迫於飢餒，故自鬻。」牙媪亦言：「實遇之於廣備橋，求歸，就食，遂鬻以償欠。」京尹不暇究始末，命夫以餘直償耿氏，而取其妻。耿氏不伏，夫又訴於御史臺。整會未竟，復失婦人，訟乃已。不一年，耿愚死，家亦衰替。

江氏白鵓

江遐舉邈，宣和中，爲虹縣令，長子自嚴州奉其母往官下。有白鵓、白雀各一，皆瑩潔可觀。共一籠，置諸舟背。入汴數十里，過靈惠二郎祠，舟人入白，曰：「神素愛此等物，願收祕之。」即攜入臥處。一婢從庖所來，至籠畔，無故失足，觸籠墜，視之，鵓死矣。嗚玉說。

夷堅丙志卷第九 十四事

上竺觀音

紹興二年，兩浙進士類試于臨安。湖州談誼，與鄉友七人，謁上天竺觀音祈夢。誼夢人以二楪貯六茄爲餽，惡之。惟徐揚夢食巨蟹，甚美。迨旦，同舍聚坐，一客語及海物黄甲者，揚問其狀。曰：「視蝤蛑差小，而比螃蟹爲大。」揚竊喜，乃以夢告人，以爲必中黄甲之兆。洎牓出，六人皆不利，揚獨登科。後二年，誼復與周元特操赴漕司舉，又同詣寺。前一夕，周夢與諸人同登殿，誼先抽籤，三反而三不吉。餘以次請禱，周立於後，曰：「所以來【一】，來唯欲求夢爾，何以籤爲？」衆强之，方詣筩下，遇婦人披髮如新沐者，從佛背趨出，謂其貴家人，急避之，遂寤。明晨入寺，誼所啓三籤果不吉，餘或吉或否，周但焚香再拜，願得夢。是夜，夢鄉人徐廣之持省牓至，凡列三等，己爲中等第一人。已而賀客四集，有道士在焉。明年七月，省試罷，□□與待牓。他日閱市，聞呼於後曰：「元特，奉賀，奉賀！」回顧，乃徐廣之也。云：「適過郡門，見□□□司牓内一人，與君姓名同，聊相戲耳。」周方譙責之，則又有言，曰：「省牓自南門入矣。」遂相與散□，及家而報至。次

校勘記

【一】所以來　「以」字原闕，據陸本、南圖本補。

日，數客來賀，一道士儼然其中。周曰：「與君不相識，何以辱顧我？」道士笑曰：「君豈忘之邪？去年君過我卜【二】，我推君五行，知今年必及第。今而實然，故來賀，以印吾術，非有所求也。」遽辭去。沉思其人，乃開元寺賣卜者，始驗昨夢，無□不合【三】。周果居中等，雖非首選，而於吳興爲第一人。夫廣之之戲談，黄冠之旅賀，皆偶然細事也，而夢寐魄兆已先見於旬月之前，人生萬事，不素定乎？元特說。

酆都宫使

林乂，字材臣，姑蘇人，剛正尚誼，鄉里目爲林無差，以其名近叉字也。晚以貢士特奏名得官，調嘉興主簿。任滿還家，夢吏士來迎，入官府，升堂正坐，掾屬數十輩，或衣金紫銀章，列拜廷下，出文牘，摘紙尾使書。視官階，乃印銜，闊徑三寸，不可辨。但識其下文五字，曰「酆都宫使林」。如是凡數紙。乂平生讀道書，頗慕神仙事。顧謂吏曰：「學道之人，皆當爲仙官。此乃冥司主掌，非以罪譴謫者不至。且吾聞居此職者，率二百四十年始一遷，非美官也。」不願拜。吏曰：「此上帝命也，安得拒？恐得罪於天，將降充下列，雖此官不復可得矣。」乂不得已，乃書名。遂寤。知其命不得長，以告所善道士吕山友。乂弟又之婦虞氏，尚書策女也，不食豬肉。乂誚之曰：「吾家寒素，非汝家比，安得常有羊肉？盍隨家豐儉勉食之。」婦謝曰：「何敢爾！但新婦自少小時，聞燒豬氣輒頭痛，

【二】卜　原闕，據陸本、南圖本補。

【三】無□不合　涵芬樓本注，空格，原本字形不全，似「少」字，缺末筆。

不可忍。今見則畏之，非有所擇也。」又曰：「我若真爲酆都官，必使汝食。」婦笑曰：「幸蒙伯力，爲增此食料，新婦大願也。」久之，乂調官京師。還，及泗上，卒於舟中。初，乂父挈家過泗，謁普照王寺，其母生乂於舟中。及其死也，亦然。訃未至吴，家人臛豬【四】爲麵，弟婦問曰：「何物盛饌，芬香如此？」家人曰：「豬肉也。」婦曰：「試以與我。」取食之，立盡一器。自是，遂能食。時乂卒已半月云。自山□□【五】《□宅編》作記，□一□【六】□不甚詳。又□以「乂」爲「毅」。

二郎廟

政和七年，京師市中一小兒，騎獵犬揚言於衆，曰：「哥哥遣我來，昨日申時，灌口廟爲火所焚，欲於此地建立。」兒方七歲，問其鄉里及姓名，皆不答。至晚，神降于都門，憑人以言，如兒所欲者。有司以聞，遂爲修神保觀。都人素畏事之，自春及夏，傾城男女負土助役，名曰「獻土」。至飾爲鬼使，巡門催納土者之物幢幢【七】。或牓於通衢，曰「某人獻土」。識者以爲不祥，旋有旨禁絶。既而蜀中奏，永康神廟火，其日正同。此兒後養於廟祝家，頑然常質也。

【四】豬　涵芬樓本注，明鈔本多一「肉」字。

【五】自山□□　涵芬樓本注，葉本作「吕山友説」。

【六】□宅編作記□一□　涵芬樓本注，上七字原本皆闕，據陸本補。李按：「宅編」上闕字當是「泊」字，該編卷中，載林毅作酆都使者事。

【七】巡門催納土者之物幢幢　「之物」陸本、南圖本作「往來」。

宣和龍

宣和元年五月，京師大雨連日，及霽，開封縣前茶肆家，未明起，拂拭案榻，見若犬蹲其旁。至旦視之，龍也。有聲如牛，驚而仆。茶肆與軍器作坊鄰，諸卒適赴役，見之，殺而分其肉，街吏懼不敢奏【八】。都人圖玩【九】其形，長六七尺，鱗色蒼黑，首如□【一〇】，兩頰如魚頭，色正緑。頂有角，坐【一一】極長，於其際始分兩歧，與世間所繪龍相類。後十餘日，忽大水犯都城，高出十丈，自西北牟駝岡至萬勝門外，馬監民居盡没。時以爲大河決溢，然水色清澄，河又未嘗決，終莫知所從來。居數日，水已入汴渠。達曉將溢【一二】，朝廷募人乘風水之勢，決其下流，乃由城北入五丈河，下注梁山濼，首尾幾月乃已。故俗傳爲龍復讎云。見蔡條《後史補》。

温州賃宅

温州城中一宅，素凶怪。先是，仲監税居之，一家盡死。後數年吕監税者自福州黄崎鎮罷官來，亦居之。常見仲君露首秃髮往來西舍間。女子年十二三，最惱人，伺客至，輒映壁窺之而笑，翻弄什器，塗涴窗几，不可搏逐。唯一嫗頗恭謹，每女子出，必叱去。吕妻病，數日不愈，嫗教之曰：「縣君無它疾，但煎五苓散，下半硫丸，足矣。」吕以其言有理，亟從

【八】懼不敢奏　「奏」字原闕，據葉本、南圖本補。
【九】都人圖玩　涵芬樓本注，葉本無「玩」字。
【一〇】首如□　涵芬樓本注，葉本作「首如驢」。
【一一】坐　涵芬樓本注，明鈔本作「生」字。
【一二】將溢　涵芬樓本注，葉本作「水未平定」。

之，一服而愈。然人鬼雜處，家之百物，震動無時，或空轎自行於廳上，舉室殊以爲憂。他日，媪又告曰：「我輩相與共議，欲迎君作主，約用後月某日。此計若成，君必不免，宜急徙以避禍。」吕以告胡季皋襄，季皋爲福州幹官時識之，亦勸使去。去之日，西舍男女數十輩，騈肩出觀，相顧嗟惜，似恨謀之不早也。後無復有敢僦舍者，經一月□□【一三】，邑胥挈家來。或告其故，胥笑曰：「我乃人中鬼也。彼罔兩爾，何足畏！」處之不疑，羣鬼亦掃跡。

應夢石人

席大光帥蜀，丁母朱夫人憂，將葬于青城山。議已定，夢兩人入謁，行步重遲，遍體瘡痍可憎，告曰：「太夫人葬地，蓋在温州，地名徐家上奥，庚山甲向者是也。公必往求之，異時畢事，幸爲我療吾【一四】瘡。」席公嘗寓居永嘉，心亦欲還，顧憚遠未決。覺而異之，書其事於策。即具舟東下，并奉其父中丞柩歸於温。窆日已迫，而宅兆殊未定，招蕭山人張藻卜之，偕止山寺中。其姪七郎，適買食於田舍，主人翁問所往，告之故。翁曰：「去此一里許，名徐家上奥，有一穴庚山甲向者，人多以爲吉地，用善價求之者甚衆，徐氏皆不許。君試往觀之。」會日暮，不克往，歸而言之，語未竟，席曰：「得非庚山甲向者乎？取所書夢驗焉，無少異。」明日，親訪其處。一媪出言曰：「吾徐翁妻也。昔吾夫嘗欲用此

【一三】經一月□□　涵芬樓本注，闕字處，葉本作「未畢」。

【一四】吾　涵芬樓本注，嚴校：「吾」字疑誤。

地以葬父，夢金甲大神持梃見逐，指蘆席上坐者一人曰：『此席相公家地，汝安得輒爾？』自是以來四十年，今以與公，不取錢。吾兒方爲里正，得爲白邑大夫，免其役足矣。」席大喜過望，但不曉夢中所見爲何人。既葬二親，又自爲壽塋於左次。役夫劚土，有聲丁丁然，視之，乃兩石人臥其下。埋没既久，身皆穿穴。席祭之以酒，舁出外，命和泥補治，而爲立祠，牓曰「應夢石人」云。張大猷説。

老僧入夢

乾道三年，武經郎王瓘，幹辦蔣參政府。其弟琮，以冬至日游天竺。先一日，從瓘假馬。瓘令廄卒【一五】，以省院大黑馬給之。是夜，琮夢老僧來謁，前致辭，曰：「老去乏筋力，或得從君，願少寬鞭箠之罰。」琮驚謝而寤。明日馬至，即乘之以行。既出都門，蹺踢不肯進，方舉鞭擊之，忽悟曰：「疇昔之夢，豈非此乎？」亟以付馭者歸，而步入寺。蔣府聞之，亦不復留，命反諸故處。瓘説。

聶貫遠詩

聶貫遠昌，靖康元年冬，以同知樞密院爲和議使，割河東之地以賂北虜。閏十一月十二日，至絳州。州門已閉，郡人登諸城上，抉其目而臠之，時其父用之尚無恙。紹興十一

【一五】廄卒　「卒」字原闕，據陸本、南圖本補。

年，張銖自北方南歸，過絳驛，見壁間有染血書詩一章，絳人言，聶之靈所作也。其詞曰：「星流一箭五心摧，電徹雙眸兩脅開。車馬踐時頭似粉，烏鳶啄處骨如灰。父兄有感空垂念，子弟無知不舉哀。回首臨川歸不得，冥中虛築望鄉臺。」銖録之以示其子昂，載於行狀。

沈先生

沈先生者，和州道士也。不知始所以得道，常時默默，不深與人往來。值其從容時，肆意談説未來休咎事，無不中的，然不可問也。人與之食，受之不辭。居無事，或至經月不食。宣和間，有言其名於朝者，召入禁中，偃蹇不下拜。扣其所學亦泛然無言，不合旨。猶以爲正素大夫，遣歸故郡。建炎元年秋，忽著衰麻，立於譙門外，拊膺大哭。良久，回首望門内而笑，三日乃止。未幾，劇賊張遇攻破城，郡守率州兵保子城，賊不能下，遂去。凡居民在外者，皆被害。後二年，徧詣廛市，與人相别，且告之曰：「有米莫做粥，有錢莫做屋。」人不能領其意。自是，不知所如往。是歲，虜犯淮西，和州受禍最酷云。

李吉爊雞

范寅賓自長沙調官于臨安，與客買酒昇陽樓上。有賣爊雞者，向范再拜，盡以所攜爲獻。視其人，蓋舊僕李吉也，死數年矣。驚問之，曰：「汝非李吉乎？」曰：「然。」「汝既死爲鬼【一六】，安得復在？」笑曰：「世間如吉輩不少，但人不能識。」指樓上坐者某人，及道間往來者曰：「此皆我輩也。與人雜處，商販傭作，而未嘗爲害。豈特此有之？公家所常使浣濯婦人趙婆者，亦鬼耳。公歸試問之，渠必諱拒。」乃探腰間二小石以授范，曰：「示以此物，當令渠本形立見。」范曰：「汝所烹雞，可食否？」曰：「使不可食，豈敢以獻乎【一七】？」良久乃去。范藏其石還家，以告其妻韓氏。韓曰：「趙婆出入吾家二十年矣，奈何以鬼待之？」他日，趙至，范戲語之，曰：「吾聞汝乃鬼【一八】，果否？」趙愠曰：「與公家周旋久，無相戲。」范曰：「李吉告我如此【一九】。」示以石【二〇】。趙色變，忽聲如裂帛，遂不見。此事與小說中所載者多同，蓋鬼技等耳。右二事，皆唐少劉說。

吴江九幽醮

吴松江石塘，西連太湖，舟楫去來，多風濤之虞，或致覆溺。乾道三年，趙伯虛爲吴江宰。念幽冥間滯魄無所訴，集道士設九幽醮於縣治，以拔度之。汴人薛山爲館客，因以故友黄昇司理并其子溺水之由白之，就設二位以祀。既罷三日，伯虛被提舉常平符，按所部營田，與山共載，絶湖抵九里寺。夜過半，夢黄君來訪，如平生，歛襟肅容，若特有所謂者。山猶意其赴官而告別也，徐問之，則曰：「向自吴門分袂，狼狽于此久矣。比蒙縣尹大

【一六】汝既死爲鬼　涵芬樓本注，葉本無「爲鬼」二字。

【一七】豈敢以獻乎　涵芬樓本注，葉本作「豈宜責，亦豈敢獻公耶」。

【一八】吾聞汝乃鬼　涵芬樓本注，葉本作「吾聞人說汝是鬼」。

【一九】李吉告我如此　涵芬樓本注，葉本作「李吉言也」。

【二〇】示以石　涵芬樓本注，葉本作「乃示以石」。

賜，周旋其行，方從是脱去。」山曰：「何不一謁之，以謝此意？」曰：「固屢往矣，而門庭甚峻，非復可入。敢以誘吾故人。」既而告退，就階登馬。廷下立者數百人，山戲之曰：「車騎一何都邪？」黄曰：「不然。此皆平時留滯，同荷趙君恩而去者也。」已别，山驚寤以語伯虚。乃知昨朝所絶湖，正黄父子没處也。

鄭氏犬

福州人奉議郎鄭某，宣和中知樂平縣。自鄉里攜一犬來，常時馴擾不噬人。邑有販婦，以賣花粉之屬爲業，出入縣舍，鄭氏甚重之。嘗白晝入堂，犬迎齧其乳，仆地幾死。鄭叱家童縛犬，念其遠至，不忍殺，持以與報本寺僧。是夜，鄭被盗。後半月捕得，鞫之，乃此婦爲囊槖，導賊至。始悟犬之靈識，復呼以歸。僧德滔説。

后土祠夢

撫州后土祠，靈響昭著。宜黄士人鄒極【二二】未第時，致禱求夢。夢入廟廡敬畢，轉眄東壁，有大書一詩，睆而讀之。既覺，歷歷可記。詩曰：「天道本無成，明從公下生。温黄前後並，黑闇裏頭行。大十口止各，常常啼哭聲。兩箇齊六十，只此是前程。」鄒玩其語，多不佳，懼或死於疫。後以治平三年鄉薦，賦題曰《天道無爲而物成》。次年省試，

【二二】鄒極　涵芬樓本注，葉本作「鄒拯」。

賦題曰《公生明》。列坐之次，温州人居前，黄州人居後。時亮陰，罷廷對，始驗前詩二聯之意。鄒仕終江西提刑，蓋「大十口止各」，「本路」字也。「常常啼哭聲」刑獄象也。與其妻並年六十五而卒，夫四十字之微，而場屋二題，坐次先後，朝家之變故，官壽之終極，與妻室之年，靡不先見【一二二】，吁，其異矣！

泰山府君

臨川雷度，字世則，性剛介，好讀書。雖登名鄉貢，而不肯赴省試。其甥蔡直夫爲永康軍通判，既之官，是年九月晦，蔡妻徐氏夢人持尺書，類漕臺檄，徐讀之竟。迨寤，但憶紙尾大書云「泰山府君雷度押」，畏其不祥，且未知度之安否。不旬日，蔡卒，妻孥護柩以歸。明年至鄉里，始知度以故歲八月卒矣。泰山之夢，其然乎！右二事，皆臨川吴□【一二三】説。

【一二二】靡不先見　涵芬樓本注，「先見」葉本作「詳盡」。

【一二三】吴□　南圖本作「吴必」。

夷堅丙志卷第十 十一事

方氏女

婺州浦江方氏女，未適人，爲魅所惑。每日過午，則盛飾插花就枕，移兩時，乃寤。必酒色著面，喜氣津津然。女兄問其故，曰：「不可言，人世無此樂也。」道士百法治之，反遭困辱，或發其隱慝，曰：「汝與某家婦人往來，道行如此，安得敢治我？」或爲批頰抵冠，狼狽而出。近縣巫術聞之，皆莫敢至。其家掃室焚香，具爲訴牒，遣僕如貴溪，告于龍虎山張天師。僕至彼之日，女在堂上見兩黄衣卒來追己，初猶不肯行，卒曰：「娘子無所苦，纔對事畢，即歸矣。」遂隨以去。凡所經途，皆平日所識。俄至東嶽行祠，引入小殿下。殿正北向，主者命呼女升殿。女竊視其服，紫袍紅鞓帶佩魚，全如今侍從之服。戒之曰：「汝爲山魈繳繞，曲折吾已盡知。但當直述，將釋汝。」初，女被祟時，實其亡叔爲媒妁。是日，先在廷下，瞬目招女，使勿言。女竟隱其事，但説魅情狀，及所與飲狎者。主者判云：「元惡及其黨十人，皆杖脊遠配，永不放還而不刺面。餘五六十人亦杖臀編管。傳囚決遣，與世間不少異。又敕兩卒送女還。時家人見女仆地，踰兩時，口眼皆閉，抉齒灌藥，施鍼灼艾，俱不省。但四體不冷，知其非死也。僕歸云：「既投狀，天師判送東嶽，限一時内結絶。」故神速如此。自是女平安如常。踰年而嫁，則猶處子云。

高教授

鄉人高遹，字廣聲，爲秦昌時壻。居于會稽外邑，與詹道子亢宗友善。紹興辛巳，淮上受兵，遹入城，舍於詹氏，與館客陳確日同處，相得甚驩。隆興二年，遹爲太學録，確夫婦同夢遹來，而身絶短小。確語妻曰：「不見高廣聲才數月，一何短如此？」俄相隨入卧内，妻愠曰：「高教授當識道理，何爲至吾牀闥間？」逐之，不見，遂驚寤。明日以告道子，時遹已病困，道子方以爲憂，聞其事良不懌，是夕而訃至。明年，確妻復夢人舁柩入門，問之曰：「高官人也。」覺而語確，確心知遹之來爲己子，預戒産具【一】，即日得一男。

右二事，皆詹道子説。

掠剩大夫

揚州節度推官沈君【二】，居官頗强直，通判饒惠卿尤知之。惠卿受代歸臨川，一府僚屬出祖於瓜洲。前一夕，沈聞書窗外人語，曰：「君明日禄盡馬絶。」爲妻子言，愀然不樂。明日，將上馬，厥子牽衣止之。沈曰：「饒通判相與甚厚，方爲千里别，安得不送？」

【一】預戒産具　「預」字原闕，據陸本、南圖本補。

【二】沈君　原注：失其名及鄉里。

策馬徑行。所乘馬蓋借於軍中者，惡甚。始出城，奔而墜，足絓鐙間，不可脱。馳四十里，及瓜洲方止。馭吏追及之，則面目俱敗，血肉模糊，不可辨識。舁歸舍，氣息殜殜，經一日而絶。惠卿憐其以己死，賻錢二十萬。郡遣夫力十餘輩，護柩歸。諸人在道相顧，如體挾冰霜，或時稍怠，則頭輒痛，類有物擊之。兩旁行者，皆見一緑袍官人坐柩上，執梃而左右顧，至家乃已。後歲餘，其妻閻氏，白晝見旗幟奄冉行空中，一人跨白馬，跕躞而下，至則沈也。相慰拊良久，又徧呼諸子，誨以讀書耕稼之務，曰：「吾今爲掠剩大夫，勳業雄盛【三】。無憶我。」翩然而去，自是不復來。閻氏之弟榕傳其事。

生肉勸酒

南豐曾氏，爲臨川李氏壻。初，親迎時，舅母張氏送之。逼歲求歸，李氏置酒餞别。張歸而慍曰：「我在李家十數日，蒙渠主禮不爲薄，但臨行時忽以生肉勸酒，使我心惡不可堪。」人問其狀，曰：「羊一槃，豬一槃，鴨雞各一槃，凡四品。槃各四巨楪，皆生物也。釘餖雖豐，豈復可食？」家人亦皆咄咄，曰：「不謂李官人家野陋乃如此！」村婦鄧八嫂，實從張爲客，私語人，曰：「安得是事，縣君豈别有所覩乎？」張之夫先爲光化軍司理，不挈家行。久之，得訃云死矣。後其子歸，乃言以去臘未盡三日死。死之日，同僚隨土俗具祭，用生物四大槃，其器皿名物，悉與張所見同。蓋張從李氏歸時，司理君始死受奠。千

【三】勳業雄盛　「勳」原闕，據陸本、南圖本補。又葉本作「職」。

里影響，符契若是。異哉，異哉！右二事，皆李德遠説。

黄法師醮

魏道弼參政夫人趙氏，紹興二十一年十月十六日，以病亡。至四七日，女壻胡長文元質，延洞真法師黄在中，設九幽醮。影響所接，報應殊偉，魏公敬異之。及五七日，復命主黄籙醮。先三日，招魂入浴。幼子叔介，年十二歲，以念母之切，願自入室，持幡伺視。既入，慟哭云：「母自白幡下，坐椅上，垂足入浴盆，左右挂所著衣。正舉首相顧，忽焉不見，所以哀泣。」已而，迎魂至東偏靈位。黄師見夫人在坐，叔介至前，即仆地，曰：「媽媽在此。」家婢小奴先因病腫死，亦從而至，語言甚久。黄慮鬼氣傷兒神，乃布氣吹其面，取湯一桮令飲。即醒，云：「適往市門下，看迎仙女。見數十人，衣金錦袍，擁一轎，四角皆金鳳，口銜金絲毬。二仙童行前，捧金香爐唾壺。到吾家門，仙女出轎，見先生再拜請符。才得符，收置袖間，却乘金毛羚羊，二童導而去，遂覺。」蓋所見者，乃是夕壇上所供神虎堂追召魂魄者也。時已五皷，方就睡，又夢入大門。將軍長丈許，金甲青韠，引而行。殿上人服青服，戴青冠，執青圭，坐龍椅上，云太一救苦天尊也。聞呼第二曹，請九天司命第□【四】主者同坐。俄空中青雲起，玉女數百，捧紅幡幢【五】，迎上清宫第六位至，共食仙果。叔介前觀之，爲異鬼如師子形者，逼逐令去。將軍叱曰：「救苦天尊請來對罪【六】，

【四】第□　涵芬樓本注，葉本作「第一」。

【五】捧紅幡幢　涵芬樓本注，「紅」葉本作「黄」。

【六】對罪　涵芬樓本注，葉本作「對事」。

者白：『請放六人。』判官密言，赦文不明白，再墮其四，只赦兩人。其一則趙氏也。」將軍道字不真，有一字讀作『潭』字，數人猜不出，天尊主者皆怒。已而辨之，乃『濤』字也。主來天尊位前戲狎，天尊怒，皆追來枷了。青詞甚好，宣開地獄，赦亦至誠，特以判官聲雄，不是，左右多有穢觸。又黃衣人炷香，衣服不潔。負水人身體腥穢。一青衫小兒抱嬰孩，手中過，然後奏上。吾一看三清，二看法師，至誠便是喫一盞白湯也。奏去只爲排得幙次曰：「吾得一幙次甚窄，身却不在彼，常在壇上聽指揮，不敢離一步。便一兩字，亦從吾請地府諸司，稱崔判官、李判官之類，皆不肯赴。不若只稱第幾司、第幾案判官便了。」又諸囚。叔介言：「敢問將軍何姓？」曰：「舊在人間姓王，此間無姓。每見世人設水陸，可救？」曰：「除是轉九天生神章一萬遍，即可救拔。」又引至鑊湯、碚石、喬律等獄，縱觀弟，曾任潭州税官，盜用公家錢而逃，至今在獄。而酷虐者，獲罪尤重。」叔介問：「如何人著公服在其中，將軍曰：「一爲臨政酷虐，二爲事父不孝，三爲作監官不廉。監官乃吾長袤丈，徑至地，挾此人同上雲去。其餘火輪、銅柱、銅狗、鐵蛇，鍛治于前，楚毒備極。三在獄囚，列廷下約萬人，皆荷鐵校。傳呼引第十人，直符使乘雲持牒下取。牒闊可二尺，人世務禮法，故尚恭敬謙遜。地府治人罪，故尚威猛。正自不同。」又聞呼都案判官，追是狼茫冠。上天真宰下降，檢察地獄，將軍曰：「三界各有體，天界逍遥自在，故多快樂。安得輒逐！」命獄卒碎斫【七】之。左右天仙無數，嬉戲自如，或戴碎玉花冠，動摇有聲，云

【七】碎斫　涵芬樓本注，葉本無「碎」字。

曰：「汝父常誚汝懶惰不讀書。我教汝聰明呪，云：『無礙無遮廣聰明，喬律莎訶無緊揭。』又聰明偈云：『大廣天地無礙遮，三界遲奇比江海。一磨二磨轉不覺，才管一覺無礙空。』」戒令勿泄。每遇節序焚香，默誦百過。且謂人心如鏡，須管常磨，勿令塵染汙，自然聰明。又言：「吾一身五職，第一，三天門下引進主者。第二，黄先生主掌文字。第三，自然山主。第四，監灰河主。第五，職事微不可説。」遂引叔介至灰河。無罪者過橋。業重者，解其下服，著度河褌，由河中過。岸上大枯木數株，鬼卒以所脱衣挂於上，續以車載從橋行。衣上各書姓名，窺其一標，云：「屠氏十娘。」叔介臨欲歸，拜將軍曰：「自到冥間，荷將軍慈顧。」答曰：「汝何所謝，吾實當謝汝。憶昔嘗與汝同官，曾緣公累，賴汝調護得免，至今不忘。今歸時，凡此中所見所説，盡爲人道之。使知省戒，無得隱情。」揖别而行。望其家已近，母在一室，塗澤畢，令引至壇，對曰：「黄先生不許孝子登壇。」母乃獨登之【八】，偏禮列位，詣黄君幙前焚香拜，曰：「謝救苦。」黄法師便冉冉翔空，回首言：「宿世冤家皆得解脱，汝勿復悲惱。」令從者取盂水噀叔介面，仍叱之，遂寤。天方明，自寢至覺僅數刻，而所經歷聞見，連日言之，不能盡。魏公以其事物色之，蓋醮筵置龍虎堂於四廂，偪近外庖，往來喧雜，炷香者乃老卒，而汲水一兵患疥瘍，圃中兒每敖戲聖位前，皆符其語。乃告白龍虎神，徙位於靜處，而易執事者，禁兒勿得至。又考所謂「潭」字之誤，蓋詞文舊語内云：「或死於水濤之中。」道童書「濤」爲「淘」，以唾潤指，揩作「濤」

【八】乃獨登之　涵芬樓本注，「獨登」葉本作「强」。

字，不甚明了，故讀者誤焉。魏公自作記五千言，今摭取其大要如此。

朱新仲夢

朱新仲待制翌，紹興二十八年守嚴州。夢至大山下，左右指云，崑山也。未幾，徙宣州。宣城獻地圖，有鄉名「崑山」者，謂前夢已應。又一歲，徙平江，崑山正其屬縣。在平江日，夢典謁報洪内翰來，亟出迎，則予仲兄也，時自翰林學士奉祠居鄉里。既坐，乃居東道，覺而異之。不兩月，新仲罷去【九】，仲兄實踵其後云。

常熟圬者

中大夫吴温彦，德州人，累爲郡守。後居平江之常熟縣，建第方成，每夕必夢七人衣白衣，自屋脊而下。以告家人，莫曉何祥也。未幾，得疾不起。其子欲驗物怪，命役夫升屋撤瓦，遍觀，得紙人七枚於其中，乃圬者以傭直不滿志，故爲厭勝之術，以禍主人。時王顯道喚爲郡守，聞之，盡捕羣匠送獄，皆杖脊配遠州。吴人之俗，每覆瓦時，雖盛暑，亦遣子弟親登其上臨視，蓋懼此也。吴君北人，不知此，故墮其邪計。

【九】罷去　「去」原闕，據陸本、南圖本補。

茶肆民子

乾道五年六月，平江茶肆民家失其十歲兒，父母連日出求訪，但留幼女守舍。一黄衣卒來啜茶，告云：「爾家幾郎使我寄語，早晚當附木柂還家。」女喜，祈客少駐，以俟父母歸，堅不可。臨去，又云：「明日幾郎自别寄信來。」遂去。迨暮，父母歸，女具道其故，莫測所以然，而憂其非吉語也。明旦，外傳有浮尸在升平橋河岸木柂側，奔往視之，乃所失子。傍人言，頃年一急足溺于此。則民女所見，殆其鬼乎？

樂橋妖

平江樂橋民家女，既嫁，每夕爲妖物所擾。母念之切，乃與同榻臥，將伺察之。財日暮，則一人從地踊起，垂兩髻于背，紅繻奕然，大聲如疾雷，地亦隨合。凡數夕如是，以告其夫。夫穿地覓之，僅二尺許，得一銅鈴，以紅帶繫其鼻。始憶數年前，朝廷申嚴銅禁，故瘞鈴土中，久而忘之矣。即擊碎棄之，女疾遂愈。右四事，皆朱似叔召説。

劉景文

承議郎任隨成，劉景文季孫甥也。言景文知忻州時，每數日輒一謁晉文公祠，至必與神偶語，移時乃出。神亦時時入郡，郡吏見景文閉閤與客語，則神至也。他日，於廣坐中，謂一曹掾曰：「天帝當來召君，君即去，吾且繼往。」坐客相視失色。未幾，掾果無疾而逝，景文亦相繼亡。經夕蹶然復甦，索筆作三詩，詩成，語家人曰：「吾今掌事雷部中，不復爲世間人矣。」瞑目竟死。其一章云：「中宮在天半，其上乃吾家。紛紛鸞鳳舞，往往芝朮華。揮手謝世人，竦身入雲霞。公暇詠天海，我非世人譁。」二章云：「仙都非世間，天神繞樓殿。高低霞霧匀，左右虬龍徧。雲車山岳聳，風輦天地擅【一〇】。從茲得舊渥，萬動毫端變。」其三云：「從來英傑自消磨【一一】，好笑人□事更多。艮上巽中爲進發，一車安穩渡銀河【一二】。」其語皆不可曉。予案《東坡集》景文爲隰州守以没，此云忻州，恐非。何薳《春渚紀聞》云，景文夢爲文公之代而卒。其説不同。坡公稱景文詩句云：「四海共知霜鬢滿，重陽曾插菊花無？」其清警如此。今三詩乃爾，生死之隔，一至是乎？

雍熙婦人詞

姑蘇雍熙寺，每月夜向半，常有婦人往來廊廡間，歌小詞，且笑且歎，聞者就之，輒不見。其詞云：「滿目江山憶舊游，汀洲花草弄春柔，長亭檥住木蘭舟。好夢易隨流水去，芳心空逐曉雲愁，行人莫上望京樓。」好事者往往録藏之。士子慕容嵓卿見而驚曰：「此

【一〇】風輦天地擅　「擅」字原殘缺，據陸本、南圖本補。

【一一】從來英傑自消磨　「自」原闕，據葉本、南圖本補。

【一二】一車安穩渡銀河　「一」字原闕，據陸本、南圖本補。

予亡妻所爲，外人無知者。君何從得之？」客告之故。嵓卿悲歎，此寺蓋其旅櫬所在也。

右二事，皆見周紫芝《少隱竹坡詩話》。

夷堅丙志卷第十一 十六事

李鐵笛

饒州道士曹與善，政和中，以道學上舍貢于京師，與河北李陶真道人相識。李好吹鐵笛，蓋放浪不羈之士也。曹後歸鄉里，宣和三年爲神霄宫副。李從京師來見之，有一馬置于四十里店民家。時以薦福寺爲宫，每吹笛宫門，則馬不煩僕御而自至。往來月餘，一旦告别，會曹入城，李來不相值，彷徨良久。顧道童周永真，索筆硯題詩壁間，云：「一别仙標歷四春，神霄今復又相親。爐中氣候丹初熟，匣裏光芒劍有神。未駕鸞輿朝碧落，且將蹤跡傲紅塵。乘風暫過羌廬去，異日相期拜紫宸。」書其後曰「潛真散人瀟湘訪曹副宫不遇留題」。方擲筆，曹適歸，永真以告，而李已不知所在矣。明年，一客白袍皂絛，貌甚古，入曹之室，視壁間字，問誰所書，永真言：「李陶真先生也。」客笑曰：「九百漢。」亦索筆書對壁，自稱道人李抱一云：「一粒金丹續命基，算來由我更由誰？神龜移入雲端去，彩鳳搏歸地母騎。溟涬浪中求白雪，崑崙山裏采瓊枝。只消千日工夫足，養個長稜八角兒。」書畢，即去。後三年，又有姓崔者來讀二詩，大笑。時永真亦在傍，崔瞪視移時，咄曰：「汝師曾食肉乎？」曰：「然。」曰：「非汝買與之耶？安得如是？」連捽其耳，復擲之仆地，徑趨出。初，永真性蒙鈍，及是覺聰明頗開，後易名彦昭，爲道士。二李之詩嘗刻石于宫，靖康中，神霄廢，復爲薦福，石爲僧所毁。曹與善至八十五歲，乾道四年方卒。周説。

朱氏乳媪

鄉人朱漢臣，宣和中，爲太學官。其乳母死，稾殯於僧菴。及還鄉里，不暇焚其骨。朱妻弟李元崇景山，入京舍客館，夢老婦人彷徨室中。明夜又夢，且泣訴曰：「我朱家乳母也，不幸客死，今寄某坊某菴中，甚不便。願舅挈我歸。」李曰：「菴中菆柩不少，何以爲誌？」曰：「在菴之西偏，冢上植竹兩竿，南者長而北者短。柩上所題字尚存，索之當可得。」李既覺，不復寢，急取紙筆書之。遲明往訪，尋至其處，如所言。以告守僧，出柩而焚之，裹遺燼付一僕。僧因言：「此中瘞者以百數，初來時，每夜聞歌叫嘻謔聲。終則多歎泣，至明所供器，或東西易位，月夕尤甚，殆不安寢。今久矣，亦不復畏也。」李歸番陽，未至之三日，朱氏夢媪來，有喜色曰：「久處異鄉，殊寂寞。賴李二舅挾我歸，將至矣。」一家皆爲哀歎，遣人迎諸塗，盛僧具以葬焉。

華嚴井鬼

劉彥適登第歸，與其弟設水陸齋於永寧寺泗州院。會散，宿院中。闍黎僧繼登，督其徒收拾供具。見客户不閉，責問僮奴，皆云：「二劉掩關寢久矣。」秉燭巡視，室空無人，衾裯亦不見，疑爲它往。而三門又已扃鑰，登吒曰：「必華嚴鬼也。」亟【一】命取鈴杵往訪焉。先是，西廊華嚴院一行者合縊於院後井旁栗樹上，時出爲物怪。繼登過西邊，得遺被。及華嚴牆畔，又得一履。院僧熟睡，排闥而入，徑趨井所，二劉果對坐井上，互舉手推挹，爲遜讓之狀，即扶以歸。既醒，扣其故，曰：「終夕倦局，恰登床欲寢，而行者來傳闍黎之意，云：『夜尚早，正煎湯相待，幸可款語。』遂隨以行，了不知牆壁之留礙。俄聞婦人歌笑聲，朱門華屋，赫然煥耀。或導使入門，念兄弟同行，義難先後，方相撝避，忽冥然無所覩。非師見救，皆墮井死矣。」彥適，字立道。

施三嫂

州民張元中所居通逵，與董梧州宅相對。董氏設水陸，張夢女僧施三嫂來，曰：「久不到君家，今日蒙董知郡招喚，以衆客未集，願假館爲須臾留。」張記其已死，不肯答。又曰：「曩與君買婢，君約謝我錢五千，至今未得，我懷之久矣。非時不得至此，幸見償。」張

【一】亟　原闕，據陸本、南圖本補。

寤而惡之。明日買紙錢一束，焚于澹津湖橋下。夜復夢，曰：「所負五千，而償不用百【二】。儻弗吾與，將投牒訟君，是時勿悔也。」張不得已，如其所須之數，舉以付寺僧，使誦經。既而歎曰：「數與鬼語，更督無名之債，吾豈不久於世乎？」然其後八年乃死。

胡匠賽神

番陽民俗，殺牲以事神，貧不能辨全體者，買豬頭及四蹄享之，謂之頭足願。木工胡六病，其妻用歲除日具禱賽，置五物釜中，俟巫者。會節序多祀事，巫至昏乃來。妻遣女取饌，奔而還告母曰：「母自往取之，兒欲視吾父。」色殊怖沮。母至廚，發冪舉肉，亡其一蹄矣。倉黄不暇究，但别買肉以補之。既罷，女始言：「適欲入廚，見黑物貿貿，徹屋上下，了不能辨其狀，故驚而出。」後數日，胡匠死。

趙哲得解

鄱陽縣吏李某，乾道四年七月，夢出城，過東嶽行宫，道上見故同列抱文牘從中出，告曰：「此本州今秋解試牓，來書【三】嶽帝。」李問：「吾所親及鄉里何人預薦？」曰：「但有君巷内趙哲一人耳。」夢中思之，無此子，以爲疑。其人曰：「趙醫秉德之子也。」李曰：「此吾近鄉，熟識之，渠名中興，非哲也。」曰：「吾言不妄，君當自知之。」送去【四】。

【二】而償不用百　「用」字原闕，據陸本、南圖本補。

【三】書　涵芬樓本按：「書」字疑誤。

【四】送去　「送」，南圖本作「遂」，是。

時此吏死數年矣，李異之。出詣趙，欲話其事。遇諸塗，趙曰：「吾已納保狀。夜夢人相勸云：『朝廷方崇太平之業，而子尚名中興，又與國姓同，不可。能易之，乃佳。』吾甚惑此夢，今將謀之朋友。」李大笑，具道所見，使改名哲，且曰：「子若薦送，吾以女嫁子。」是歲，哲果登名於春官，李遂納爲壻。

白衣婦人

宣和中，鄉人董秀才在州學，因如廁，見白衣婦人徘徊于前，問其故，曰：「我菜圃中人也。良人已没，藐然無所歸。」董留與語，且告以齋舍所在。至夜，遂來並寢。未幾得疾，同舍生或知之，以白教授。教授造其室，責之曰：「士人而爲異類所馮，何至此！」扣其所有，曰：「但嘗遺一衵服。」取視之，穢而無縫，命投諸火，遣諸生蹤跡焉。一老圃曰：「向者小兒牧羊，一牝羊墜西廊井中，不可取。今白衣而出，豈其鬼歟？」呼道士行法呪，黑豆投於井，怪乃絶不至，然董亦死。

錦香囊

德興縣石田人汪蹈，紹興十六年，延上饒龔滂爲館客。書室元設兩榻，龔處其東，虚其西以待外客之至者。秋夜，龔已寢，燈未滅，覺西榻窸窣聲。俄有婦人揭帳出，寶冠珠翹，瑶環玉珥，奇衣袨服，儀狀瓌麗，圖畫中所未覿。徑前相就，龔喜懼交懷，肅容問之，曰：「君明何人？何自至此？」曰：「中丞不須問。」龔曰：「吾布衣也，安得蒙此稱？」曰：「君明年登名鄉書，即擢第，前程定矣。」遂留宿。雞初鳴，灑泣求去，解所佩錦香囊爲别，曰：「謹秘此物，無得妄示人。苟一人見，即不復香矣。過四十年，當復來取之。」戀戀良久，攜手出户，仰視天漢，指一大星，曰：「此我也。」方諦觀次，有物如白練，自星中起，下垂至地，婦人即登之。既去丈餘，回顧曰：「郎亟反室。脱有問者，勿得應。違吾言，將致大禍。」遂冉冉上騰而滅。龔凝竚瞻慕，不忍去，忽思向所戒，急歸閉關。未一息，聞人擊户，拒不答，怒駡而去。至明，視所遺囊，文錦爛然，非世間物。中貯一合，如玳瑁，以香實之，芳氣酷烈，不可名狀。具以語汪翁，汪壻王慶老屢求觀不得，乘醉發笥偷玩，香自此歇矣。龔果自此登科，所謂中丞之祥，未知信否。予族人紱代龔爲館，見汪翁道此。

牛疫鬼

紹興六年，餘干村民張氏家已寢。牧童在牛圈，聞有扣門者，急起眡之。見壯夫數百輩，皆被五花甲，著紅兜鍪，突而入，既而隱不見。及明，圈中牛五十頭盡死，蓋疫鬼云。

牛媪夢

樂平縣杭橋市染工程氏，夢老媪來，曰：「負君家錢若干，除已償還外，猶欠若干，幸餘一屋，可以充數。今别君去矣。」再拜而辭。既寤，聞一牝牛死於空屋中，剥貨得錢，如夢告之數。

程佛子

德興縣新建村居民程氏，屋後二百步有溪。程翁每旦必攜漁具往，踞磻石而坐，施罔罟焉。年三十時，正月望夜，夢人告曰：「明日亟去釣所，當獲呑舟魚。」覺而異之。雞鳴便往，久無所覩。自念：「夢其欺我歟？」忽光從水面起，照石皆明。掬水濯面，澄心諦觀，但有大卵石白如雪，光耀粲爛，一舉網即得之。持以歸，婦子皆驚，曰：「爾遍身安得火光？」取置佛卓上，一室如晝。妻窺之，乃如乾紅色。頃刻化爲帶，長三尺，無復石體，益驚異。炷香欲爇間，大已如楹，其長稱是。懼而出，率家人列拜。俄聞屋中膈膊聲，穴隙而望，如人抛擲散錢者。妻持竹畚入，漫貯十餘錢，方持行，已滿畚矣。小兒女用它器物拾取，莫不然。良久，遍其所居。或擲諸小塘，未移時亦滿。其物在室中連日，翁拜而禱曰：「貧賤如此，天賜之金，已過所望。願神明亟還，無爲驚動鄉閭，使召大禍。」至暮，不復見，而柱下踊一牛頭，摇耳動目，儼然如生，明日乃寂然。程氏由此富贍，每歲必以正月十六日設齋，飯緇黄，名曰龍會齋。翁頗能振施貧乏，里人目爲程佛子。紹興二十九年，壽八十三歲而卒。其孫亦讀書應舉。

芝山鬼

芝山在城北一里左右，前後皆墓域，僧寺兩廡，苴柩相望，風雪陰雨，輒聞啾啾之聲，蓋鬼區也。紹興十六年，通判任良臣伯顯喪子，入寺設水陸。夜未半，闔寺聞山下人戲笑往來，交相問勞。程祠部守墓僕，自支徑黄泥路口歸，逢三人同行，厲聲曰：「吾輩以寺中會集，見召而往。汝何爲者，而敢至此？」追逐欲毆之。僕奔竄，適有篝火從寺出者，乃得脱。

葉伯益

浮梁程士廓宏遠，乾道三年，自祕書丞罷歸，妻有娠臨月。其弟宏父如景德鎮，十二月十五夜，夢葉伯益謙亨舍人訪其居，求一室寄跡。宏父曰：「兄弟宴居處不甚潔，獨士廓新治書齋爲勝，君試觀之。」相隨而入，見供張華潔，如宿辦者，喜曰：「此中便可久留，吾得之足矣。」共坐索飯，且求火肉。火肉，鄉饌也。伯益生時固嗜此。索之諸房，又得於士廓位。既具饌，客飽食就枕。宏父夢覺。明日還家，道遇僕至，報士廓妻得子，因名之曰亨孫。時伯益物故，恰三年矣。

李生虱瘤

浮梁李生得背痒疾，隱起如覆盂，無所痛苦，唯奇痒不可忍，飲食日以削，無能識其爲何病。醫者秦德立見之，曰：「此虱瘤也，吾能治之。」取藥傅其上，又塗一綿帶，繞其圍，經夕瘤破，出虱斗許【五】，皆蠢蠕能行動。即日體輕，但一小竅如箸端不合，時時虱涌出，不勝計，竟死。予記唐小説載，賈魏公鎮滑臺日，州民病此，魏公云：「世間無藥可療，唯千年木梳燒灰，及黄龍浴水乃能治爾。」正與此同。

錢爲鼠鳴

吾鄉里昔有小民，樸鈍無它技，唯與人傭力【六】受直。族祖家日以三十錢顧之舂穀，凡歳餘得錢十四千，置於牀隅，戒妻子不得輒用。每旦起，詹翫【七】摩拊乃出。一夕，寢不寐，羣鼠鳴于旁，拊牀逐之不止，吹燈照索，無物也【八】，燈滅復然【九】，擾擾通夕。蚤起，意間殊不樂【一〇】。信步門外，正遇兩人相毆鬥，折齒流血，四旁無人，遂指以爲證。里胥捕送縣，皆入獄。民固愚，莫知其爭端，不能答一辭，受杖而歸。凡道途與胥史之費，

【五】出虱斗許　涵芬樓本注，葉本作「涌出虱斗許」。

【六】傭力　涵芬樓本注，葉本作「傭工」。

【七】詹翫　涵芬樓本注，葉本作「輒取玩弄」。

【八】無物也　涵芬樓本注，葉本作「無有也」。

【九】復然　涵芬樓本注，葉本作「復鳴」。

【一〇】意間殊不樂　「間」涵芬樓本注，葉本作「緒」。

積錙如洗矣。

張二子

番陽城中民張二，以賣粥爲業。有子十九歲矣，嗜酒亡賴，每醉時，雖父母亦遭咄罵，鄰里皆惡之。乾道七年二月，寢於乃祖榻上。夜半忽驚蹶，介介不能出聲，救療踰十刻方醒。久之能言，曰：「爲黄衫人呼去，逼入浴室中，四向皆焊火，熱不可向。啼叫展轉，覺有人在外相援，而身不得出。如是移時，欻然而寤。謂爲夢魘，然境界歷歷可想也。」俄頃雞唱，父詣廚作粥，牝貓適産五子於竇中，其一死矣。疑是兒所墮處云。自是始知悔懼，設誓不飲酒，盡改故態。此卷皆吾州事。

夷堅丙志卷第十二 十五事

舒州刻工

紹興十六年，淮南轉運司刊《太平聖惠方》，板分其半於舒州。州募匠數十輩，置局於學，日飲喧譁，士人以爲苦。教授林君以告郡守汪希旦，徙諸城南癸門樓上，命懷寧令甄倚監督之。七月十七日，門傍小佛塔，高丈五尺，無故傾摧。明旦，天色廓清。至午，黑雲倏起西邊，罩覆樓上，迅風暴雨隨之。時羣匠及市民賣物者百餘人，震雷一擊，其八十人隨聲而仆，餘亦驚慴失魄。良久，樓下飛灰四起，地上火珠迸流，皆有硫黄氣。經一時頃，仆者復甦。作頭胡天祐白于甄令，入按眡，内五匠，曰蘄州周亮、建州葉濬楊通、福州鄭英、盧州李勝，同聲大叫，踣而死，遍體傷破。尋詢其罪，蓋此五人尤耆酒懶惰，急於板成，將字書點畫多，及藥味分兩，隨意更改以誤人，故受此譴。

紫竹園女

隆興二年，舒州懷寧縣主簿章裕之官。僕顧超夜宿書軒，見一女子著緑衣裳，訴云：

「爲母叱逐，無所歸。知爾獨處，故來相就。」問所居，曰：「在城南紫竹園。」遂共寢。才數夕，超恍惚如癡，貌瘦力乏。裕怪而詰之，以實告。裕曰：「必妖物也。將害汝。俟今夜至此，宜執之而大呼，吾當往眡。」及至，超持其袖，呼有鬼。女奮身絶袖而竄，舉燈炤之，乃巴蕉葉也。先是，軒外紫竹滿園，中巴蕉一叢甚大，曩亦嘗爲怪。裕命芟除之，血津津然，并竹亦伐去，且逐超歸。超自此厭厭不樂，竟抱疾死。

吴旺訴寃

紹興十五年，陳祖安爲吴縣宰。甥女陸氏病困【一】，爲鬼物所憑。陳欲邀道士禁治，鬼云：「無用治我。我抱寃恨於幽冥間，幾二十年不獲伸。是以欲展愬。」問其故，云：「我姓名曰吴旺，南京人。遭兵火南渡，家於府子城下，以貨絛自給。嘗與鄉人蔡生飲，沿河夜歸，蔡醉甚，誤溺水死。邏卒適見之，疑我擠之于河，執送府。下獄訊治，不勝痛，自引伏，有司處法杖死於雍熙寺前石塔下。銜寃久矣，今日聊爲公言之。」陳曰：「當時之事，誰主此？」答曰：「獄官亦無心，其事盡出獄吏。蓋吏憚於推鞫，姑欲速成，不容辯析。而獄官不明，便以爲是，竟抵極法。」因歷道推吏、獄卒及行刑人姓名。陳曰：「審如是，何爲獨愬於我？」曰：「寺與縣爲鄰，乃本府禱祈之所。平時公入寺，我必見之，故熟識公。今事已久，不能復直。弟欲世人一知之耳。」陳曰：「汝骨安在？吾爲汝尋瘞，使

【一】困　涵芬樓本注，明鈔本作「因」。

安於土，可乎？」曰：「遺骸零落，所存僅十一二，葬之亦無益。公幸哀我，願丐水陸一會，以資受生。」陳曰：「此費侈，吾貧不能辦。」曰：「然則，但於水陸會中入一名，使人至石塔前密呼吴旺，俾知之，亦沾功德，可以託生矣。」陳曰：「何處最佳？」曰：「皆有功德，而楓橋者尤爲殊勝，幸就彼爲之。」陳許諾。鬼巽謝，陳問：「病者可痊否？」曰：「陸氏數盡，恐不能逃。醫藥、祈禳皆無所用也【二】。」後數日，女果死。明年，王葆彦光往楓橋作齋，陳以俸錢爲旺設位。

舒州雨米

乾道四年春，舒州大雨，城内外皆下黑米，其硬如鐵，嚼碎米粒，通心亦黑。人疑向來米綱舟覆於江，因龍取水行雨而捲至也。

朱二殺鬼

平江常熟民朱二，夜宿田塍守稻。有女子從外來，連三四夕寢昵，體冷如冰，知其非人。徧村落測之，了無蹤跡。密以布被縫作袋，欲貯之於中。女已知之，是夜，至舍外悲泣。朱問故，曰：「汝設意不善，我不復來矣。」朱曰：「恐此間風冷病汝，故欲與同臥其間，無他意也。」乃入宿袋中。過夜半，朱詐言内逼，遂起，負袋於肩以行。女號呼求出，

【二】恐不能逃醫藥祈禳皆無所用也　涵芬樓本注，葉本作「無生理，醫藥、祈禱無益也」。

朱不應。始時甚重，俄漸輕，到家舉火眂之，已化爲杉板。取斧碎之，流血不止。明夜，扣門索命，久乃已。右五事，皆新安胡倜説。

河北道士

宣和七年正月望夜，京師太一宫張燈，觀者塞道。二人墜于池，宫卒急拯之，不肯上，肆言如狂。道衆施符勑百端，皆弗効。事聞禁中，詔寶籙宫主者往治。主者懼不勝，躬詣道堂，徧揖曰：「吾黨有高術者，願相與出力。不然，將爲教門之累。」堂中數百人皆不敢答。某道士從河北來，獨奮身起，誚之曰：「平時不肯力學，緩急乃殢人。」即仗劍以往。至池畔，二溺人皆拱手。某道士語衆曰：「此强鬼也，非先拔其骨不可。」衆固不曉爲何法。某道士繞池禹步誦咒，良久，遣健卒入水掖溺者，已身軟如綿。洎至岸，則凝然塊肉也。叱問所自來，同辭對曰：「某等亦道士也。生時善法籙，坐罪受譴。雖幽明殊塗，而平生所習固在，度非都下同儕所能敵。不意神師一臨，茫無所措。今過惡昭著，執而囚諸無間獄，亦唯命。以虀粉，亦唯命。儻慈悲不殺，導以生路，使得免於下鬼，師之惠也。」許之，復默存。食頃，悉起立如常，其家人扶以去。兩觀黄冠合詞喜謝，扣其故。曰：「此鬼不易制，若與之角力，雖千人不能勝。吾嘗學拔鬼筋法，故一施之，筋骨既盡，無能爲矣。」皆歎曰：「非所及也。」撫州民宋善長爲人傭，入京，得事此道士。宋狡而慧，頗窺見所營爲。又嘗竊發其笥，習讀要訣，私爲閭閻治小祟，輒驗。師亦喜之，將傳授祕旨，而宋詭譎無行，且懶惰，不肯竟其學。會靖康之變，西歸。後爲道士，居州之祥符觀。其治鬼魅亦如神，凡病瘧及疫者，以指畫其面中間，須臾左熱如火，而右冷如冰。隨其冷熱呼吸之，應手而愈。門人數十，皆得其緒餘。一人嘗至村民家，民家大小皆以疫臥，治之不愈，詣郡邀宋行。宋入道室，取神將前茅鞭，三擊地。又取供餅，裂其半，授之曰：「無庸我去，汝持此與食，自能起矣。」門人還至民家，病者皆已起，言曰：「賴宋法師三聲雷救我。」蓋其所習者，五雷法也。

饒氏婦

撫州述陂，去城二十里，遍村皆甘林，大姓饒氏居之。家人嘗出游林間，見仆柳中空，函水可鑒。子婦戲窺之，應時得疾，歸家即癡臥，不復知人。遂有物語於空中，與人酬酢往來，聞人歌聲，輒能和。宛轉抑揚，韻有餘態。音律小誤，必蚩笑指摘。論文談詩，率亦中理。相去咫尺，而莫見其形貌。妾有過，則對主人顯言。雖數十里外，田疇出納爲欺，亦即日擧白，無一諱隱。上下積以厭苦，跋禳禱禬【三】，百術備至，終無所益，凡數年。饒氏焚香拜禱，曰：「荷尊神惠顧，爲日已久。人神異路，願不至媟慢，以爲神羞。欲立新廟於山間，香火像設，與衆祇事。願神徙居之，各安其分，不亦善乎？」許諾。自是，寂無

【三】跋禳禱禬　涵芬樓本注，嚴校：「祓」誤「跋」。

影響。饒氏自喜其得計，營一廟，甚華麗，日迎以祠。越五日，復至，言謔如初。饒翁責之，曰：「既廟食矣，又爲吾祟，何也？」笑曰：「吾豈癡漢耶？如許高堂大屋捨之而去，乃顧一小廟哉？」饒氏愈益沮畏。訖子婦死，鬼始謝去。一家爲之衰替云。

徐世英兄弟

徐世英，撫州人，登進士第，爲建昌軍司户。官舍後有淫祠，欲去之，未果。忽得惑疾，兀兀如白癡，飲食言笑，皆與人異趣。兄世傑聞其故，自鄉里往眂之。既至，未及語，英迎唾其面。傑愕不知所爲，便覺恍惚，而英灑然如平常。傑抱疾以歸，喑不能言，日用所須，每書字以告。性嗜杜詩，雖屏棄人事，惟求觀此詩不輟。其後浸劇，每出必裸袒，家人閉在一室中，僅二十年，乃死。英仕至廣州教授，亦卒【四】。兄弟皆以文學推於臨川，而不幸如是，爲可怪也。

蛇犬斃【五】

林廷彦爲臨川守之任未幾，被疾。廷中人正晝見人坐于廳事椅上，以爲使君病間能出矣。或前眂之，乃州宅犬母焉。又二蛇蟠於側，取杖欲擊之，蛇去不見，但斃犬，貨於屠肆。是年，林卒。又宜黄縣涂千里者，夏日與賓友坐於所居之燕堂，犬銜蛇徑至前，齧殺

【四】亦卒　「卒」原作「幸」，據陸本、南圖本改。

【五】蛇犬斃　涵芬樓本按：目録「斃」作「妖」。

之，委於地而去。客以爲此楊震鸛雀銜鱣之瑞，千里愀然曰：「吾生於乙巳，今行巳運，而有蛇禍，吾殆不免乎？」不一歲，果卒。

奉闍梨

宜黄縣疎山寺僧奉闍梨者，善加持水陸，及工誦呪偈。年益老，患舉音不能清，每當入道場，輒飲雞汁數杯，云可以助聲氣。或得酬謝不滿意，輒肆言詈辱。暮年得疾，舌左右歧出，與元舌爲三，飲食語言皆不可。醫者爲傅藥割去之，楚痛不堪忍。纔旬日復然，則又施前術。凡至五六，竟不止。最後困劇，其徒於白晝見青面大鬼自窗入，捽之而去，就眂，死矣。

紅蜥蜴

豫章新建縣治，乾道四年七月夜半，大雷震，合廳屋瓦皆鳴。家人共聚一室，聞風聲洶洶，窗櫺戛然，疑即有覆壓之患，五鼓乃定。及明眂之，圃後拔出巨柳，其長三丈，大十圍，寸斷如截，偏滿丞、主簿舍中。一蜥蜴色如渥丹，長僅尺，僵死地上，人疑以爲異物云。

右六事，皆臨川劉名世説。

僧法恩

紹興十年，明州僧法恩，坐不軌誅。恩初以持穢跡咒著驗，郡人頗神之。不逞之徒冀因是幸富貴，約某月某日奉以爲主，舉兵盡戕官吏及巨室，然後掃衆趨臨安，不得志則逃入海。時郡守仇待制悆已去，通判高世定攝事。羣凶謂事必成，至聚飲酒家，舉杯勸酬，相呼爲太尉。未發一日，其黨書恩甲子，詣卜者包大常，問休咎。方退，又一人來。迨午未間，至者益衆，而所問皆同，且曰：「欲圖一事，可成否？」包疑焉，紿最後者曰：「此非君五行，在吾術中，有不可言之貴。眡君狀貌不足以當之。其人安在？我當自與言【六】，不敢泄諸人也。」問者喜，走白恩，與俱至包肆。包下帷對之再拜，曰：「賤術何所取，而天賜之福，今乃遇非常之慶【七】。家有息女，不至醜陋，願得備姬嬪之列。」即延入室，導妻子出拜，置酒歌舞，使女勸之飲。包敬立【八】良久，託爲買殽饌，亟出告之。世定趣呼兵官，即日悉擒獲。獄成，恩及元惡臠於市，餘黨死者數十人，陳尸道上。是夜，路都監出徼巡，見一人展轉於衆尸中，乃杖死而復甦者，掖起，詢之。云：「初入市就刑，但知怖懼，不復記省。方杖脅一下，神從頂間出，坐屋簷上，觀此身受杖畢，乃冥冥如夢，不知今所以活也。」都監曰：「汝既合死，那得活？」舉足蹴其傷，復死。世定用是得直秘閣。包生亦拜官，郡人合錢百萬與之。

【六】我當自與言　涵芬樓本注，「自與言」葉本作「親告」。

【七】今乃遇非常之慶　涵芬樓本注，「之慶」葉本作「貴人」。

【八】敬立　涵芬樓本注，葉本作「拱立」。

青城丈人

相州人作千道齋薦亡，僧道、乞匄皆預。凡坐中人，各隨意誦經一卷。有道人但誦「太乙尋聲救苦天尊」一聲，遂就食。鄰坐僧戲之，曰：「只誦一聲，莫舌乾否？」道人曰：「苟有益死者，奚用多爲？」齋罷，徑出。漆盌楪内，皆有朱書字如刻，曰「青城丈人」，以刀削之，愈見。

李主簿

武昌李主薄，夢就逮冥司。主者問：「汝前身爲張氏子時，安得推妻墮水？」李夢中忽憶其事，對曰：「妻自失足墮水死，非推也。」主者遣追本處山川之神供證，與李言同，遂放還。他日，在旅舍，遇婦人，自言爲前生妻，相守不肯捨，綢繆如生。姻黨皆知之。數年乃謝去，李亦不娶。終身雖無它苦，但常病腰痛，以木爲兩椎刳其中，每日扣擊數百下，痛則少解。蓋鬼氣染漬所致云。

吴德充

吴公才，字德充，弋陽人。入太學年，至五十無所成。欲罷舉歸，決夢於二相公廟。

夢童子告曰：「君明年甚佳，自此泰矣。」吴信之，勉爲留計。明年，上舍中選。自顧年益高，復起歸思。又夢曰：「即登科矣，無庸歸。」明年，果於嘉王牓擢第。既調官，臨出京，又夢前人來曰：「君仕宦不可作郡守。蓋以前生爲郡，治獄不明，誤斷一事，雖出於無心，然陰譴不薄，已令君損一目矣。切勿再居此官，以招禍。」覺而思之，曰：「吾五十二歲，僅得一官，勢不能至二千石。且吾雙目瞭然，安有眇理？」不以爲信。後三歲，因病赤目，果偏失明。而仕於州縣，不甚待次，自虔州雩都罷，歷通判衡州、永州、建康府。紹興十二年，至臨安，又求倅貳。時王慶曾次翁參知政事，與吴有同舍契，謂之曰：「君三任通判，資歷已高，當作州，何疑？」薦於時相，以爲宜春守。吴不樂，纔至家而卒。

夷堅丙志卷第十三 十五事

藍姐

紹興十二年，京東人王知軍者，寓居臨江新淦之青泥寺。寺去城邑遠，地迥多盜，而王以多貲聞。嘗與客飲，中夕乃散，夫婦皆醉眠。俄有盜入，幾三【一】十輩，悉取諸子及羣婢縛之。婢呼曰：「主張家事，獨藍姐一人，我輩何預也？」藍蓋王所嬖，即從衆中出，應曰：「主家【二】凡物皆在我手。諸君欲之，非敢惜。但主公【三】主母方熟睡，願勿相驚恐。」秉席間大燭，引盜入西偏一室，指床上篋笥，曰：「此爲酒器，此爲綵帛【四】，此爲衣衾。」付以鑰，使稱意自取。盜拆被爲大複【五】，取器皿蹴踏，置于中，燭盡，又繼之，大喜過望。凡留十刻許，乃去。去良久，王老亦醒，藍始告其故，且悉解衆縛。明旦，訴于縣，縣達於郡。王老戚戚成疾，藍姐密白曰：「官【六】何用憂？盜不難捕也。」王怒罵曰：「汝婦人何知？既盡以家貲與賊，乃言易捕，何邪？」對曰：「三【七】十盜皆著白布袍【八】，妾秉燭時，盡以炧【九】淚污其背，但以是驗之，其必敗。」王用其言，以告逐捕者。不兩日，得七人於牛肆中，展轉求跡，不逸一人。所劫物皆在，初無所失。漢《張敞傳》

校勘記

【一】三　涵芬樓本注，葉本作「二」。
【二】主家　涵芬樓本注，葉本作「實然」。
【三】主公　涵芬樓本注，葉本作「主父」。
【四】綵帛　涵芬樓本注，葉本作「縑帛」。
【五】大複　涵芬樓本注，葉本作「包袱」。
【六】曰官　涵芬樓本注，葉本作「官人」。
【七】三　涵芬樓本注，葉本作「二」。
【八】白布袍　涵芬樓本注，葉本作「白衣」。
【九】炧　涵芬樓本注，葉本作「燭」。

所記，偷長以赭汗羣偷裾而執之，此事與之暗合。婢妾忠於主人，正已不易得，至於遇難不慴怯，倉卒有奇智，雖編之《列女傳》不愧也。

長溪民

福州長溪民，爲贅壻於海上人家，以漁爲業。其母思而往見之，民殊不樂。母覺其意，明日即告歸。民不肯留，而其婦獨留之【一〇】，曰：「阿姑少留，俟得魚，作杯羹。」少頃【一一】，民還，至門聞母語聲【一二】，急藏魚于舍後，復誑其母，且告之【一三】，曰：「今日風惡，不獲一鱗。」母遂去。既行，民責妻曰：「吾適所得，皆鰻魚，既多且大，常日不曾有此【一四】。汝何苦留此媪邪？」妻往眂，則滿籃皆蛇也，驚走報民。民不信，自往焉【一五】，果見羣蛇蟠結，一最大者昂首出，徑咋其喉，即死。蛇亦不見。

福州異猪

政和七年正月，福州北門賣豆乳人家，猪夜生七子，但一爲猪，餘皆人頭馬足，肌體悉類人，淨無一毛。初生時，呱呱作兒啼。其家懼，亟瘞于厠後。鄰人聞啼聲，伺曉入眂，猶及見其二，取以示里中，斯須間【一六】觀者如市。郡守知爲不祥，命亟殺之。時方上祥瑞，不敢以聞於朝。

【一〇】民不肯留而其婦獨留之　涵芬樓本注，葉本作「民已蓐食先出，婦留之」。

【一一】少頃　涵芬樓本注，葉本作「以别」。

【一二】聞母語聲　涵芬樓本注，葉本作「聞母未去」。

【一三】復誑其母且告之　涵芬樓本注，明鈔本作「復由元徑來，乃大言」。

【一四】有　涵芬樓本注，葉本作「獲」。

【一五】自往焉　涵芬樓本注，明鈔本作「自往觀焉」。

【一六】斯須間　「間」原作「聞」，據南圖本改。

福州屠家兒

福州城中，羊屠家兒，年十六歲。性柔善，惟嬉游市井間，不肯學父業。父母謂之曰：「汝已成長，當學世業爲活，爲養親之計，浪游何益？」對曰：「逐日眼見已熟，要殺便能，何以學爲【一七】？」父以羊一刀一付之，閉諸空屋，竊窺其所爲。自旦至午，但對羊默坐，忽握刀而起，指羊曰：「與汝相爲讎，豈復有窮極？」揮刀自斷其喉，父母急發壁救之，無及矣。

林翁要

福州南臺寺，塑新佛像，而毀其舊。水上林翁要者，求得觀音歸，事之。後數月，操舟入海，舟壞而溺，急呼觀音曰：「我嘗救汝，汝寧不救我？」語訖，身便自浮，得一板乘之。驚濤亘天，約行百餘里，隨流入小浦中，獲遺物一笥，頗有所資而歸。人以爲佛助。右四事，皆福州太平寺僧蔣寶所傳。寶有一書曰《冥司報應》，記此事。

郭端友

饒州民郭端友，精意事佛。紹興乙亥之冬，募衆紙筆緣，自出力以清旦淨念，書《華

【一七】何以學爲 「何」原作「可」，據南圖本改。

嚴經》，期滿六部乃止。癸未之夏，五染時疾【一八】，忽兩目失光，翳膜障蔽，醫巫救療【一九】，皆無功。自念惟佛力可救，次年四月晦，誓心一日三時禮拜觀音，願於夢中賜藥或方書。五月六日，夢皂衣人告曰：「汝要眼明，用獺掌散、熊膽圓則可。」明日，遣詣市訪二藥，但得獺掌散，點之不効。二十七夜，夢赴薦福寺飯。飯罷歸，及天慶觀前，聞其中佛事鍾磬聲，入觀之。及門，見婦女三十餘人。中一人長八尺，著皂春羅衣，兩耳垂肩，青頭緑鬟，戴木香花冠，如五斗器大。郭心知其異，欲候回面瞻禮。俄紫衣道士執笏前揖，曰：「我乃都正也，專爲華嚴來迎，請歸舍啜茶。」郭隨以入。過西廊，兩殿垂長黄旛，一女跪爐，禮觀音。簾外青布幙下，十六僧對鋪坐具而坐。道士下階取茶器，未及上，郭不告而退。徑趨法堂，似有所感遇。夜分，乃覺。明日，告其妻黄氏云：「熊膽圓方，乃出《道藏》，可急往覓。」語未了，而甥朱彦明至，曰：「昨夜於觀中，偶獲觀音治眼《熊膽圓方》。」舉室驚異，與夢脗合。即依方市藥，旬日乃成，服之二十餘日，藥盡眼明。至是年十月，平服如初。即日便書前藥方，靈應特異【二〇】，增爲十部乃止。今眸子瞭然。外人病目疾者，服其藥多愈。藥用十七品，而熊膽一分爲主，黄連、密蒙花、羌活皆一兩半，防己二兩半，草龍膽、蛇蜕、地骨皮、大木賊、仙靈脾【二一】皆一兩，瞿麥、旋覆花、甘菊花皆半兩，蕤仁一錢半【二二】，麒麟竭一錢，蔓菁子一合，同爲細末。以羯羊肝一具煑其半，焙乾，雜於藥中。取其半生者，去膜乳爛【二三】，入上藥【二四】，杵而圓之，如桐子大。飯後，用米

【一八】五染時疾　《醫説》卷三《夢藥愈眼疾》作「五部將終」，是。

【一九】救療　同上書作「鍼刮」。

【二〇】便書前藥方靈應特異　同上書作「接書前帙，感靈應特異」。

【二一】仙靈脾　「脾」原作「脂」，據同上書改。

【二二】一錢半　同上書「一」作「二」。

【二三】乳爛　同上書作「爛研」。

【二四】上藥　同上書作「上件藥」，是。

飲下三十粒。諸藥修治無別法，唯木賊去節，薏仁用肉，蔓菁水淘，蛇蜕炙去【二五】。郭生自記其本末，但所謂法堂感遇，不以語人。

洪州通判

鄉人李賓王利用，紹興二年，知新淦縣。以宣撫使入境，躬至村墟督賦。其僕夢主人歸，劍楇傳呼，曰：「洪州通判來。」且以告主母。李公至，妻言其事，李笑曰：「孤寒如是，方大軍絡繹過縣，幸不以乏興爲罪，得供給糧餉足矣。別乘非所望也。」明年八月滿秩，果爲洪州倅，卒如僕夢。

金君卿婦【二六】

荆南某太守之女，年十有八歲。既得婿，將擇日成禮，夢人告曰：「此非汝夫，汝之夫乃金君卿也。」既覺，不以語人，但於繡帶至每寸【二七】輒繡「金君卿」三字。母見而疑之，以告其父。父物色府中，至於胥史小吏，無有此人。詰其女，具以夢白。未幾，所議之婿【二八】果死。後半歲，新峽州守入境，遣信至府，則金君卿也，始悟前事。至，別【二九】厚待之。留連累日，知其新失伉儷，以女夢告之。金曰：「君卿犬馬之齒四十有二矣，比於賢女，年長以倍，又加其六焉。且悼亡未久，義不忍也。」主人强之，且曰：「因緣定數，君

【二五】蛇蜕炙去　「去」同上書及《名醫類案》卷七作「云」。

【二六】金君卿婦　涵芬樓本按：目録「婦」作「妻」。

【二七】但於繡帶至每寸　涵芬樓本注，葉本作「但於繡榻上每繡」。

【二八】所議之婿　涵芬樓本注，葉本作「所議婿」。

【二九】別　涵芬樓本注，葉本作「則」。

安能辭？」不得已，竟成昏。後三十年，金乃卒。妻生數子。金官至度支郎中，番陽人也。右二事，皆李賓王説。

鐵冠道士

鄭介夫俠，福州福清人。熙甯中，以直諫貶英州。元祐初，東坡公薦之，復官。紹聖初，再謫英。時坡公貶惠州，始與相遇，一見如故交。政和戊戌，介夫在福清，夢客至，自通「鐵冠道士」，遺詩一章，視之，乃坡公也。坡在海上，嘗自稱「鐵冠道人」，時下世十七年矣。其詩曰：「人間真實人，取次不離真。官爲憂君失，家因好禮貧。門闌多杞菊，亭檻盡松筠。我友迂踈者，相從恨不頻。」又曰：「介夫不久須當來。」寤而歎曰：「吾將逝矣。」時年七十八。明年秋，被疾，語其孫嘉正曰：「人之一身，四大合成。四者若散，此身何有？」口占一詩曰：「似此平生只藉天，還如過鳥在雲邊。如今身畔渾無物，贏得虛堂一枕眠。」數日而卒。

張鬼子

洪州州學正張某，天性刻薄，老而益甚，雖生徒告假，亦靳固不與。學官給五日，則改爲三日。給三日，則改爲二日。它皆稱是，衆憾之。有張鬼子者，以形容似鬼得名。衆使僞【三〇】作陰府追吏以怖張老，鬼子欣然曰：「願奉命。然弄假須似真，要得一冥司牒乃可。」衆曰：「牒式當如何？」曰：「曾見人爲之。」乃索紙，以白礬細書，而自押字于後。是夜，詣州學。學門已扃，鬼子入於隙間，衆駭愕。張老見之，怒曰：「畜産何敢然？必諸人使爾夜怖我。」笑曰：「奉閻王牒，追君。」張老索牒，讀未竟，鬼子露其巾，有兩角横其首，張老驚號即死。鬼子出，立於庭，言曰：「吾真牛頭獄卒，昨奉命追此老，偶渡水失符。至今二十年，懼不敢歸。賴諸秀才力，得以反命。今弄假似真【三一】矣。」拜謝而逝。陳正敏《遯齋閑覽》記李安世，在太學，爲同舍生戲以鬼符致死，與此頗同，然各一事也。

太平宰相

宣和中，艮嶽之觀游，極其偉麗。既有絳霄樓、華胥殿諸離宫矣，其東偏接景龍門，巨竹千個，蔽虧翠密，京師他苑囿亦罕比。宫嬪出入其間，如仙宸帝所。徽宗命建樓以臨之，既成，而未有名，夢金紫人言曰：「艮岳新樓，宜名爲『倚翠』。取唐杜甫詩，所謂『天寒翠袖薄，日暮倚修竹』之句也。」夢中問：「汝何人？」對曰：「臣乃太平宰相。」寤而異之。明旦，翰林學士李邦彦入對，奏事畢，偶問曰：「近於苑中立小樓，下有修竹，當以何爲名？」邦彦了不經思，即以「倚翠」對。上驚喜，謂與夢協。時邦彦眷注已深，有意大用，自是數日間，拜尚書右丞，遂爲次相。

【三〇】僞　原作「爲」，據明鈔本、南圖本改。

【三一】弄假似真　涵芬樓本注，「似」葉本作「成」。

路當可得法【三二】

政和中，路君寶瓘知陳州商水縣。其子當可時中侍行，方十七歲，未授室，讀書於縣圃四照堂。時梁仲禮爲主簿，二子俊彦、敏彦皆十餘歲，相與游處。一夕，圃吏告失時中所在，君寶遣卒遍索於邑中，不可得。閲五日，乃出，謂其逸游，杖之。時中不敢自直，但常常吐鮮血，而私語梁主簿曰：「間者獨坐小室，有道人不知何許來。與某言久之，曰：『汝可教，吾付汝以符術，可制天下鬼神。然汝五藏間，穢汙充積，非悉掃去不可。』初甚懼其説。笑曰：『無傷也。』命取生油、白蜜、生薑各一斤，合食之。遂與俱去，亦不知何地。凡數日，不思食，唯覺血液津津自口出。每夕，以文書十餘策使誦讀。晝則無所見。臨别又言曰：『汝已位爲真官，階品絶高。但如吾術行之，足矣。』自是遂以法籙著。後數月，謂梁子曰：「吾比書一符錯誤，獲譴不小，當削階數級，仍有癰疽之害。」未幾，疽發於背，如盌大，痛楚備極，凡四十九日乃痊。右二事，皆梁俊彦子正説。

長樂海寇

紹興八年，丹陽蘇文瓘爲福州長樂令，獲海寇二十六人。先是，廣州估客及部官綱者，凡二十有八人，共僦一舟。舟中篙工、柁師人數略相敵，然皆勁悍不逞，見諸客所齎物

【三二】路當可得法　涵芬樓本按：目録無「得法」二字。

厚，陰作意圖之。行七八日，相與飲酒大醉，悉害客，反縛投海中。獨留兩僕，使執爨。至長樂境上，雙櫓折，盜魁使二人往南臺市之，因泊浦中以待。時時登岸爲盜，且掠居人婦女入船，無日不醉。兩僕逸其一，徑詣縣告焉。尉入村未返，文璀發巡檢兵，自將以往。行九十里，與盜遇，會其醉，盡縛之。還至半道，逢小舟雙櫓横前，叱問之，不敢對，又執以行，無一人漏網者。時張子戬給事致遠爲帥，命取舟檢索，覺柁尾百物縈繞，或入水視之，所殺羣尸並萃其下，僵而不腐，亦不爲魚鼈所傷，張公歎異，亟爲斂葬。盜所得物纔三日，元未之用也。張庭實德輝説。

蔡州禳災

吕安老尚書，少時入蔡州學。同舍生七八人，黄昏潛出游，中夕乃還。忽驟雨傾注，而無雨具。是時，學制崇嚴，又未嘗謁告，不敢外宿。旋於酒家假單布衾，以竹揭其四角，負之而趨。將及學牆東，望巡邏者持火炬傳呼而來，大恐。相距二十餘步，未敢前。邏卒忽反走，不復回顧。於是得踰牆而入，終昔惴惴，以爲必彰露，且獲譴屏斥矣。明日，兵官申府云：「昨二更後，大雨正作，出巡至某處，忽異物從北來，其上四平如席，模糊不可辯。其下謖謖如人行，約有脚三二十隻，漸近學牆，乃不見。」郡守以下莫能測爲何物。邦人口相傳，皆以爲巨怪，請於官，每坊各建禳災道場三晝夜，繪其狀祠而磔之。然則前史所謂席帽行籌之妖，殆此類也。尚書之子虛己説。

蟹治漆

乾道五年，襄陽有劫盜當死，特旨貸命黥配。州牧慮其復爲人害，既受刑，又以生漆塗其兩眼。囚行至荆門，盲不見物，寄禁長林縣獄，以待傳送。時里正適以事在獄中，憐而語之曰：「汝去時，倩防送者往蒙泉側，尋石蟹搗碎之，濾汁滴眼内，漆當隨汁流散，瘡亦愈矣。」明日，賂送卒，得一小蟹，用其法，經二日，目睛如初，略無少損。予妹壻朱晞顔，時以當陽尉攝邑令，親見之。

夷堅丙志卷第十四 十三事

張五姑

外舅女弟五姑，名宗淑，自幼明慧知書。既笄，嫁襄陽人董二十八秀才。董懦而無立，淑性高亢，庸奴其夫，鬱鬱不滿，至於病瘵。靖康之冬，郭京潰卒犯襄、鄧，董死於漢江。明年，淑從其母田夫人至南陽，飲酒笑嬉，了不悲戚，宿痾亦浸瘳。方自欣慶，一旦，無故嘔血，斗餘不止，心疑懼，使呼□□□□□□語曰：「和中不可再嫁，嫁當殺汝。」和中，蓋淑字。雖家人，皆不知之。淑識其聲，爲故夫，叱曰：「我平生爲汝累，今死矣，尚復繳繞我。使我再歸它人，何預汝事？」巫無語，而甦。淑固自若。會外舅來南，挈與偕行，至揚州，謀壻，將以嫁王趯。淑曰：「一生坐文官所困，不願再見之，得一武弁足矣。」遂適閤門宣贊舍人席某，時二年五月，董氏喪制猶未終。其冬，席生又死於盜。淑隨母兄度江，寓溧陽。三年三月晦，夢席生自牖捽其頭，覺而項痛，丹瘤生左頰。臥病踰月，昏昏不能知人。二嫂往視之，笑曰：「姑夫恰在此，聞妗妗至，去矣。」問：「爲誰？」曰：「二十八郎也。」自是，但與董交語，以至於亡。明年，其母在達州，夢淑與人聚博於樓上。猶如在生時。母責之，曰：「賭博從曉連夕，豈是女子所爲事？」淑忿怒，化爲旋風，逐母至牀。母驚號曰：「鬼掣我。」子婦急起視，則身已半墮地。明日，不能起，兩月而卒。

宜都宋仙

宣和中，外舅爲峽州宜都令。盛夏不雨，徧禱諸祀，無所應。邑人云，某山宋仙祠極著靈響，乃具饌謁其廟。財下山，片雲已起於山腹。方烈日如焚，忽大雷雨，百里霑足。邑人戴神之賜，相與出錢，葺其廟。而莫知仙之爲男爲女，攷諸圖志，問於父老，皆無所適從。外舅晝寢，夢大輿自外來，旛蓋麾旄，儀物頗盛，巍然高出於屋。私念言：「縣門卑陋，安能容此？」轉眄間，已至廷中。跂而窺之，則婦人睟容褖飾坐其内。驚起，欲致敬，倏然而寤。乃命塑爲女仙象，未及請廟額而移官去云。

劉媪故夫

唐州人張文吉，下世十餘年。妻劉氏年且八十，白晝逢故夫，挽其衣使行，曰：「相與歸去，無爲久住此。」相持不解，劉遂仆地。其季子至前掖張翁，使去，曰：「困吾母如是，何也？」又扶媪起立，然後去。媪長子及婦孫輩，見老人乍仆乍起，趨視之，歷歷聞其言。時季子亦死久矣，咸憂懼，知其爲不祥。未幾，媪死。

錫盆冰花

外舅清河公，紹興六年，以中書門下省檢正官兼都督府諮議軍事，往淮西撫諭張少保軍，留家於建康。十二月十五日生辰，家人取常用大錫盆洗滌，傾濁水未盡，盆内凝結成冰，如雕鏤者。細視之，一壽星坐磐石上，長松覆之，一龜一鶴分立左右，宛如世所圖畫然。外姑劉夫人，命呼畫工寫其狀，工所居遠，比其至，已消釋矣。自是，無日不融結，佳花美木，長林遠景，千情萬態，雖善巧者用意爲之，莫及也。迨春暄，乃止。而外舅有兵部侍郎之命。《春渚紀聞》有葛□之【一】一事甚相似。

王八郎

唐州比陽富人王八郎，歲至江淮爲大賈，因與一倡綢繆，每歸家必憎惡【二】其妻，鋭欲逐之。妻智人也，生四女已嫁三人，幼者甫數歲，度未可去，則巽辭答曰：「與爾爲婦二十餘歲，女嫁有孫矣。今逐我，安歸？」王生又出行，遂攜倡來，寓近巷客館。妻在家，稍質賣器物，悉所有藏篋中，屋内空空如窶人。王復歸，見之愈怒，曰：「吾與汝不可復合，今日當決之。」妻始奮然，曰：「果如是，非告於官不可。」即執夫袂，走詣縣。縣聽仳離，而中分其貲産。王欲取幼女，妻訴曰：「夫無狀，棄婦嬖倡，此女若隨之，必流落矣。」

【一】葛□之　中華本按：《春渚紀聞》卷二作「萬延之」。

【二】憎惡　涵芬樓本注，葉本作「不悦」。

縣宰義之，遂得女而出，居於別村。買餅罌之屬，列門首，若販鬻者。故夫它日過門，猶以舊恩意與之語，曰：「此物獲利幾何？胡不改圖？」妻叱逐之，曰：「既已決絶，便如路人。安得預我家事？」自是不復相聞。女年及笄，以嫁方城田氏。時所蓄積，已盈十萬緡，田氏盡得之。王生但與倡處，既而客死於淮南。後數年，妻亦死，既殯，將改葬，女念其父之未歸骨【三】，遣人迎喪，欲與母合祔。各洗滌衣斂，共臥一榻上。守視者稍怠，則兩骸已東西相背矣。以爲偶然爾，泣而移置元處。少頃，又如前。乃知夫婦之情，死生契闊，猶爲怨偶如此，然竟同穴焉。

楊宣贊

唐州相公河楊氏子，娶於戚里陳氏，得官至宣贊舍人。平生喜食雞，所殺不勝計。晚年瘡發鬢間，未能爲甚害。家所養雞，忽中夜長鳴，大惡之，明日殺而炙之，復以充饌。未下咽，瘡毒大作，瘇滿一面。久之稍愈，而潰汁流至喉下，齧肌成穴，殊與雞受刃處等。鮮血沾滴無休時，竟死。右六事，皆聞於妻族。

忠孝節義判官

楊緯，字文叔，濟州任城人。爲廣州觀察推官，死官下，喪未還。其姪洵在鄉里，一日

【三】未歸骨　涵芬樓本注，葉本作「骨未歸」。

晡時，昏然如醉，欻見緯乘馬從徒而來，洵遽迎拜，既坐，神色翛然如平生。洵跪問曰：「叔父今何之？」曰：「吾今爲忠孝節義判官，所主人間忠臣、孝子、義夫、節婦事也。」從容竟夜。旁人但見洵拜且言，皆怪之。將行，二紫衣留語，曰：「府君好范山下石臺，何不就彼立祠？」洵忽寤。告家人曰「適廣州叔父至，云云如此」。衆悲駭，因呼工造像。工技素拙，及像成，與緯不少異，始知其神。然以官不顯，又無蹟狀，故州縣不肯上其事，祠竟不克立。緯生爲善人，所居官專務以孝弟教民，正直好義，故没而爲神。考諸傳記，蓋未嘗有此陰官也。見《晁無咎集》。

龍可前知

東平龍可，字仲堪。邃於曆學，能逆知未來事。宣和末，趙九齡見之於京師。趙以父病急歸，遇可於門。可曰：「京師將有大變，吾亦從此去矣。」扣之，曰：「火龍其日，飛雪滿天。」明年金虜犯都城，以丙辰日不守。時大雪連緜，皆符其語。

水月大師符

紹興二十一年，襄陽夏大雨，十日不止，漢江且溢，吏民以爲憂。襄陽知縣閻君謂同僚曰：「事急矣，吾有策可令立止，雖近巫怪，然不敢避此名也。」遂命駕出城，至江上，探懷中符投之，酌酒三祭而歸。是夜雨止，明日水平如故，一郡敬而神之。臨川李德遠，時爲觀察推官，就扣其説。閻具以教之，曰：「但如我法，人人可爲之，無他巧也。」其法以方三寸紙，朱書一圈，而外繞九重，末如一字，書「水月大師」四字於其上。凡水旱疾疫、刀兵鬼神、山林木石之怪，無所不治。遇凶宅妖穴，書而揭之，皆有奇效。德遠歸臨川，其姪婦每至晡時輒爲物所憑，新粧易衣，坐於榻以伺。少頃，則與人嬉笑譃浪，竟夜乃息。德遠密書符貼户限内，婦不知也。明日，在牀上，見偉男子冠帶如常時而來，及房外，若有所礙，戟手駡曰：「賤女子，忍遽忘我乎？」婦應曰：「我未嘗有此心，何爲發是語？」男子舉足欲入，終不能前，遂去。婦洒然如醉而醒，始爲人言之。蓋罔罔累旬，了不知身之所寄也。自是遂安。予爲禮部郎日，德遠爲太常主簿，同行事齋宫，爲予書之，然未之用也。

賈縣丞

李德遠，紹興二十七年，調官臨安。館於白壁營，與福州姚知縣同邸。時方盛夏，每夕納涼於後軒。姚之舊友賈縣丞來料理去【四】失告身事，所居相去百步。早出暮還，必過姚話夜，李因得識之。賈丞，長安人，談驪山宫闕、故都井邑之盛，哀哀可聽。又嘗爲縉雲丞，説鬼仙英華事跡，尤有据依。姚、李更買酒設果，與之接款。凡兩月，始各捨去。又

【四】去　涵芬樓本注，陸本作「云」。

二年，李爲勑令所删定官，局中從容與同僚唐信道語及怪神。唐具述英華之故，李應答如響。唐曰：「君何以知之？」以所聞告。唐駭曰：「得非長身多髯者乎？」曰：「然。」「陝西人乎？」曰：「然。」曰：「是人自縊雲罷即死，其兄葬之於某處。吾送之窆，乃反。於今十年矣，安得如君所云者乎？」李方追懼，毛髮爲洒淅。徐思之，相從如是久，而未嘗白晝一來。雖同飲啄語笑，然其坐常去燈遠，元不熟審其面目。今知乃鬼爾。」姚生別後，歲餘而殂。賈名詡，字虞仲【五】。

鄭道士

建昌王文卿，既以道術著名，其徒鄭道士，得其五雷法，往來筠、撫諸州，爲人請雨治祟，召呼雷霆，若響若答。紹興初，來臨川，數客往謁，欲求見所謂雷神者，拒之不克，乃如常時誦咒書符，仗劍叱咤。良久，陰風肅然，煙霧虧蔽，一神人峨冠持斧，立於前，請曰：「弟子雷神也，蒙法師招喚，願聞其指。」鄭曰：「以諸人欲奉觀，故遣相召，無它事也。」神恚曰：「弟子每奉命，必奉上天，乃敢至。今乃以資戲玩，將何辭反命于天？此斧不容虛行，法師宜當之。」即舉斧擊其首，坐者皆失聲驚仆，移時方甦，鄭已死矣。右三事，皆李德遠説。

【五】賈名詡字虞仲　李按：六字原闕，據《異聞總録》卷一補。

黄烏喬

邵武黄敦立，少時游學校，讀書不成，但以勇膽戲笑優游閭里間。邑人以其色黑而狡譎，目之曰「烏喬」。所居十里外，有大廟，鄉民事之謹，施物甚多，皆門外祝者掌之。黄欲取其縑帛以嫁女，祝知難以詞卻，姑語之曰：「君盍以盃珓卜，若神許君，無不可者。」黄再拜禱，曰：「積帛廟中，頗爲無用。移此以惠人，神所樂也。」而庸祝不解神意，尚復云云。大王果見賜，願示以聖珓。或得陰珓，則夫人垂憐，尤爲上願。若得陽珓，則闔廟明神，皆相許矣。」祝不敢言，竟負帛以歸。它日，與里人會，或戲之，曰：「君名有膽，今能持百錢詣廟，每偶人手中置一錢，然後歸，當醵酒肉以犒君。」黄奮衣即行。二少年輕勇者，陰迹其後，間道先入廟，雜於土偶間，窺其所爲。有頃，黄至，拜而入，曰：「黄敦立來施錢，大王請知。」遂摸索偶像，各置其一。或手不可執，則置諸肩上。俄至少年所立處，突前執其臂，黄以爲鬼也，大呼曰：「大王不能鈐勒部曲，吾來俵錢【六】，而小鬼無禮如是。」又行如初，略無怯意。既畢事，扃廟門而出，其黨始歎服之。溪北舊有異物，好以夜至水濱，見徒涉者必負之而南。或問其故，答曰：「吾發願如此，非有求也。」黄疑其必爲人害，詐爲它故，連夕往。是物如常態，負而南。後三日，黄謂之曰：「禮尚往來，吾煩子多矣，願施微力以報。」物謝不可。黄强舉而抱之，先已戒家僕束草，然巨石，財達岸，

【六】俵錢　涵芬樓本注，葉本作「捨錢」。

即擲於石上。其物哀鳴丐命，及燭至，化爲青面大玃矣。毆殺投火中，環數里皆聞其臭，怪自此絶。徐樽說。

綦叔厚

綦叔厚尚書密禮，登第後，僦馬出謁，道過一坊曲，適與賣藥翁相值。藥架甚華楚，上列白陶缶數十，陳熟藥其中，蓋新潔飾而出者。馬驚觸之，翁仆地，缶碎者幾半。綦下馬愧謝。翁市井人也，輕而倨，不問所從來，捽其裾，數而責之，曰：「君在此，嘗見太師出入乎？從者唱呼以百數，街卒持杖前訶，兩岸坐者皆起立，行人望塵斂避。亦嘗見大尹出乎？武士獄卒，傳呼相銜。吾曹見其節，奔走不暇。今君獨跨敝馬，孑孑而來，使我何由相避？」凡侮誚數百言，惡少觀者如堵。綦素有諧辨，不爲動色，徐徐對之，曰：「翁翁責我甚當。我罪多矣，爲馬所累，顧無可奈何。然人生富貴自有時，我豈不願爲宰相？豈不願爲大尹？但方得一官，何敢覬望？翁不見井子劉家藥肆乎？高門赫然，正面大屋七間，吾雖不善騎，必不至單馬撞入，誤觸器物也。」惡少皆大笑，稱善。翁亦羞沮，以俚語謂綦曰：「也得，也得。」遂釋之。井子者，劉氏所居，京師大藥肆也。故綦用以爲答。趙恬季和說。

夷堅丙志卷第十五十五事【一】

黄師憲禱梨山

紹興戊午，黄師憲自莆田赴省試，與里中陳應求約同行，以事未辦，後數日乃登途。過建安，詣梨嶽李侯廟謁夢。夢神告曰：「不必吾言，只見陳俊卿已説者是已【二】。」黄至臨安，方與陳會。詢其得失，陳蓋未嘗至彼廟也，辭以不能知。黄逼之不已，陳怒，大聲咄曰：「師憲做第一人，俊卿居其次，足矣。」黄喜其與夢合，乃以告之。暨揭榜，如其説。此條見《支志》戊卷第六。

周昌時孝行

臨江軍富人周十三郎，名昌時，事母鄭氏甚孝。鄭病腰足五年餘，行步絶費力，招數醫治藥，略無小效。紹熙二年，中秋夜，周與妻侍母飲酒賞月，見母坐立艱辛，不覺墮淚。洎罷就寢，抽身潛起，妻謂其登廁耳。乃懷小刀下庭，向空朝北斗，禱云：「老母染疾久，百藥並試，有加無減。今發願□腹【三】取肝啖母，以報産育乳養之恩。望上真慈□，□獲

校勘記

【一】十五事　中華本按：實祇十二事。

【二】只見陳俊卿已説者是已　李按：支戊卷六同條前一「已」作「他所」。

【三】□腹　涵芬樓本注，陸本作「剖腹」。

感應【四】。」焚香訖，將施刃，忽聞有聲自後叱喝，且以杖擊其背，驚而回顧，寂不見人，□□□【五】貼在地。取視之，中有紙書云：「周昌時供奉母□【六】，累歲孝行，此藥三粒，賜鄭氏八娘。」周捧泣拜謝。俟明旦以進，母積痾頓瘳，方具所見告妻子。

虞孟文妾

衢州龍游人虞孟文，以錢十四萬買妾，頗有姿伎，蒙專房之愛。無何，孟文死。其從弟仲文，忍人也，强以元直畀嫂氏，領妾以歸。僅數月，妾夢故主君來責之，曰：「汝在此處睡，莫未便。」寤而懼，以告仲文。仲文向曰：「彼已死，烏能畏我？」雞鳴起奏廁，方過堂下，兄持梃坐堂上，起逐之，擊之至再，走而免，遂得病亡。

魚肉道人

黄元道，本成都小家子，生於大觀□亥【七】。得風搐病，兩手攣縮不可展，膝上拄頤，面掣向後，又瘖不能啼。父母欲其死，置于室一隅，飢凍交切，然竟不死。獨祖母哀憐之，時時灌以粥飲。活至七歲，遇道人過門，從其母求施物，母愧謝曰：「家□【八】貧，安得有餘力？」道人曰：「然則與我一兒，亦可。」母以病者告。曰：「得此足矣。」以布囊盛之，負而出。乃父跡其所往，則至野外，取兒置地上，掬白水洗濯，脱所披紙被蒙其體，

【四】望上真慈□□獲感應　「□□」陸本作「悲俾」。

【五】□□□　涵芬樓本注，陸本作「但有封」。

【六】母□　涵芬樓本注，陸本作「母病」。

【七】大觀□亥　涵芬樓本注，陸本作「大觀丁亥」。

【八】□　涵芬樓本注，陸本作「極」。此下原本錯入卷二十《時適及第》條後，今依陸本改正。

□□□□一粒納兒口，旋繞行五六□□□【九】。魚一頭，使生食。又溺□【一〇】□□□□染指嘗之，甘芳如醴。捧鉢盡飲，有聲，入腹錚錚然。忽若推墮崖下，所見猶元牧之處。牛在旁齕草，無少異。覺四體不佳，跳入山澗中坐，水深及肩，展轉酣暢。越一夜乃出【一一】，則神氣灑落，方寸豁如，非復前日事，不知幾何時矣。牽牛還王家，主人訝曰：「小兒何所往？許久不歸。」自此日游廛市，能説□肺腑隱匿【一二】，或罵某人曰：「汝行負神明，且入鬼録。」又罵某人曰：「汝欺罔平民，將有官事。」已而果然。市人畏其發伏，相戒謹避之。王翁縛而閉諸室，尋縱去，入峨眉山累年。會張魏公爲宣撫使，奉母夫人來游山，見之攜以出。後隨公出蜀，甫下峽，不辭而去。過武當山，孫旭先生告之曰：「羅浮山黃野人，五代時□惠州刺史，棄官學道，今仙品已高，宜往敬拜，以求延年度世之術。」欣然而行。至羅浮崇真觀問津，觀主曰：「山有三石樓，高處殆無路可上。須扳藤蘿，援枯木，如猿猴以登。不幸隕墜，必糜碎于不測之淵。君不爲性命計，則可往。」黃曰：「若顧戀性命，安肯來此？」乃告以其處，杖策徑行，而下石樓始，自崖而升，僅可容足，將及中樓【一三】，風雨驟至，急趨一石穴避之。迫暮留宿，夜聞林莽戛戛聲，大蚺蛇入穴，繼之者源源不已，蟠繞于旁，黃瞑目坐達旦，羣蛇以次去。復前行，崖路中絶，獨巨藤枝下垂，援之以上。時時得小徑，然財數十步即途窮。俯瞰江水，相望極目，但隨蔓勢高下以進。日力垂盡，始到上樓。一穴圓明通中，匍匐過之，達巖畔。望野人緑毛被體，踞石坐。肅容

【九】□□□　涵芬樓本注，陸本作「十里步」。此下原本闕九行又十字。

【一〇】□　涵芬樓本注，陸本作「於」。

【一一】越一夜乃出　「越」字原殘，據陸本、南圖本補。

【一二】能説□肺腑隱匿　涵芬樓本注，空格，陸本作「人」。

【一三】中樓　「中」字原闕，據陸本、南圖本補。

設拜，拱而立。其人殊不視，黄不敢喘息。久之，忽問曰：「汝爲誰？何自來此？亦何用見我？」具以對。曰：「料汝且飢且渴。」自起，揭所坐石，石下泉一泓極清，指曰：「此可飲。」黄以槲葉杓酌之，可二升許。腹大痛，亟出，大泄二十餘行，始定。復入侍，方命之坐。始言曰：「浮世榮華富貴，疑若可樂。至人達觀，直與腐鼠等耳。人能處此地，與居富貴等。雖盡今生，至來生，不厭倦。儻一毫蔕芥，頃刻不可留。汝觀此間，別有佳處否？」對曰：「游先生之庭，尚不敢左右眄，焉知其他？」野人曰：「汝試觀吾受用處。」引手捫石壁，劃然洞開，相與入其中。其上正平，光采如鏡。其下清泉巧石，奇花異卉，從横布列，兩池相對。謂黄曰：「汝留此，爲我治花圃。東池水可供飲，西池以溉灌，勿誤也。」遂先出，閉壁門。黄奉所教。地方七八丈，而無所不有，牡丹五色，花皆徑尺。室中常明，不能辨晝夜。居之甚久，花葉常如春。一日，野人啟門入，甚喜曰：「汝果能留意於此，真可教。汝姑去此，吾之學，長生久視法也，與寂滅之道不同，當盡世間緣，乃可。兼汝服珍泉，滌穢已盡，宜別有所食。」於鉢中取魚肉，如故山所得者與之。指石窟宿溺，使盡飲。遣下山，曰：「汝歸，逢人與魚肉，任意噉之。直俟不欲食時，復來見我。」黄再拜，辭去。從此能啖生肉至十斤，後稍減少。紹興二十八年，召入宫，賜名元道，封達真先生，戒令勿食魚。御製贊賜之，曰：「不火而食，太古之民。不思而書，莫測其神。外示朴野，内含至真。白雲無迹，紫府常春。」周參政葵舊與之善，閑居宜興，黄過之，書「明月雙溪水，清風八詠樓」十字以獻。後二年，黄以口過，逐居婺。周公適自當塗移守，所書始驗。凡此諸説，多得之於周。乾道二年，予見之鄱陽。食肉二斤，而飲水猶一斗。證其得道始末，與周説不差，故采著其大略。又一年，在九江，爲郡守林栗黄中所劾治，杖而編隸之。

房梁公父墓

吕忠穆丞相，政和初，葬其父於濟南之歷城。穿墉二丈，得石椁，墓兆儼然，中空無所有，但存一石，曰：「隨司隸刺史房彦謙之墓。」與吕氏所卜地窆穴，無分寸不同，遂葬其處。彦謙，即唐宰相梁公玄齡之父也。梁公爲太平賢相，而忠穆亦爲中興名宰，相去五百年，而休證冥合如是。異哉！趙不廥説。

種茴香道人

政和末，林靈素開講於寳籙宫，道俗會者數千人，皆擎跽致敬，獨一道人怒目在前立。林訝其不拜，叱曰：「汝有何能？敢如是。」曰：「無所能。」「何以在此？」道人曰：「先生無所不能，亦何以在此？」徽宗時在幙中聽，竊異之，宣問實有何能。拱而對曰：「臣能生養萬物。」即命下道院，取可以布種者，得茴香一匊以付之。俾二衛卒監視，種於艮嶽之趾，仍護宿於院中。及三鼓，失所在。明日，視茴香，已蔚然成叢矣。

朱僕射

豫章豐城縣江邊寶氣亭，建炎三年，居民連數夕聞呼「朱僕射」，而不見其人。已而新□州【一四】守馮季周詢修撰赴官，泊舟亭下，從行僕朱秀者，溺死，八月四日也。右二事，皆吴虎臣說。

燕子樓

潭州府舍後燕子樓，去宅堂頗遠，家人不能至。守帥某卿好游其上，卿晚得良家女爲妾，名之曰酥酥兒，嬖寵殊甚。一日，亦登樓，問其所以來，答曰：「願見主翁，心不憚遠。」卿益喜，留連經時，使之去。薄晚卿還，酥迎於堂，卿顧曰：「適歸無它否？」□□【一五】然曰：「今日在房中，足跡未嘗出外，安有是耶？」卿怒曰：「汝來燕子樓視我，我與汝語，良久乃去，何諱之有？」酥面發赤，曰：「素不識樓上路，何由敢獨行？公特戲我。」傍人盡證其不然。卿惘惘不樂，入燕寢徑臥，疑向者所見定鬼物也。少時，酥入室，拊其背，掖之使起坐，曰：「我真至公所，恐他人知之，故匿不言。亦因以惱公爾，何以戚戚爲？」卿意方自解，又與嬉笑。忽曰：「今以實告公，我非酥酥也，請細視我。」

【一四】□州　涵芬樓本注，陸本作「虔州」。

【一五】□□　涵芬樓本注，陸本作「妾愕」，南圖本作「酥□」。

視之，則一大青黑面，極可憎怖。卿拊牀大叫，外人疾趨至，無所覩，即抱病，遂卒。王嘉叟說，聞之張敬甫。

阮郴州婦

户部員外郎阮閱，江州人。宣和末，爲郴州守。子婦以病卒，權殯於天寧寺。阮將受代，語其子曰：「吾老矣，幸得解印還。老人多忌諱，不暇挈婦喪以東。汝善囑寺僧守視，他日來取之，可也。」子不敢違。是夜，阮夢婦至，拜泣曰：「妾寄殯寺中，是爲客鬼。爲伽藍神所拘，雖時得一還家，每晨昏鐘鳴，必奔往聽命，極爲悲苦。今不獲同歸，則永無脱理。恐以櫬木爲累，乞就焚而以骨行，得早窆山丘，無所復恨。」阮寤而感動，命其子先護柩【一六】□江州營葬【一七】。是夜，夢子婦來謝云。

岳侍郎换骨

紹興十一年，歲除之夕，岳少保以非命亡。其子商卿霖并弟震同妻女皆羈管惠州。郡拘置兵馬都監廳之後僧寺牆角土室内。兄弟對榻，僅足容身。飲食出入，唯都監是聽。秦檜死，朝廷伸岳公之寃，且詔存訪其家，還諸子與差遣。商卿未拜命間，一夕聞寺鐘鳴，恍惚如夢，見青袍一卒，類親從快行，繫兩袖於腰，手挈竹籃，貯刀劍椎鑿之屬，鋒毛吹刃，

【一六】命其子先護柩　涵芬樓本注，此下至《金山設冥》條「是生天象也」，宋本一葉又十七行。嚴本於中縫均注「補」字。

【一七】□江州營葬　涵芬樓本注，陸本作「還江州營葬」。

頓於榻上，長揖一聲，大喝云：「奉上帝勅旨，爲官人换仙骨。」語畢，升榻。商卿怖汗如雨，謹聽所爲。遂以所齎器具，恣加割剔，然殊不覺痛。須臾訖事，收器而下，復唱云：「换骨訖。」揖而告去。商卿揭帳視之，髑髏一軀自首至足，臥于地，遂驚覺。日已亭午，震在傍，言：「聞兄呻吟聲甚苦，呼撼之不應，念無策可爲，但堅坐守護至今，猶未盥櫛。」商卿具道所睹事，才絶□□□□轎來邀致，仍傳慶語，乃告命已至，□□□□□之意。淳熙間，持湖北漕節。鄱陽胡璟德藻監分司糧料院，與之談此。青袍傳旨時，以大官職稱之，不欲自言。後擢工部侍郎、廣東經略而卒。

朱氏蠶異

湖州村落朱家頓民朱佛大者，遞年以蠶桑爲業，常日事佛甚謹，故以得名。紹熙五年，所育蠶至三眠，將老，其一忽變異，體如人，面如佛，其色如金，眉目皆具。朱取置小合，敬奉於香火堂中。鄰里悉往觀。李巨源在彼，亦借歸瞻視，誠與佛像無少異。經數日，因開合，已化爲蛾，即飛去。

金山設冥

太學博士莊安常子上，宜興人。因妻亡，爲於金山設水陸冥會資薦。深夜事畢，暫寄榻上，夢妻來。冠服新潔，有喜色，脱所著鞋在地，襪而登虚，漸騰入雲表始没。驚覺，以白於僧及它人，皆云是生天象也。

夷堅丙志卷第十六 十六事

陶彖子

嘉興令陶彖，有子得疾甚異，形色語笑，非復平日。彖患之，聘謁巫祝，厭勝百方，終莫能治。會天竺辯才法師元淨適以事至秀，淨傳天台教，特善呪水，疾病者飲之，輒愈，吴人尊事之。彖素聞其名，即詣謁，具狀告曰：「兒始得疾時，一女子自外來，相調笑。久之，俱去。稍行至水濱，遺詩曰：『生爲木卯人，死作幽獨鬼。泉門長夜開，衾幃待君至。』自是屢來，且言曰：『仲冬之月，二七之間，月盈之夕，車馬來迎。』今去妖期逼矣，未知所處，願賜哀憐。」淨許諾，杖策從至其家，除地爲壇，設觀世音菩薩像，取楊枝霑水灑而呪之，三繞壇而去。是夜，兒寢安然。明日，淨結跏趺坐，引兒問曰：「汝居何地，而來至此。」答曰：「會稽之東，卞山之陽，是吾之宅，古木蒼蒼。」又問：「姓誰氏？」答曰：「吴王山上無人處，幾度臨風學舞腰。」淨曰：「汝柳氏乎？」囅然而笑。淨曰：「汝無始以來，迷己逐物，爲物所縛，溺於淫邪，流浪千劫，不自解脱，入魔趣中，横生災害，延及亡辜。汝今當知，魔即非魔，魔即法界。我今爲汝宣説首楞嚴祕密神呪，汝當諦聽。痛自悔恨，訟既往過愆，返本來清淨覺性。」於是號泣，不復有云。是夜，謂兒曰：「辯才之功，汝父之虔，無以加。吾將去矣。」後二日復來，曰：「久與子游，情不能遽捨，願一舉觴爲別。」因相對引滿。既罷，作詩曰：「仲冬二七是良時，江下無緣與子期。今日臨岐一杯酒，共君千里遠相離。」遂去，不復見。秦少游記此事。

太清宮道人

亳州，蓋老君鄉里，故立太清宮，崇事之。嘗有道人賣藥者，敝衣貧寠，而意氣揚揚甚倨。攜藥爐，詣殿下燒藥，大言自尊，指聖像曰：「此吾之弟子也，吾爲老君師。」聚觀漸衆。須臾，火自爐出，灼其衣，焰發滿身，驚而走，左右以水沃之不滅，狂走庭中。火所經，他物不焚，獨焚厥身。已而北面像前，若首伏者，遂斃。視其軀幹，皆灼爛矣。

王屋山

道士齊希莊，不知何許人。學養生，喜游名山。至王屋，樂之不忍去，架草堂，居于燕真人巖前。山多栗、黄精及諸果蓏可食者，以時收采給食。居三年，猴入其室，逐之不去，視人坐起百爲從傍効之。希莊大怪，憶初入山時，客教以逐猴法，取猴糞懸而擊之，試用之，猴舍去。甫數日，別有大猴，如五六歲兒，垂毛至地，熟視希莊，傚其動作如前，懼不敢復逐。意欲出山，未決。聞有呼之者，出户見丫髻童子，黄單衣緑帶，目有光，貌不全類人。問曰：「麻籠山自何往？」指示之。疾去如飛，直度嶺壑，望之不可及。自是，舍傍百物，皆夜有聲。一夕大雪，晨起，見門外人迹無數，希莊發悸，不能復居，走山下。得瘖疾，數歲方愈。右二事，皆見《張文潛集》。

王少保

王德少保，葬于建康數十里間。紹興三十一年，其妻李夫人以寒食上冢。先一夕，宿城外，五鼓而行，至村民家少憩，天尚未明。民知爲少保家，言曰：「少保夜來方過此，今尚未遠。」夫人驚問其故。答曰：「昨夜過半，有馬軍數十過門，三貴人下馬叩户，以錢五千買穀秣馬，良久乃去。意貌殊不款曲。密詢後騎，曰：『何處官人？欲往何地？』騎曰：『韓郡王、張郡王、王少保。以番賊欲作過，急領兵過淮北扞禦也。』」夫人命取所留錢，乃楮鏹耳，傷感不勝情。祀畢還家，得疾而卒。是年四月，予在臨安，聞之於媒嫗劉氏，不敢與人言，但密爲韓子温道之。及秋來，虜果入寇。

餘杭三夜叉

乾道五年，餘杭縣人余主簿妻趙産子，青面毛身，兩肉角獰惡可怖，即日殺之。未幾，同邑文氏婦生子，絶與前類，而兩面相向，大非凡所聞見。比亦殺之，而賂乳醫錢三十千，使勿言，然外人悉知之矣。已而，一圃人妻復生一物，亦然。三家之怪，相去不兩年，所居只一二里内，豈非一氣所沴乎。王三恕説。

張常先

張常先者，嵇仲樞密第三子，凶愎不遜。秦丞相以其父故，超資用之。紹興二十五年，除江西轉運判官。其居在信州，將行，從郡守林景度機假吏卒别墓。怒不設銀香爐，捽州指使吴成忠杖之，林不敢校。赴官三月，爲言者論罷。既又坐告訐張魏公生日詩事，削籍，編管循州。刑部下信州，差一使臣十卒護送。時常先方自豫章歸，未至信。信守遣人逆諸途，所謂吴成忠者偶當行，才被差，不復治裝，即日行。遇於三十里間，叱下車，褫其巾，使步於馬前。未半舍，困苦不可忍。適逢所善皇甫世通，泣言其情，世通爲祈吴生，賂以銀二百兩，乃得冠巾乘轎，且攜二妾俱西。每至宿店，吴生令十卒監常先，同處一房，鎖其户，而自據二妾。凡兩月乃至循。時疫癘大作，循民死者十四五。郡守張寧，爲治城外台隱堂舍之。常先已病困，居數日愈甚，不暇入城而死。吴生亦繼焉，蓋復惡已甚矣。

華陽觀詩

紹興二十五年春，秦丞相在位。其子熺謁告，來建康焚黄。因游茅山華陽觀，題詩曰：「家山福地古云魁，一日三峰秀氣回。會散寶珠何處去，碧嵓南洞白雲堆。」時宋【一】爲建康守，即日鑴諸板，揭於梁間。到晚，秦往觀之，見牌側隱約有白字，命舉梯就視，則和章也。曰：「富貴而驕是罪魁，朱顏緑鬢幾時回？榮華富貴三春夢，顔色馨香一土堆。」讀之大不懌。方秦氏權震天下，是行也，郡縣迎候趨走，唯恐不至，無由有人敢譏切之如此者。窮詰其所自，了不可得。宋與道流皆懼，不知所爲。是歲冬，秦亡。

秦昌齡

秦昌齡寫真挂於書室，魚肉和尚見之，題曰：「動著萬丈懸崖，不動當處沉埋。彌勒八萬樓閣，擊著處處門開。」時紹興二十三年也。至九月，昌齡調宣州簽判，歸，中塗感疾，至溧水疾亟，寓於王季羔宗丞空宅中。忽覺寒甚，欲得夾帳，縣令薛某買紫羅製以遺之，遂死於其間。又是年春，在茅山觀前遇一人，目如鬼，著白布袍，擔草屨一雙、籠餅兩枚【二】，歌而過，曰：「四十三，四十三，一輪明月落清潭。」蓋昌齡正四十三歲也。右二事，皆太平州醫湯三益説。

【一】時宋　涵芬樓本注，此下疑有脱字。

【二】兩枚　「枚」字原闕，據陸本、南圖本補。

會稽儀曹廨

嚴陵江珪，紹興中，權浙東安撫司屬官，居于會稽舊儀曹廨中。二子年皆十餘歲，早起，至中堂小閤内，見婦人羅衫而粉裳，就其母裝梳處理髮，訝非本家人，走入房，白父。珪亟起，視之，尚見其背，入西舍一嫗榻旁而滅。呼嫗起，語之。嫗曰：「今日天未明，婦人在窗外折桃花一枝，簪于冠，笑而入。恍惚間復睡，竟不知爲何人。」珪以問守舍老閽卒，曰：「二十年前柳儀曹居此時，其子婦以産厄終室中。今出見者，其人也。」世傳鬼畏桃花，其説戾矣。江鳴玉説。

王氏二妾

靖康二年春，都城不守，虜指取官吏軍民無虚日，宗室婦女倡優多不免。朝士王某家，早啓關，二婦人坐于外，徑趨入中堂，泣拜曰：「妾等已發至軍前，竄身得歸，今不敢還故居，願爲公家婢以脱命。」二人皆美色，王納之。王無正室，嬖之甚至，與約不復娶。後爲中書舍人，出奉祠，忽起伉儷之議。一日食罷，二人盛飾出拜，驚問之，對曰：「向者以當死之身，蒙主君力，以得更生，且有天日之約。不謂君賜不終，中饋將有所屬，妾誼不得生，行當永訣，故告辭。」王方慰而止之。又泣曰：「業已如是，然妾不忍獨死，早來湯餅中輒已置藥，恐毒發須臾，願勉處後事。妾今先導入泉塗矣。」再拜而出。王大駭，起視之，則徑相攜赴水死。王無以爲計，呼家人語其故，急求藥解之，不及而卒。

王省元

臨江人王省元，失其名，居于村墅。未第時，家苦貧。入城就館，月得束脩二千。嘗有鄰人持其家信至，欲買市中物。時去俸日尚旬浹【三】，王君令學生白父母，豫貸焉。生持錢出，值王暫出外，乃爲置諸席間，而未之告也。是夕，王夢二蛇往來蟠舞一榻上，驚覺，不復能寐。明日，鄰人欲歸，王又以語學生，生具以告，乃悟昨夢，喟然歎曰：「二千之入，至微矣【四】，先旬日得之，至於蛇妖入夢，陶朱、猗頓【五】果何人哉！寧躡屩還家，茹藜飯糗，以終此身爾。功名富貴，非吾事也。」即日棄館而行，不復有意於進取。科詔下【六】，朋友交挽之，勉入舉場，遂薦送。明年省闈中第一人，仕亦通顯。伯兄在館中，聞同舍說。

廣州女

廣州番巷内，民家女，父母甚愛之，納壻於家。女佷戾不孝，無日不悖其親。紹興二十五年七月，因晝飲過醉，復詈母。既又走出户，以右手指畫，肆言穢惡，不可聞。鄰人不

【三】旬浹　涵芬樓本注，葉本作「浹旬」。

【四】二千之入至微矣　涵芬樓本注，葉本作「二千之數至微」。

【五】陶朱猗頓　涵芬樓本注，葉本作「陶朱公」。

【六】科詔下　涵芬樓本注，葉本作「後詔下」。

能堪，至欲相率告官者。忽片雲頭上起，雷隨大震，女擊死於道上。其身不仆，手猶舉指如初。予時在南海，即聞之。

碓夢

靖康末，有達官【七】守郡於青、齊間，以不幸死。後十餘年，其子夢行通逵中，夾道榆柳，寂無行人。聞大聲起於前，若數百鼓隱隱然漸近，疑爲大兵來，趨避諸路旁土室，而密窺於牖間。既至，乃數百鬼負大磨，旋轉不已。有人頭出磨上，流血滂沲，諦視之，蓋乃翁也。方驚痛，則復有聲如前，近而睨之，又其母夫人。不覺大哭，遂寤。懼冥祥可怖，亟詣嚴州，以錢數百千作黄籙醮，延宗室、兵馬監押子舉主醮事。是夕，衆人皆見浴室外，一人衣紫袍，金帶長尺許，眉目宛然可識，立於幡脚。少焉，入浴間。醮事訖，子舉爲奏章請命，謂其子曰：「尊公事，不忍宣言，當令君昆弟自觀之。」取一大合，布灰其内，周圍泥封，使經日而後發視。及發之，上有畫字如世間書，云：「某人蠹國害民，罪在不赦。」諸子慟哭而去。方達官在位，不聞有大過。既以非命死矣，而陰譴尚如是，豈非三世業乎？」張晉彦祁適在彼，偶行壇下，遇男子作婦人泣曰：「我乃公親戚間女也。靖康中，從夫官河北，爲寇所害。旅魄無所歸，賴今夕醮力，以得至此。」歷問諸家姻眷甚悉。晉彦亦以諸親不存者，詢之。相與酬答，幾至曉，不可脱。逌旦又升壇，立於法師之後，日光

【七】靖康末有達官　原注：不欲書姓名。

盛，乃隱。王嘉叟說，聞之於晉彥。

異人癰疽方

歙縣丞胡權，遇異人都下，授以治癰疽内托散方，曰：「吾此藥，能令未成者速散，已成者速潰。敗膿自出，無用手擠。惡肉自去，不假刀砭。服之之後，痛苦頓減。」其法用人參、當歸、黄芪各二兩，芎窮、防風、厚朴、桔梗、白芷、甘草各半之，皆細末爲粉，别入桂末一兩，令勻，每以三五錢投熱酒内服之，以多爲妙。不能飲者，煎木香湯代之，然要不若酒力之奇妙。京師人苦背瘍，七十餘頭，衆醫竭其技，弗驗。權示以此方，相目而笑，曰：「未聞治癰疽惡瘡而用藥如是。」權固爭之，曰：「古人處方，自有意義。觀此十種，皆受性和平。大抵以通導血脈、補中益氣爲本。縱未能已疾，必不至爲害，何傷也？」乃親治藥與服，以熱酒半升，下□【八】錢匕。少頃，痛減什七。數服之後，創大潰，膿血流迸，若有物托之於内。經月良愈。又一老人，瘇發於胸，毒氣浸淫上攻，如大瓠斜亘項右，不能動□。服藥一日，瘇即散。餘小瘤如粟【九】許，明日平妥如常。又一翁發腦，不肯信此方，殞命醫手。明年，其子亦得疾，與父之狀不異。懲前之失，縱酒飲藥焉，遂大醉，竟日展轉地上，酒醒而病已去。其它效驗甚多，真神仙濟世之寶也。選藥皆貴精，去麤取淨，秤之。予兩兄以刻於新安當塗郡。

【八】□　涵芬樓本注，陸本作「六」。

【九】粟　涵芬樓本注，陸本作「栗」。

王氏石銘

邵武人危氏者，大觀二年，葬其親於郡西塔院下路傍。踰月雨過，視壙側隱然有痕。掘之，得銀酒杯二、銅水缶及鏡各一【一〇】，又得埋銘石。其文曰：「琅邪王氏女，江南熙載妻，丙申閏七月，葬在石城西【一一】。」諸器皆古，而制度精巧，非世工可及。

馮尚書

邵武士人黄豐、馮謂，一鄉佳士也。同謁本郡福□王廟【一二】求夢，夢有「黄三元、馮尚書」之語，皆喜自負。其後，豐以應武舉，作解頭，又連魁文解，竟不第。所謂「三元」，乃如此。謂試南省，名在第二。廷對中甲科，爲臨安府教授，攝國子正，與同年林大鼐、梅卿厚善。林驟得位，至吏部尚書，薦謂自代。未及用，卒於官。所謂「尚書」乃如此。

【一〇】鏡各一　「各」《輿地紀勝》卷一三四《邵武軍·碑記·王氏石銘》作「銘」。

【一一】石城西　「西」原闕，據同上書及陸本補。

【一二】福□王廟　涵芬樓本注，陸本作「福華王廟」。

校勘記

夷堅丙志卷第十七十一事

沈見鬼

越民沈氏，世居山陰道旁。郡人奉諸暨東嶽廟甚謹，每三月二十八日，天齊帝生朝，合數郡伎術人畢集祠下，往來者必經沈生門。紹興乙亥歲，三道流歸天台，以是日至門，少憩。一人老矣，衣服藍縷。二人甚壯，頗整絜，隨身齎乾糒及馬杓之屬。坐久，沈出見之。三人長揖求湯沃飯，沈併遺以蔬菜濁酒，皆喜謝。畢飯，老者從容告曰：「子將有目疾。」解腰間小瓢，奉藥三粒，云：「疾作時，幸可用此。」沈唯唯。須臾，辭去，復言曰：「中秋日當再過此，千萬候我於門。若不相遇，後不復會矣。」沈亦唯唯。置藥佛堂隱奥處，未嘗以語家人，亦莫之信也。夏六月，真苦赤目，腫痛特甚，寢食俱廢。凡可用之藥無不試，有加無瘳，始憶道人語，而忘藥所在。命遍索之，經日，得於佛堂塵埃中。取一粒，沃之以湯，銅箸點入眼，如冰雪冷徹腦間，痛即止，腫亦漸退。是夜，熟睡。明旦起，雙目如常。所居去城十五里，城外石橋曰跨湖。頃兵難時，多殺人於此。一日，騎驢入城，過午而歸，經此橋，見橋上下，被髮流血者，斬首斷臂者，三兩相扶，莫知其極，奇形異狀，毫毛不能隱。驚而墜，迨起，復見之如故態。且驚且走，不敢開目。比至家，日已晡暮。但出舍前，見田間水際，亦如是，大怖而還。過數日，又入城。其歸差早於前，所見儼然。但正心澄念以待之，悸魄稍定。自是常有所睹，漸不加畏。鄉人頗知其事，多往訪焉。韓總管喪愛子，念之不忘。召問沈，沈云：「小人但見鬼物耳，若追召遣逐不能也。」韓曰：「吾正不爲此。但恐兒魂魄尚幽滯，煩君一觀之。」引詣昔所居。沈初不識，具言容貌舉止，所衣之服，與生時了不異，立於室中，韓舉室大慟。其後問者不可以縷數，大抵皆如韓氏事，遂呼爲「沈見鬼」。五年之後，漸無所覩云。所謂道人中秋之約，竟忘之矣。好事者爲惜之【一】。

仙巖三羊

建炎中，北方士大夫多寓南土。王顯道侍郎□【二】挈家來信州之貴溪，止于近郭仙巖下一山寺。里落相往還者，饋之生羊三。王氏素戒殺，亦不忍賣，放諸山間，無人牧視，任其棲止。羊逐食登高，遂至絶巘。既而不可下，留止巖穴，望之宛然，飲噍自若。凡三歲，王氏它徙，三羊尚存，後人遂目之爲仙羊。過二十餘年，乃不見。仙巖距龍虎山不遠，靈跡甚多，蓋神仙窟宅也。張南仲説。

【一】好事者爲惜之　涵芬樓本注，嚴校：宋本空一行，是元人修版時剜去者。

【二】王顯道侍郎□　涵芬樓本注，空格，陸本作「暎」。

靈顯真人

建炎四年，張魏公在蜀。方秦中失利，密有根本之憂，陰禱于閬州靈顯廟，夢神言曰：「吾昔膺受王爵，下應世緣，故吉凶成敗，職皆主掌。自大觀後，蒙改真人之封，名雖清崇，而退處散地。其於人間萬事，未嘗過而問焉。血食至今，吾方自愧。國家大計，何庸可知？」張公寤而歎異，立請于朝，復舊封爵，且具禮祭告。自是靈響如初，俗謂二郎者是也。

興元夢

紹興二年，劉彥脩子羽知興元府，往謁靈顯王廟，欲知秋冬間邊事寧否。夜夢入廟中，神召升殿，劉如所欲言扣之。神曰：「方請于帝，吾亦未知。」臨出門，使婦人持一柈示之，曰：「賀廢劉。」視其物，唯猪肺一具，石榴一顆。覺而竊喜，知劉豫且廢矣。又四歲，豫果滅。

閣山獴

乾道辛卯歲，饒州久不雨，江流皆涸。閣山漁者三人，空手入番江捕魚。二人先出，其一覺兩股忽冷如冰，微有涎沫，懼獱穴其下，故急出。獨一人不見，告其家，守之至暮而還。後二日，尸浮於五里外。左股下一穴如拳大，舉體皆白，蓋爲獱所繞而吮其血也。獱狀全與鰻鱺魚同，長至八九尺，亦蛟類也。閤山民李十，嘗捕得之。

安國寺神

饒州【三】安國寺長老，新入院，夜率其徒繞廊，誦大悲呪。明夜，夢五偉人衣冠森整，同列而拜，曰：弟【四】。

王鐵面【五】

三衢人王廷，善相人，不妄許與，士大夫目爲「王鐵面」。乾道三年，至臨安，以六月三日，來見予。予時以起居郎權中書舍人，又權直學士院。廷曰：「君額上色甚明潤，自此三十二日及四十九日，有爲真之喜。」明日，予在漏舍，與從官言之，皆相託招致。予退以語廷，廷曰：「所言元未驗，遽見薦，使我何以藉口？俟君遷除了，它日復來，不失此約，幸矣。」竟不肯詣。周元特權兵部侍郎，欲求去，邀之至局中。廷曰：「冬季當遷，異時典州未晚也。」户部郎中莫子蒙濛【六】、金部郎中何希深逢原適在坐，廷曰：「更一月，莫郎中當帶職帥邊，何郎中當作監司。」元特曰：「吾方求退，固無至冬反遷之理。」莫郎中

【三】饒州　「饒」原作「鐃」，據南圖本改。李按：宋江南東路有饒州。

【四】曰弟　涵芬樓本注，此下宋本闕一葉。嚴校：此條下尚有《雜肉饅頭》、《畏龍眼》兩條，不止闕一葉也。

【五】王鐵面　涵芬樓本注，此目據目録補。

【六】莫子蒙濛　「濛」字原闕，據《宋史》卷三九〇《莫濛傳》補。

縱補外，未應得職名。何郎中入蜀十年，持使者節多矣。還朝未半年，何由便去。」廷曰：「我信吾術爾，無奈公所言人事何也。」密謂元特曰：「何公明年禄盡，豈特一去邪。」廷留數日，即歸鄉。至七月六日，予忝掖垣之拜。二十二日，直院落「權」字。與所指兩日，不小差。子蒙以八月除直徽猷閣，帥淮東。希深出爲福建提刑，次年卒。元特以十一月拜吏部，又二年，乃爲太平州。皆如其言。此蓋親見者，而所傳數事尤奇崛可紀。徐吉卿嘉侍郎，紹興三十一年，宫觀在衢。廷見之，曰：「公從今六十日當召用。」吉卿曰：「與汝鄉里，勿見戲。」廷曰：「廷平生不諛人，安得此？姑以二事驗之，一月後，得五百里外骨肉間凶訃，繼有登高顛墜之厄，則吾言應矣。」已而吉卿長女嫁馬希言者，卒于臨安。吉卿因省先塋，登山而跌，礙樹間，不至損。會朝廷擇使出疆，趣召之。日月皆脗合。其見予之歲，嘗至鎮江，謂通判毛欽望曰：「君終任，造朝得一虚名郡守。」金山主僧方入院，廷曰：「即日游行二百里。」僧殊不信。甫二日，方務德自建康遣信招之，遂行。求決於廷，廷曰：「至彼且復來。來之日，有小驚惱，然不關身也。」及歸，方弛擔，而西津火，寺之僦舍十餘家焚焉。欽望秩滿，得全州，不及赴而致仕。又過姑蘇，見王浚【七】明□，曰：「將罹伉儷之戚，自此賢閤雖小疾，亦宜善爲之防。」浚明不敢答。妻宋氏竊於屏間，聞之擊屏風，怒罵而入。未幾，果以腹痛臥疾，訖不起。范至能方閑居，謂之曰：「今年縱得官，皆不成。俟入新太歲，乃極佳耳。」吴人耿時舉，以恩科得文學，形模舉止

【七】王浚　「浚」原作「俊」，據陸本、南圖本改。

如素貴，蒙胡長文力爲嶽廟。廷曰：「此人不得官尚可活數年，食禄一日，死矣。」耿不旋踵而亡。至能除提舉浙東常平，命未出而寢。立春日，差知處州。至郡數月，召還，爲侍從。廷約再見予，予遲其來，而竟不來，予亦罷去。得非知其如是，未有可以爲予言者乎？凡徐吉卿事，聞之胡長文。鎮江事，聞之黄仲秉。姑蘇事，聞之范至能云。

苕溪龍

莫子蒙在吴興，挈家游苕溪。時六月上旬，荷華極目，飲酒嘯歌，盡清賞之致。日下昃，望數里外，火煜煜起，少焉漸近，陰風掠面甚冷。舟人曰：「此龍神過也，宜急避之。」子蒙與家人皆登岸，入小民家。坐猶未穩，大風拂溪水而過，震霆隨之，飛雹赫然。其去如激箭，驟雨翻盆。僅兩刻許，晴雲烈日如初。視向來所游處，幾不可識。荷芰洗空，無一存，舟陷入泥中，不可即取，所攜器皿皆壞。非舟人先知，殆落危境矣。子蒙説。

劉夷叔

紹興二十九年閏六月，校書郎任元理質言暴卒，其官奉議郎，不應延賞。於是祕書少監任信孺，與同舍議，爲請于朝廷，以元理乃故諫官德翁之孫，乞特官其嗣，以勸忠義。予【八】時諸公令予秉筆，正字劉夷叔望之摘予起言曰：「只如此意似不廣，宜增數語，

【八】予　涵芬樓本注，嚴校：「予」字疑誤。

云：『亦使四方英俊，知館閣養士，雖其不幸，亦蒙哀恤如此。』」既如其言，然私訝之。任氏得一子官。相去僅月餘，夷叔因食冷淘破腹，一夕卒，其官亦奉議郎，遂符前志，同舍又請焉。湯丞相曰：「若更行此，遂成永例，恐議者不謂然。聞其生前多著書，若悉上送官，亦可持以爲説。」虞丞相時爲祕書丞，命其子盡録父遺文，合數百卷上之，下兩省看詳，已【九】卷終

嚴校：此卷第三、第四兩番係修版時刊去者，《劉夷叔》一條，其文未全，「卷終」二字亦元人妄爲之。

【九】下兩省看詳已　李按：以下闕。檢《建炎以來系年要録》卷一八二紹興二十九年閏六月戊寅條，「看詳」下有「俄而，思退去位，事竟寢」九字。

校勘記

夷堅丙志卷第十八 十二事

張風子

張風子者，不知何許人。紹興中，來鄱陽，止於申氏客邸。每旦出賣相，晚輒醉歸。與人言，初若可曉，忽墮莽眇中，不可復問。養一雞一畫眉，冬之夜，熾炭滿爐，自坐牀上，而置二蟲於兩旁。火將盡，必言曰：「向火已暖，可睡矣。」最善呼鼠，申媼以爲請。張散飯于地，誦偈數句，少頃，衆鼠累累而至，或緣隙鑽穴，蓋以百數，聚於前，攫飯而食。食罷，張曰：「好去，勿得齧衣服，損器皿。」羣鳴跳踉。在東歸東，在西歸西，勿得亂行，苟犯令，必殺汝。」鼠默默引去，不敢出聲。或請除之，則用誦呪，而遣往官倉中，云：「法不許殺也。」目光紺碧如鏡，旋溺時，直濺丈許乃墮。好歌《滿庭芳》，詞曰：「咄哉牛兒，心壯力壯，幾人能可牽繫，爲愛原上，嬌嫩草萋萋，只管侵青逐翠，奔走後，豈顧羣迷？爭知道，山遥水遠，回首到家遲。牧童能有智，長繩牢把，短稍高攜。任從它入泥入水，無爲我自心調步穩。青松下，橫笛長吹。當歸處，人牛不見，正是月明時。」皆云其所作也。留歲餘，乃去。

猪耳鐶

將仕郎宋衞，自蜀道出峽，至雲安關，殺猪賽廟。洗牲時，見耳下一方鐶，墨色猶明潤。蓋必前身爲人，而犯盜者也。

韓太尉

韓公裔太尉，紹興中，以觀察使奉朝請，暴得疾，太上皇帝念藩邸舊人，遣御醫王繼先診之，曰：「疾不可爲也。」時氣息已絶，舉家發聲哭【一】。繼先回奏，命以銀絹各三百賜其家。臨就木，適草澤醫過門，呼曰：「有偏僻病者道來。」韓氏諸子試延入。醫眂色切脈，鍼其四體，至再三，鼻息拂拂，微能呻吟【二】，遂命進藥，逗【三】晚頓蘇。明日具奏，歸所賻。復賜爲藥餌費。宗室中善謔者，至相戲曰：「吾家貧如許，若如韓太尉，死得一番，亦大妙。」後韓至節度使，又三十年乃卒。

契丹誦詩

契丹小兒，初讀書，先以俗語顛倒其文句而習之，至有一字用兩三字者。頃奉使金國時，接伴副使、祕書少監王補，每爲予言，以爲笑。如「鳥宿池中樹，僧敲月下門」兩句，其

【一】舉家發聲哭　涵芬樓本注，「聲哭」葉本作「哀」。

【二】鼻息拂拂微能呻吟　涵芬樓本注，「拂拂微」葉本作「微續」。

【三】逗晚頓蘇　涵芬樓本注，「逗」葉本作「迨」。

讀時則曰：「月明裏，和尚門子打。水底裏，樹上老鴉坐。」大率如此。補，錦州人，亦一契丹也。

星宫金鑰

甲志載建昌某氏紫姑神事，同縣李氏亦奉之，甚謹。一子未娶，每見美女子往來家間，遂與狎昵。時對席飲酒，烹羊擊鮮，莫知所從致。父母知而禁之不可，乃閉諸空室，女子猶能來。經旬日，謂曰：「在此非樂處，盍一往吾家乎？」即攜手出外，高馬文輿，導從已具【四】。促登車，障以帷幔，略無所覩。不移時，到一大城，瑶宫琺砌【五】，佳麗列屋，氣候和淑，不能分晝夜。時時縱游它所，見珠毬甚多【六】，粲絢五色，挂於椽間，問其名。曰：「此汝常時望見，謂爲星者也。」留久之，一日凭闌立。女曰：「今日世間正旦也。」生豁然省悟，私自悼曰：「我在此甚樂【七】，當新歲節，不於父母前再拜上壽，得無詒親念乎？」女已知其意，悵然曰：「汝有思親之心，吾不可復留。汝宜亟還，亦宿緣止此爾。」命酌酒語别，取小襆納其懷，戒之曰：「但閉目斂手，任足所向。道上逢奇獸異鬼，百靈祕怪，從汝覓物，可探懷中者，以一與之。切不得過此數，過則無繼矣。俟足踏地，則到人間，然後爲還家計。」生泣而訣。既行，覺耳旁如崩崖飛湍，響振河漢，天風吹衣，冷透肌骨。巨獸張口銜其袪，生憶女所戒【八】，與物即去。俄又一物來，如是者，殆百數。摸索

【四】導從已具　涵芬樓本注，「已具」葉本作「甚都」。

【五】瑶宫琺砌　涵芬樓本注，葉本作「瑶臺玉砌」。

【六】珠毬甚多　涵芬樓本注，「甚多」葉本作「錯雜」。

【七】甚樂　涵芬樓本注，葉本作「固樂」。

【八】生憶女所戒　涵芬樓本注，「所戒」葉本作「教」。

所擕，只餘其一，忽聞市聲嘈嘈，足亦履地【九】。開目問人，乃泗州也。空孑一身，茫不知爲計。啟襆視之，正存【一〇】金鑰匙一箇，貨于市，得錢二十千。會綱舟南下，隨【一一】以歸。家人相見悲喜，曰【一二】：「失之數月矣。」李紹祖奉世説其族人也。

閬州道人

閬州故多蚊，廛市間，寢者終夜不交睫。某道人舍於客邸，主家遇之頗厚，時時召與小飲，雖僦直或虧，弗校也。留數月而去，臨去別主人【一三】，愧謝再三，□起【一四】至井旁，言曰：「吾在此久，君獨能見知，無以報德，當令君家永絶蚊蚋之患。」即取瓢中藥一粒，投井中，戒曰：「謹覆之，過三日乃可汲。」遂去。果如其言，每暑夕蚊雷羣鳴於簷間，而不能入室。張魏公宣撫川陜時，開府於閬。士人估客往來無算，駢集此邸，至於散宿戶外，計所獲，眂它邸蓋數倍焉。

煠蝦翁

建炎中，謝亮大卿使夏國，道漢江。晚泊，見岸上蟻子以千數，爭入水。眂之，已化爲蝦。如是，累累不絶。謝卿登岸，迹其所從來，乃自小冢間出。詢諸居者，云：「向一翁居此三十年，以煠蝦爲業，死數月矣，此其葬處也。」始驗其骸爲蟻所食，而復墮蝦類云。

【九】足亦履地　涵芬樓本注，「亦」葉本作「已」。
【一〇】正存　涵芬樓本注，葉本作「惟」。
【一一】隨　涵芬樓本注，葉本作「附」。
【一二】悲喜曰　涵芬樓本注，葉本作「悲喜交集」。
【一三】留數月而去臨去別主人　涵芬樓本注，「而去臨去別」葉本作「別去」。
【一四】□起　涵芬樓本注，明鈔本作「揖起」。

徐大夫

紹興初，韓叔夏璜以監察御史宣諭湖南歸，有旨令詣都堂白宰相。時朝廷草創，官府儀範尚疎略。兩浙副漕徐大夫者，素以簡倨稱。先在客次，眡韓緑袍居下坐，殊不顧省。久之，乃問曰：「君從甚處至此？」韓曰：「湖外來。」徐曰：「今日差遣不易得，縱見得廟堂，亦何所濟？」少焉，朝退，省吏從廡下過，徐見之，拱而揖曰：「前日指揮某事，已即奉所戒。」吏方愧謝，望見韓驚而去。徐固不悟。繼復一人至，其語如前，俄亦趨避。而丞相下馬，直省官抗聲言：「請察院。」徐大駭，急起，欲謝過。燎爐在前，袖拂湯餅仆，衝灰蔽室，而不暇致一語。是日，韓除右司諫，即具所見奏劾之。以爲身任使者，媚事胥徒，遂放罷。後數年，起知婺州。時劉立道大中爲禮部尚書，旦夕且秉政。其父不樂在臨安，來攝法曹於婺，因白事遲緩，徐責之，曰：「老耄如此，胡不歸？」劉曰：「兒子不見容，所以在此。」徐瞠曰：「賢郎爲誰？」曰：「大中也。」遽易嗔爲笑，曰：「君精采逼人，雖老而健。法掾非所處，教官虛席，勉爲諸生一臨之。」即以權州學教授。

桂生大丹

貴溪桂縝家，兩事已載甲志。縝又言其叔祖【一五】好道尤篤，常欲吐納烟霞，黄冶變

【一五】其叔祖　涵芬樓本注，原注：失其名。

化，爲長生輕舉之計。有客過之，自云能合九轉大丹，信之不疑。盡禮延納，傾身竭家，聽其所取，費不可勝計。踰年丹成，客舉置淨室，封以朱泥，外畫八卦。列宿、十日、十二辰，極其嚴閟。而謂桂生曰：「吾今欲游二神山訪吾侶，三年而後還。及是時，藥乃可服，毋背吾言。」遂去。桂日詣丹室，焚香設拜。歲餘，忽念曰：「仙家多試人，正使丹可服，或靳固不吾與，將奈何？」竊啓其藏，則全丹儼然其中矣。不勝喜，不與妻子謀，汲水徑服之。藥方下咽，外報客至。才入門，望見桂生驚而走。桂遣僕追挽之，客曰：「吾藥雖成，而日月未滿，初未嘗告服餌法也，顧不聽吾戒。且吾豈真游三山乎？元未始離此也。今若是，旦夕必死矣。吾方從神仙久視之學，豈當與行尸共處耶？」竟去。是日暮，桂覺五藏間有如火灼。明日不可忍，跳入門外沼中。不數刻，沼水皆沸，荷花盡萎。屋角樹高數丈，能騰立其杪，俄而復下，奔馳叫號，越三晝夜，七竅血流而死。

林靈素

林靈素傳役使五雷神之術，京師嘗苦熱，彌月不雨，詔使施法焉。對曰：「天意未欲雨，四海百川，水源皆已封錮。非有上帝命，不許取。獨黄河弗禁，而不可用也。」上曰：「人方在焚灼中，但得甘澤一洗之，雖濁何害！」林奉命，即往上清宫，勅翰林學士宇文粹中涖其事。林取水一盂，仗劍禹步，誦呪數通，謂宇文曰：「内翰可去，稍緩或窘雨。」宇文出門上馬，有雲如扇大，起空中。頃之如蓋，震聲從地起，馬驚而馳，僅及家，雨大至。迅雷犇霆，踰兩時乃止。人家瓦溝，皆泥滿其中。水積于地尺餘，黄濁不可飲，於禾稼殊無所益也。洪慶善説。

國香詩

建中靖國元年，山谷先生自黔中還，少留荆南，見里巷間一女子，以謂幽閑姝麗，目所未覩。惜其已適人，因作《水仙花》詩，以寓意，曰：「淤泥解出白蓮藕，糞壤能開黄玉花。可惜國香天不管，隨緣流落小民家。」命其客高子勉荷屬和。後數年，山谷下世。女在民家生二子，荆楚歲饑，貧不能自存，其夫鬻之於田氏，爲侍兒。一日召客飲，子勉在焉。妾出侑觴，掩抑困悴，無復故態。坐間，話昔日事，相與感歎。爲請於主人，采詩中語名之，曰「國香」，以成山谷之志。政和三年，子勉客京師，與表弟汝陰王性之銍【一六】會，語及之。性之拊髀歎息，曰：「可流諸篇詠，爲異時一段奇事。」子勉遂作長句，甚奇偉。其詞曰：「南溪太史還朝晚，息駕江陵頗從款。才毫曾詠水仙花，可惜國香天不管。將花托意爲羅敷，十七未有十五餘。宋玉門牆迂貴從，藍橋庭户怪貧居。十年目色遥成處，公更不來天上去。已嫁鄰姬窈窕姿，空傳墨客殷勤句。聞道離鸞別鶴悲，藁砧亡賴鬻蛾眉。桃花結子風吹後，巫峽行雲夢足時。田郎好事知渠久，酬贈明珠同石友。憔悴猶疑洛浦

【一六】王性之銍　「銍」原作「鉦」。李按：王銍，字性之，宋人，有《雪溪集》、《默記》傳世。據改。

妃，風流固可章臺柳。寶髻犀梳金鳳翹，樽前初識董嬌饒。來遲杜牧應須恨，愁殺蘇州也合銷。卻把水仙花説似，猛省西家黄學士。乃能知妾妾當時，悔不書空作黄字。王子初聞話此詳，索詩裁與漫淒涼。只今驅豆無方法，徒使田郎號國香。」性之用其韻，尤悲抑頓挫。曰：「百花零落悲春晚，不復園林門可款。待花結實春始歸，到頭只有東風管。楚宫女子春華敷，爲雨爲雲皆有餘。親逢一顧傾國色，不解迎入專城居。目成未到投梭處，後會難憑人已去。可憐天壤擅詩聲，不如崔護桃花句。坐令永抱埋玉悲，游子那知京兆眉。難堪别鶴分飛後，猶是驚鴻初見時。新懽密愛應長久，暫向華筵賞賓友。舞盡春風力不禁，困裹腰支一渦柳。坐上何人贈翠翹，蜀州風調尤情饒。歡濃酒暈上玉頰，香暖紅酥疑欲銷。佳人薄命古相似，先後乃逢天下士。但惜盈盈一水時，當年不寄相思字。宜州遺恨君能詳，瘴雲萬里空悲涼。無限風流等閑别，幾人鑒賞得黄香。」

張拱遇仙

汴人張拱，舉進士不第，家甚貧。母黨龔氏世爲醫，故拱亦能方術，置藥肆於宜春門後坊，仍不售。嘗晨起，披衣櫛髮，未洗頮。有道士迎日而來，目光冏然。射日不瞬，徑造肆中，顧而不揖，振衣上坐。拱頗忿其倨，作色問所來，答曰：「汝無詰吾所從來，正欲見汝耳。」拱意此妄人，京師固多其比。擲一錢與之，麾使去。笑曰：「吾無求於人，以汝有道質，故來誨汝，何賜拒之深？」拱悟，起冠巾而出。與之語及出家事，理致精微，聞所未聞。於是始愧悔，曰：「拱鄙人，眼凡心惑，仙君幸見臨，願終教之。」道士曰：「汝何求？」曰：「家貧，飦粥不繼。儻使不食可飽，則上願也。」俄而鬻炁棗者來，道士取先所擲一錢買之，得七枚，顧謂拱曰：「神仙以辟穀爲下，然□粒則無滓濁，無滓濁則不漏，由此亦可以入道。張子房諸人乃以丹藥療飢，固已迂矣。汝欲得此道，自此不淫，可乎？人不能淫，俗念自息。俗念既息，則仙才也。」乃取七棗熟視而噓之，曰：「汝啗此，可終身不食。人或强使食，亦無禁，復欲不食則如初。但汝有老母妻子，未可相從。然既啗七棗，當應七夢，豫爲汝言。汝事親既終，昏嫁既畢，已能不食，復又何求？宜脱身詣名山，於懸絶處尋石穴，深廣有容者，自累石塞其門。一念不起，坐臥行立於其間，自有佳趣。僅及半紀，則汝之身如蟬出殼，逍遥乎六合之外矣。過此，非今日可以語汝也。」言竟，攝衣而起，拱固留之，不可。起出門，無所見。拱乃知其非常人，悵然有所失者累月。聞飲食氣輒嘔，遂不食。踰二年，糞溺俱絶，神氣明爽，步趨輕利。每自試其力，從旦至暮，緣京城外郛可帀者五反，蓋數百里也。前後得七夢，如道士言，不小差。母病痔二十年，衆藥不驗，漫以七棗餘核進之，一夕而愈。拱既不御内，視其妻如路人。妻郭氏性剛果，忿恚而卒。家人益憂疑之，逼而餽之食，食兼數人，爾後或食，或不食。朋友疑其詐者，扃諸室試之，不以爲苦。人或召毉，則攜藥而往，至則登病者之席，坐于旁，雖逾旬涉月，杯水粒粟無所須。喜飲酒，好作詩，行年六十，而顔色如壯者。後其母没，不知所終。李方叔作傳。

夷堅丙志卷第十九 十六事

宋氏葬地

宋文安公白，開封人，葬于鄭州再世矣。方士過其處，指墓側澗水曰：「此在五行書極佳，它日當出天子。」宋氏聞之懼，命役徒悉力閉塞之，遂爲平陸。自是宦緒不進，亦不復有人登科。崇寧初，大水汎溢，衝舊澗成小渠，僅闊尺許。明年曾孫涣擢第，距文安之没正百年。又六年，兄椝繼之。然涣仕財至郡守，椝得博士以没，其後終不顯。椝與予婦翁，同門壻也。

餅家小紅

張外舅寓無錫，買隙地數畝，營邸舍。方役，土工老兵劉温戲拈塊紿衆曰：「我正獲黄金一塊。」衆爭觀之，非也。笑而擲之，乃真得金環一隻【一】，於碎土中賣得錢數千。即日感疾，半年乃愈。時張氏居南禪寺，鬼降于紫姑箕上，書灰曰：「我□【二】公家所營邸處土中人也，名曰小紅，居于西門，姊妹二人，吾父爲餅師，不幸後母無狀，虐遇我，我二人不

校勘記

【一】金環一隻　涵芬樓本注，陸本作「金玦一雙」。

【二】□　涵芬樓本注，陸本作「乃」。

能堪，皆自經死。今我重不幸，朽骨爲公隸人所壞。壙中物可直萬錢，劉老翁悉取之。我無所歸，今只在牕外胡桃樹下，依公家以居，不可復去矣。」人曰：「汝坐後母以死，胡不求報耶？」曰：「已訴於天，既報之矣。」許以佛經，不肯受。人曰：「大仙方至，汝安得久此？」答曰：「如是且歸樹□，續當復來。」張氏多賂以佛事，及焚錢設饌祭之，乃絶。

棠陰角鷹

番陽棠陰寨，西枕□□，常有角鷹巢于近山上。每掠湖面，捕鳧鶩食□【三】。一日，用勢過當，雙爪搦鳧脊，陷骨中不可出。鳧抱痛猛入水，鷹盡力不能脱。少頃，二物皆浮死水上。人謂鷹之力豈遽不能勝一鳧？蓋亦業報也。

薛秀才

王荆公居金陵半山，又建書堂於蔣山道上，多寢處其間。客至必留宿，寒士則假以衾裯。其去也，舉以遺之。臨安薛昂秀才來謁，公與之夜坐，遣取被於家。吴夫人厭其不時之須，應曰：「被盡矣。」公不懌，俄而曰：「吾自有計。」先有狨坐挂梁間，自持叉取之，以授薛。明日又留飯，與弈棋，約負者作梅花詩一章。公先輸，一絶句。已而薛敗，不能如約。公口占代之，云：「野水荒山寂寞濱，芳條弄色最關春。欲將明豔淩霜雪，未怕青腰玉女

【三】食□　涵芬樓本注，陸本作「食之」。

嗔。」薛後登第貴顯，爲門下侍郎。至祀公於家，言話動作，率以爲法。每著和御製詩，亦用《字説》。其子入太學，誇語同舍曰：「家君對御作詩，固不偶然。頃在學時，舉學以暇日出游，獨閉門晝臥，夢金甲神人破屋而降，呼曰：『君可學吟詩，它日與聖人唱和去。』今而果驗。」客李驥者，素滑稽，應聲蹙頞，連言曰：「果不偶然，果不偶然。」薛子詰之再三，驥曰：「天使是時已爲尊公煩惱了。」蓋以薛不能詩，故戲之也。韓子蒼爲著作郎，人或譖之薛云：「韓改王智興詩，譏侮公。其詞曰：『三十年前一乞兒，荆公曾爲替梅詩。如今輸了無人替，莫向金陵更下棋。』」薛泣訴於榻前，韓坐罷知分寧縣，其實非韓作。吴傅朋説。金甲事得之吴虎臣。

朱通判

紹興九年，邕州通判朱履秩滿，攜孥還家，裝貲甚富。又部官銀綱，直可二十萬緡。舟行出廣西，朱有棋癖，每與客對局，寢食皆廢。嘗願得高僧逸士能此藝者，與之終身焉。及中塗，典謁吏通：「某道士求見，自言棋品甚高。」朱大喜，亟延入。其人長身美鬚，談詞如雲。命席置局，薄暮不少倦。遂下榻留宿，從容言欲與同行之意。道士曰：「某客游于此，常扣人門而乞食。得許陪後乘，平生幸願也。」朱益喜。及解維，置諸船尾，無日不同食。别一秀才作伴，皆能痛飲高歌，頗出小戲術娱其子弟，上下皆悦之。相從兩旬，行至重湖，會大風雨，不能進。泊于別浦，飲弈如初。二鼓後，船忽欹側，壯夫十餘輩突門入，舉白刃嘯呼。朱氏小兒，爭抱道士衣求救。道士拱手曰：「荷公家顧遇之極，不得已至此。豈宜以刃相向？」命以次收縛，投諸湖。明旦，分挈財貨以去。縣聞之，遣官驗視，但浮尸狼藉，莫知主名。而於岸側得小歷一卷，乃羣盜常日所用口食歷，姓第具在，凡十有七人，以告于郡。事至朝廷，有旨令諸路迹捕，得一賊者，白身爲承信郎，賞錢二百萬。建昌縣弓手數輩，善捕寇，因蹤跡盜海客任齊乳香者，請于尉李鏞，願應募。西至長沙，見人賣廣藥于肆，試以姓第呼之，輒回首。走報戎邏，執之，與俱詣旅邸，一室施青紗廚，列器皿甚濟。訪其人，則從後户遁矣，蓋僞道士者也。獄鞫於臨江，囚自通爲王小哥，乃同殺朱通判者。其徒就獲他處者，十人。道士曰裴□【四】，秀才曰汪先，皆亡命，爲可恨。鏞用賞升從事郎，調饒州司法，與予言。

咸恩院主

婺源縣山寺曰咸恩院者，僧俱會主之，惟酒肉錢財是務，晨香夜燈，略不經意，屋盧老壞不葺，毗沙門天王殿圮，即其柱爲牛欄，恣肆自若，凡四十餘年，雖老不革。乾道元年，神降於法堂，呼俱會名，訶叱數其罪。一小童見巨人大面努目，朱衣長身，震怒作色，餘但聞其聲而已。自是，凡僧所有，衣衾飲食、錢物器具，無不取去，棄擲山林間，村人或拾得之。庖刀

【四】裴□　涵芬樓本注，陸本作「裴三」。

至從廚下冉冉空行而出。箱篋匱櫝之屬，不可提挈者，時時見煙出其中，急發視，悉煨燼矣。僧不勝窘憤，盡裒所餘，散寄檀施家。神夜詈其主云：「汝乃蔽罪人，禍且併及汝。」其人懼，不敢寢，待旦持還之，狼藉殆盡乃已。寺後巨竹數百挺，常時非三二百錢不能售一竿，悉中斷之。小童忽不見，越二日乃歸云：「爲神攝至所居，室屋雄偉華麗，侍衛滿前，大人小兒，皆青紫朱衣，亦有賓客往來，使我服事左右。次日晚，一婦人云：『久留此童亡益也。』揮我使去。恍惚如夢，乃得還。」他日，又降法堂，呼僧出，告曰：「汝罪上通於天，宜速去此，以弟子智圓繼主之。不爾，我將降大罰於汝。」僧涕泣唯唯，徙寓近村客舍，不數月死。

汪大郎馬

崇寧中，婺源縣市人汪大郎得良馬，毛骨精神，翹然出類。使一童御之，童又善調制，以時起居，馬益肥好。它郡塑工來，邑人率錢將使塑五侯廟門下馬。或戲謂曰：「能肖汪大郎馬，則爲名手，致謝當加厚。」工正欲售其技，鋭往訪此童，啖以果實，稍與之狎，日即其牧所睥睨之。又時飲以酒，引至山崦，伺其醉睡，以線度馬之低昂大小，至於耳目口鼻鬃鬣，微茫無不曲盡。并童亦然，已悉得其真。始詣祠下爲之，既成，宛然汪氏馬與僕也。擇日點目睛，才畢手，汪馬忽狂逸，童追躡乘之，徑赴城南杉木潭，皆溺水死。自後馬每夜出西湖飲水，或往近村食禾稼。次日，湖畔與田間必印馬□【五】，而浮萍猶黏著泥馬

【五】馬□　涵芬樓本注，陸本作「馬跡」。

脣吻間，禾穟零落道上。童亦有靈響，人詣祠祈禱者，多託夢以報。至宣和初，方臘來寇，廟遭爇焉，乃滅跡。今老人尚能言之。右二事，皆李繒說。

濰州猪

宣和六年，强休父知濰州。屠者以猪皮一片來呈，上有六字如指大，云「三世不孝父母」，朱書赭然，表裏相透。郡中爭傳觀之，屠者亦即日改業。宗子趙不設侍父爲儀曹，及見之。

婺州雷

紹興六年六月，趙不設在婺州，與數人登保寧軍樓納涼，黑雲欻起天末，頃之彌空，雷電激烈，雨聲如翻江，袞火毬六七入于樓。不設輩悸慴，臥伏樓板上，以手揜面，但聞腥穢不可忍。稍定，竊視之，見三四人，長七八尺，面醜黑，短髮血赤色，蓬首不巾，執檛如骨朵狀，或曰：「在。」或曰：「不在。」或曰：「只這裏，只這裏。」言訖，始聞辟歷聲。良久，雲散雨霽，起驗視，乃樓門□□震□，□至頂【六】，一路直如線，傍有龍爪跡云。

【六】乃樓門□□震□□至頂　涵芬樓本注，陸本作「乃樓門大柱震裂，踵至頂」。第二空格，南圖本作「柱」。

雷鬼墜巾

紹興二年四月，婺州義烏縣，驟雨大雷電中，墜一青布頭巾於村落間，非復人世頂製。惟四直縫之，持以冒三斗水甕，正可相稱。帶長三四尺，闊如掌，村民不敢留，以置神祠中。數日因雷雨，復失去。右三事，皆得之李繒，云趙不設所説。

天帝召段瑮

段瑮，字德瑱，袁州萬載人。略知書，天性淳謹，未嘗忤物。然遇不平事，則奮臂而前。建炎間，寇盜充斥，段氏族屬數十口，皆爲所剽。瑮挺身持金帛往贖，賊歎重其義，皆付之使歸。紹興五年，東南處處大旱，斗米過千錢。瑮盡發宿藏，止取常直。又爲粥以食餓者，賴以活者不可計。後忽厭人事，結菴於嚴田之山中。壁間多書「坦蕩」二字。一旦，召會親舊，與敘訣，曰：「不久天帝召我。」人不以爲然。經數日，升樓□□□□□而去。鄉人走視所居，惟敝衣履存。衆□□□□上於朝，而邑官有不樂者，沮止之，遂已。

無町畦道人

馮觀國，邵武人。幼敏悟，讀書。既冠，意若有所厭，即棄鄉里，游方外。遇異人，得導引内丹之法。凡天文地理、性命禍福之妙，不學而精，自稱「無町畦道人」。寓宜春二年，挾術自養，所言人吉凶及陰陽變化盡驗。或有誚其醉飲狂怪者，觀國不與校，以詩謝之，云：「踏遍紅塵四百州，幾多風月是良儔。朝來應笑酡顏叟，道不相侔風馬牛。」□【七】述懷詩云：「落魄塵寰觸處然，深藏妙用散神仙。筆端間作龍蛇走，壺裏常挑日月懸。漫假人倫來混世，只將酒盞度流年。潛修功行歸何處，笑指瀛洲返洞天。」餘詩尚多，皆脱塵世、離俗罔等語，人亦莫能曉也。紹興三十二年三月，遍辭知舊，且寄詩言别。至十四日，端坐作偈而逝。儀真李觀民爲郡守，聞而敬之，命塑其身於城東治平宫。右二事，得之童宗説。

屈師放鯉

番城西南數里，一聚落曰元生村。居民百餘家，皆以漁釣江湖間自給。有屈師者，撲買他處魚塘，至冬築小堰于外，盡放塘水，欲竭澤取魚。見兩大黑鯉，越出堰外，復乘水跳入，如是者，至再三，竊異焉。迹其所爲，乃新育小鯉數百尾，聚一窟中，不能出，故雌雄往來，且銜且徙，寧其身之蹈死地而不恤也。屈生慨然歎息，爲以箕悉運出之，棄役而歸。後數年，病死。入冥，陰官語之曰：「汝漁者，以罔罟爲業，而有好生之心，其用意又非它人比。延汝壽一紀，歸語世人，勿殘害天物也。」蓋死一夕而復生。

【七】□ 涵芬樓本注，陸本作「又」。

青城監税子

蜀人楊迪功，宣和中，游太學，不成名。晚以恩得官，監青城縣税。有子七歲，頗俊【八】敏，延老儒蹇先生誨之學。邑人關壽卿過楊，楊留共飯【九】，與俱至書館，其子忽稱父字，長揖而言曰：「頗亦記上庠同舍之款【一〇】乎？吾淛西人，姓沈氏，名某字某【一一】，自離亂出京，不復求舉【一二】。今去世已十年，同齋數十人【一三】，獨吾與君爲知心友。一念之故，遂爲父子【一四】。雖形容隔生，非復可識，然方寸了如初，未嘗間斷也【一五】。」遂道舊所習經，及誦所爲文，瀾翻出口，元不經意。時蹇老【一六】方自作【一七】《萬物皆備於我論》，試問之，曰：「此論當作【一八】何主張？」應聲曰：「天生萬物，唯人最靈。大而爲天地，高而爲山岳，流形動植，品彙散殊，而六尺之軀，厥理悉備。此其貴蓋與天地等。蚩蚩泯泯，自賤厥身，真可歎也！」蹇老愕然，復詳扣其説。笑曰：「待汝一口吸盡西江水，向汝道。」蓋蜀人相傳，秦時【一九】爲西江害者，乃蹇角龍也，故舉此語以爲戲。楊君追憶舊事，與之言，無一不合。隆興元年，壽卿詣闕，此子年十有三矣，不知其後何如也。壽卿説。今記姓名，不能審。末句明鈔本作「不知其終」。

【八】頗俊　涵芬樓本注，二字原闕，據葉本補。
【九】飯　涵芬樓本注，葉本作「飲」。
【一〇】款　涵芬樓本注，葉本作「時」。
【一一】沈氏名某字某　涵芬樓本注，前五字原闕，據明鈔本補。
【一二】求舉　涵芬樓本注，葉本作「求仕」。
【一三】今去世已十年同齋數十人　涵芬樓本注，前八字原闕，據葉本補。
【一四】一念之故遂爲父子　涵芬樓本注，前六字原闕，據葉本補。
【一五】然方寸了如初未嘗間斷也　涵芬樓本注，「寸了如初未」五字原闕，據葉本補。

虜亮死兆

紹興三十一年十□□□□屯于揚州，予從事樞密行府，在建□□□□□，有客詣府，上書云：「以太一局□□□□□當以冬至前，有蕭牆之變。」□□□□□□□八日冬至，天重陰，提舉事□□□□□能爲天文，告予曰：「昨夕四鼓，濃□□□□□而東北忽穿漏，一大星墜焉。」蓋□□□□□□□而報至，果符兩人之言。是時，虜將戕其主，欲遣使報我。訪得瓜州所俘成忠郎張真，使持牒請和。真到家，妻子凶服而出。謂其已戰没，方命僧作四七道場，既相見，悲喜交集。真取靈几，自焚之云。

青墩竅蛇

番陽蓮河村楊氏子，買永和鎮青墩四，甚愛之，置小室窗外。首春微暄，啟牕坐其上。覺如人肘其衣，回顧無有也。少焉，又觸其股，稍痛。起視之，見有物宛轉于竅内，所觸處已瘇赤成創。急呼家人出，破墩以驗，蓋□□□□□□能動，沃之以湯，皆死。走□□□□□□□□□□越三日而亡【二〇】。

【一六】寋老　涵芬樓本注，葉本無「老」字，下同。

【一七】自作　涵芬樓本注，葉本作「自擬」。

【一八】當作　涵芬樓本注，葉本作「如」。

【一九】秦時　涵芬樓本注，葉本無此二字。

【二〇】越三日而亡　涵芬樓本注，嚴校：此卷紙已浥爛，末卷尤甚。

夷堅丙志卷第二十　十五事

九華山偉人

紹興三十一年，虜寇迫淮上。池州青陽人相率至九華山，搜索隱邃，□□□家避地處。某秀才者，深入高崦，中見泓【一】練，置斧【二】，左臂臿斧【三】，蓋丈餘矣【四】。蛇也，戰【五】奔還，不【六】

施聞詩夢

吳興施德初【七】公廟夢【八】角合一箇，言曰：「相公【九】乃骰子六枚，皆成四采。揭□錄至第三板，見施姓者，湖州長興人，而缺其名。疑問之，曰：「此是矣。」明日以語同舍，皆賀吉夢，曰：「子及第，必居高甲，且爲博士。骰子者，博具也。」别一人往來牕外，應聲曰：「夢非今日事，其應尚遠。」施頗不樂，出外視之，無人焉。已而，京城亂，歸故鄉，家問多故，不復就舉。後三十年而德初登科，以掌團司牋表，刊名正在第三板。時官年恰二十四，當紹興二十四年，始盡悟骰子六【一〇】未生。

校勘記

【一】中見泓　涵芬樓本注，此下闕十字。

【二】練置斧　涵芬樓本注，此下闕十五字。

【三】左臂臿斧　涵芬樓本注，此下闕十四字。

【四】蓋丈餘矣　涵芬樓本注，此下闕十四字。

【五】蛇也戰　涵芬樓本注，此下闕十五字。

【六】不　涵芬樓本注，此下闕。

【七】施德初　涵芬樓本注，此下闕十三字。

【八】公廟夢　涵芬樓本注，此下闕十五字。

【九】相公　涵芬樓本注，此下闕十字。

【一〇】骰子六　涵芬樓本注，此下闕十字。

劉希范

長興劉【一一】夜不能【一二】劉【一三】恩數視執政，此□□存。

荆南妖巫

荆南有妖巫，挾幻術爲人禍福，横於里中，居郡縣者，莫敢問。吳興高某爲江陵宰，積不能堪，捕欲杖之。大吏泣諫【一四】，請勿治【一五】，且掇奇禍。高愈怒，捽吏下，與巫對，杖之二十，巫不謝，嘻笑而出。纔食頃，高覺面微腫，攬鏡而視，已格格【一六】浮滿，僅存兩眼如綫大【一七】。遽呼吏，詢巫所居，約與偕往。吏以爲必拜謁謝過，乃告其處。徑馳馬出門，行三十餘里，薄暮始至，蕭然一敗屋【一八】也。巫出迎，高叱從卒縛諸柱，命以隨行杖亂箠，凡神像經文等悉發【一九】之。巫偃然自若。後入其室，獲小笥，破鐍觀之，□薵【二〇】包裹數十重，得木人焉，又碎之。始有懼色，然歐掠無完膚矣。高面平復如初【二一】，執以還。明旦入府，白曰：「妖人無狀，某不惜一身，爲邦人除害。懼語泄，必遁去，故不暇先言。今治之垂死，敢以告府。」帥壯其決，諭使盡其命，而投之江【二二】。

【一一】長興劉　涵芬樓本注，此下闕十五字。

【一二】夜不能　涵芬樓本注，此下闕七十字。

【一三】劉　涵芬樓本注，此下闕十四字。

【一四】大吏泣諫　涵芬樓本按：「大」字疑誤。

【一五】請勿治　涵芬樓本注，葉本多「治之」二字。

【一六】格格　涵芬樓本注，葉本作「漸漸」。

【一七】僅存兩眼如綫大　涵芬樓本注，葉本作「僅存眼縫如綫」。

【一八】敗屋　涵芬樓本注，葉本作「茅屋」。

【一九】發　涵芬樓本注，葉本作「焚」。

時適及第

時適者，徐州【二三】鄉人夢見之，説朋友間事甚詳。鄉人問曰：「時仲亨如何？」曰：「劉豫牓中當及第。」寤而告適，適謂：「豫乃濟南人，既爲御史矣，未知與同姓名者復何在。」固不信也。後十五年，當逆豫僭竊時，乃中其【二四】

兩頭龜【二五】

兩頭不能伸縮，惡之，以與潛山觀道士，使養於山間。不數日，失去。是冬，棟妻趙氏卒，以爲不祥之兆。蓋亦偶然耳。右三事，王嘉叟説。

張朝女

紹興十年張【二六】淵道提舉秦蜀茶馬，自淮潁之官。從行老兵張朝爲廄卒，挈妻子在道。幼女才七歲，夜展轉榻上不能寢。母拊之曰：「夜過半，可睡矣！」女笑曰：「外間流水甚清，小魚無數，游泳其中，方觀玩爲樂，欲作計取之，未暇就枕也。」母以其譫語，極憂之，緊置懷抱間。良久倦困，及覺，遂失所在，竟夜尋覓。旦起，望屋後數十步間有古井，試以竿測之，則如人焉。出視，果女也，不可救。蓋昨夕妄見時，其魂魄已落鬼手

【二〇】獲小笥破鐍覩之□蓐　涵芬樓本注，葉本作「搜出小笥内有茵蓐」。空格，陸本、南圖本均作「茵」。

【二一】高面平復如初　芬樓本注，「面」下葉本多一「漸」字。

【二二】而投之江　涵芬樓本注，葉本多「仲秉説」三字。

【二三】徐州　涵芬樓本注，此下闕十三字。

【二四】乃中其　涵芬樓本注，此下宋本闕一葉。

【二五】兩頭龜　此目原闕，據目録補。

【二六】紹興十年張　涵芬樓本注，此下闕十三字又八行。現據《異聞總録》卷一補。

中矣。

鄭司業庖人

鄭明仲司業南，福州人。□□□□鄉里□□□師至丹陽，逢故舊數人，與同舟。隨行僕能設饌，諸人皆喜，願得同庖飲食。鄭呼僕告之，毅然曰：「所以來，但能服事一主人翁爾，不願雜他客也。」諭曉再三，至啖以利，竟不可。鄭怒逐，使還。再拜，而請曰：「遣歸，誠善也。恐吾鄉人不詳知，謂以過獲譴。願乞一家書，言其故。」鄭亦欲寓安訊，即作書授之。又拜而去。至□□□□□寄書，驗其日，蓋當日所【二七】鄭聞之【二八】無一言，坐【二九】汙爐上，腥穢之氣逼【三〇】趨出，昰□閉户，掃除就寢。明夜復至，睡愈熟。側身仰面，張口呀然。昰先以秤錘置火中，急取納其口，即號叫而遁，聲如老猪。衣襟曳餘火，延燒落葉。時已昏黑，無人敢追視，竟不知何等怪也。後月餘，學生在窗下，聞外間窸窣，穴窗窺之，霜月皎然，黑物如猴，蹲水溝小橋上。别一物，正白，如三尺枯楂，相對箕踞。移時起【三一】，黑者先吟曰：風定長【三二】霜【三三】

蕭六郎【三四】

閤門使蕭注，新喻人。冠而孤，與其弟伯英獨處。得疾甚危殆，浸浸昏塞，不聞喘息

【二七】蓋當日所　涵芬樓本注，此下闕十一字。

【二八】鄭聞之　涵芬樓本注，此下闕八行。

【二九】坐　涵芬樓本注，此下闕十四字。

【三〇】腥穢之氣逼　涵芬樓本注，此下闕六字。

【三一】移時起　涵芬樓本注，此下闕六字。

【三二】風定長　涵芬樓本注，此下闕十六字。

【三三】霜　涵芬樓本注，此下闕十七字又七行。

【三四】蕭六郎　此目原闕，據目録補。李按：正文殘闕過甚，今據《異聞總録》卷一補。

聲，英與僕泣守其側。日將暮，有老嫗瘠而僂，出於浴室下，哭望寢室，徐徐而來。且語曰：「六郎還我命！」六郎者，即注也。將升階，一老叟著白袍，鬚髯如雪，從西偏户内策杖出，叱曰：「塵賤死屍，何敢擅出？六郎有正庫錢萬餘貫，未曾請動。設死天命合終，終當作茆山洞主，爾下愚暗鬼，不速去，吾將治汝！」嫗悲啼，復匍匐趨故處，叟亦不見。至夜半，注漸能呻吟食粥，數日而愈。伯英從容説所覩，注色動，乃言：「汝不在家時，老婢不爲吾役，且以惡言相抗，吾擊以鐵鞭，即死，密埋之浴室下。汝所見者其是歟【三五】？」

長生道人【三六】

形骸已【三七】蓋真人真氣所【三八】麗類貴游，而言辭鄙俗，無藴藉，甚惡之，冀其□去。曰：「雖然，終不願得也。老病缺於承迎，當令兒曹奉陪。」次客曰：「我專爲君來，君不欲丹，當復持以歸。但路絶遠，願借一宿，明旦晴即去。不然，須少留也。」不獲已，命館於松菊墅。時天久晴，五更大雨作，蘇意【三九】家人以頂暖，不忍歛。及明，諸子記前事，發笥視之，藥故在。取投口中，須臾即能起，洒然若無疾，飲啗自如。再令拾刺字，并丹貼，欲燒末飲之，不復見。後數日，長子如京口，以客言，命圖黄象象【四〇】

甲踊出，怖而死。予妻族入蜀時，過其處，泊僧寺中，隨行使臣劉亨寢浴舍，見貧悴者

【三五】汝所見者其是歟　涵芬樓本注，此下闕「人哀」十二字。李按：《異聞總録》僅七字，兩者有所不同。

【三六】長生道人　涵芬樓本注，此下闕八行。

【三七】形骸已　涵芬樓本注，此下闕十五字。

【三八】蓋真人真氣所　涵芬樓本注，此下闕十二字。

【三九】蘇意　涵芬樓本注，此下闕十三字又十三行。

【四〇】命圖黄象象　涵芬樓本注，此下闕十四行。

十餘輩，伸□□錢。問：「何人？」曰：采薪燒水，連晝夜不得息，湅【四一】新鐍藏之，戒【四二】開當以畀江，十三□□□坐而絶，時年八十餘。

紹興中，造五輅【四三】。

嚴校：此卷爛脱過半，今據所存字録之，中更有奪葉，尤不可攷，故亦不補。

【四一】湅　涵芬樓本注，此下闕十四行又十三字。

【四二】戒　涵芬樓本注，此下闕十一字。

【四三】造五輅　涵芬樓本注，此下闕。

夷堅丁志序

凡甲丁四書，爲千一百有五十事，亡慮三十萬言。有觀而笑者曰：「《詩》、《書》、《易》、《春秋》，通不贏十萬言。司馬氏《史記》上下數千載，多纔八十萬言。子不能玩心聖經，啟瞷門户，顧以三十年之久，勞動心口耳目，瑣瑣從事於神奇荒怪，索墨費紙，殆半太史公書。曼澶支離，連狎業釀，聖人所不語，揚子雲所不讀。有是書不能爲益毫毛，無是書於世何所欠？既已大可笑，而又稽以爲驗，非必出於當世賢卿大夫，蓋寒人、野僧、山客、道士、瞽巫、俚婦、下隸、走卒，凡以異聞至，亦欣欣然受之。不致詰。人何用考信，兹非益可笑與？」予亦笑曰：「《六經》經聖人手，議論安敢到！若太史公之説，吾請即子之言而印焉。彼記秦穆公、趙簡子，不神奇乎？長陵神君、圯下黄石，不荒怪乎？書荆軻事證侍醫夏無且，書留侯容貌證畫工，侍醫、畫工，與前所謂寒人、巫隸何以異？善學太史公，宜未有如吾者。子持此舌歸，姑閟其笑。」他日，戊志成。

嚴校：此序未全。元本取丁志中一卷尾頁補之，可笑。今空白一紙。又按：此序似是戊志之序，未詳其故。

夷堅丁志目録

【一】金陵邸　涵芬樓本注，嚴校：原空一行。

【二】治眼二百味花草膏　李按：此目原闕，據《醫説》卷四補。《醫説》注，本則原出自癸志。

【三】劉堯舉　涵芬樓本注，嚴校：空一行，係元人剜去。

【四】陳巫女　涵芬樓本注，三字原闕，據陸本補。

【五】雪中鬼迹　涵芬樓本注，四字原闕，據陸本補。

夷堅丁志卷第一 十二事【一】

王浪仙

温州隱者某，居於瑞安之陶山，所處深寂，以耕稼種植自供。易筮如神，每歲一下山賣卦，卦直千錢，率十卦即止，盡買歲中所用之物以歸。好事者或齎金帛，經月邀伺，然出未十里，卦已滿數，不復肯更占。郡人王浪仙，本書生，讀書不成，決意往從學。值其出，再拜於塗，便追隨入山，爲執奴僕之役，稍稍白所求。隱者亦爲説大概，又舉是歲所占十卦，使演其義。王疲精竭慮，似若有得，彼殊不以爲能，曰：「汝天分止此，不可彊進也。」遣出山。然王之學，固已絶人矣。有以墓域訟者求決焉，其卦遇《賁》，曰：「爲墳欠土，此不勝之兆。」後踰月，前人復來，又筮之，遇《蒙》曰：「兆非先卦，比冢上有草，當即日得直。」既而盡然。西游錢塘，時杭守喜方技，至者必厚待之。然久而乖戾，輒置諸罰，不少貸。王書刺曰「術士王浪仙」，守延入，迎問曰：「君名有術，曾聽五更城上鼓角聲乎？」曰：「聞之。」「其驗如何？」曰：「内外皆平甯。但今夕二鼓後，法當有婦人告急者。」王還客舍，廂卒數人已先在，曰：「君何苦來此？前後流配者，不知幾人矣。今我輩相臨，

校勘記

【一】十二事 涵芬樓本按：實祇九事。

何由得脱？」翌日未明，守招與言曰：「昨語甚神。夜過二鼓，通判之婦就蓐，叩門來求藥，真所謂婦人告急也。」自此館遇加禮，遂詢休咎。對曰：「今年某月某日午時，召命下。」守固篤信者，屈指以須。至期，延幕僚會飯，王生預席。守曰：「王先生謂吾今日忝召節，諸君試共證之。」食罷及午，寂無好音，做客皆悚。既過四刻許，促問至再，王趨立廷下，觀日影，賀曰：「且至矣。」須臾，郵筒到，發封見書，果召赴闕。守謝以錢百萬，約與偕入京。王曰：「遠郡鄙人，願一識都邑，僥倖發身。但家貧特甚，俟送公上道，暫還鄉，持所賜與妻子，然後兼程而北，未爲晚。」守許之。即行，或問其故。曰：「使君雖被召，而前程不見好處，殆難面君也。」守未至國門，乃别除郡，踰年而卒。王生不知所終。

僧如勝

永嘉僧如勝，與鄉僧行脚至臨安，憩道店。見小兒鬻卦影者，勝筮之，兆云：「有玉在土中，至九月十六日當出土。」兒曰：「吉卦也。」鄉僧得兆，畫官人挽弓射一僧，兩矢不中，後一矢貫其足，下有龍蟠。兒不能曉。僧自推之，曰：「我必將以薦作長老，至三乃效耳。又龍者君象，我且游京師，庶或幸遇。」未幾，鎮江太守具帖疏備禮，延如勝住甘露寺，正以九月十六日。鄉僧亦喜，謂且繼此得志。數年無所成，會杭卒陳通作亂，僧避入南山。嘗出，至山腰，蔽樹視下，賊黨數輩行陿中，仰高亂射以搜伏兵。連發三矢，最後正中僧足。别一僧坐于傍，曰：「隆上坐。」乃始驗卦中象，無一不應云。

左都監

修武郎左良，紹興二十八年，爲婺州兵馬都監。赴幕官王作德日休晚集，歸家已夜。兩人隨之而入，至中堂乃覺。良怒曰：「汝何爲者？敢至此！」執其一痛棰之。首有兩角屹然，良知其陰吏也，猶不肯釋。其一從後捽良腰，仆坐，遂冥冥長往。將曉乃甦，言被追到冥府，二使方白其拒抗之罪，主者審姓名，對曰：「婺州都監左良。」主者曰：「吾命逮左琅，何關此人事？」即放還。良行十餘步，回顧，則二使者已對縶於廡間矣。明日，同官來問良疾，具説其故。良嘗在張魏公府爲帳下，氣幹甚偉。自再生之後，神觀索然，蓋人與鬼鬬，爲所傷云。

許提刑

靖康冬，金人再渡河。河北提刑許亢，坐棄洛口奔潰，竄吉陽。會中原亂，不之貶所，與二子及從卒十餘人間關至南康。不欲與州郡相聞，但入廬山一小寺棲止。僕因摘園蔬與僧爭鬬，僧密詣郡，告云：「遭潰兵行劫，實繁有徒。」郡守李定信之，即調兵授甲圍其寺，盡縛亢父子并從卒送獄。亢至廷下，大呼稱枉，且具言平生資歷。定曰：「豈有曾爲監司，所至不出謁而避匿者乎？」諭獄吏研鞫，不得情，乃遣孔目吏入囚室，陽與好言探跡。具酒同飲，了無盜刼之狀。亢倉黄南來，妻妾淪落，告敕不一存，無以自明，定疑不可解。亢長子善占夢，亢語之曰：「吾夢父子持繖行雨中，已而大風起，吹三繖皆半裂飛去。是何祥邪？」子泣曰：「夢殊不吉，此父子離散爲三之象也。」是夕，孔目又來，攜酒殽甚盛，與三許劇飲，且滿酌【二】屬亢曰：「提刑勉一醉，少頃徙兩令郎它舍矣。」會罷，各分囚之，過夜半悉以鐵椎擊死。定上奏，自言有除盜之功，未報而卒。凡豫其事者，一月内繼死，唯孔目獨存。鄱陵人周西瑞號嘗知南康軍，與定先後隔政，其子縠聞之於孔目云。亢以武舉得官。

夏氏骰子

夏廑，字幾道，衢州汲縣人。崇寧、大觀間，居太學甚久，未成名。家故貧，至無一錢。同舍生或相聚博戲，則袖手旁觀。時從勝者覓錙銖，俗謂之乞頭是也。一夕，束帶焚香，對局設拜，曰：「廑聞博具有靈，敢以身事敬卜。今年或中選，願於十擲内賜之渾化【三】。不然，將束書歸耕，無復進矣【四】。」祝罷，即挼莎擲焉，六子皆赤，夏愕喜不敢自信。又祝曰：「廑至誠齋心，以平生爲禱，恐適者偶然，願更以告。」復再投之，三采皆同，乃再拜謝神貺。是歲，果於莫儔牓登科，後官至中大夫、川陝宣撫司參議官。其家藏所卜骰子，奉

【二】滿酌　「酌」原作「飲」，據陸本、南圖本改。

【三】渾化　涵芬樓本注，「化」葉本作「花」。

【四】無復進矣　涵芬樓本注，葉本作「無復進計矣」。

之甚肅。右二事周穀説。

治挑生法

莆田人陳可大知肇慶府，肋下忽瘇起，如生癰癤狀，頃刻間大如盌。識者云：「此中挑生毒也。俟五更以菉豆嚼試，若香甘則是已。」果然。使擣川升麻爲細末，取冷熟水調二大錢，連服之【五】，遂洞下，瀉出生葱數莖，根鬚皆具，瘇即消。續煎平胃散調補，且食白粥，經旬復常。雷州民康財妻，爲蠻巫林公榮用雞肉挑生。值商人楊一者善醫療，與藥服之，食頃，吐積肉一塊，剖開，筋膜中有生肉存，已成雞形，頭尾觜翅悉肖似。康訴於州，州捕林置獄，而呼楊生令具疾證及所用藥。其略云：「凡喫魚肉、瓜果、湯茶，皆可挑。初中毒，覺胸腹稍痛，明日漸加攪刺，滿十日則物生能動，騰上則胸痛，沉下則腹痛，積以瘦悴，此其候也。在上鬲則取之。其法用熱茶一甌，投膽礬半錢於中，候礬化盡，通口呷服。良久，以雞翎探喉中，即吐出。毒物在下鬲，則瀉之。以米飲下鬱金末二錢，毒即瀉下。乃碾人參、白术末各半兩，同無灰酒半升納缾内，慢火熬半日許，度酒熟取出，温服之。日一杯，五日乃止。然後飲食如其故。」

【五】取冷熟水調二大錢連服之 「錢」《證治準繩》卷一八《七竅門·蠱毒》、《稗編》卷六五《蠻巫呪生》作「盞」。「連」葉本作「速」。

挑氣法

從事郎陳遹，爲德慶府理官，鞫一巫師獄。巫善挑氣，其始與人有舋隙，欲加害，則中夜扣門呼之，俟其在内應答，語言相聞，乃以氣挑過。是人腹肚漸脹，日久腹皮薄如紙，窺見心肺，呼吸喘息，病根牢結，藥不可治。獄未成而死。江璆鳴三作守，以事涉誕怪，不敢置於典憲，但杖脊配海南。此妖術蓋有數種，或呪人使腹中生鼈者，或削樹皮呪之，候樹復生，皮合而死者，然不得所以治法。右二事陳遹説。

南豐知縣

紹興初，某縣知縣趙某，季子二十歲，未授室，與館客處於東軒。及暮客歸，子獨宿書院，聞窗外窸窣有聲，自牖窺之，一婦人徘徊月明下。方駭噩間，已傍窗相揖，驚問云：「汝何人，竊至此？」曰：「我東鄰女也。慕君讀書，踰牆相從，肯容我一聽乎？」欣然延入，留不使去。自是曉往夕來，子神情日昏悴，飲食頓削。父母疑而扣焉，不以告。密訊左右者，曰：「但聞每夜切切如私語，又時嬉笑，久欲白而未敢。」父母知爲鬼所惑，徙歸同榻寢，即寂然。踰月，顏色膳飲稍復舊。一日，獨處房中，忽大呼求救，似爲人捽髻而出，驅行甚速。舉家不知所爲，婢僕共牽挽，而力不可制。迤邐由書院東趨後園，纔出門，去愈速，將至八角大井邊，欻仆地不醒。家人共扶舁歸，移時乃能言，云：「實與婦人往還久，及徙室不復來。今旦父母在堂上，忽見從外入，忿怒特甚，戟手肆罵曰：『許時覓汝不得，元來只在此！』便向前捽我髻，盡力不能脱。直造井傍，以手招井内，即有無數小鬼出，皆長三二尺，交拽我，勢且入井。俄一白須翁坐小涼轎，僕從三十輩，自園角奔而至，傳呼云：『不得，不得！』羣鬼悉斂手。翁叱曰：『著棒打。』僕從舉梃亂擊，皆還井中。翁責婦人曰：『我戒汝不得出，那敢如是？』婦低首斂衽，無一言。又曰：『元有大石鎮井上，今何在？』僕曰：『宅内人輿將搗衣矣。』咄曰：『不合動。』著鞭婦人數十，罵之曰：『汝安得妄出，爲生人害？况郎君自有前程耶！』逐入井，命别扛巨石窒于上。告我曰：『吾乃土地也。來救郎君，郎君性命幾爲此鬼壞了。歸語家中人，此石不可動也。』語罷後，升轎去。」此子後得官，仕至南豐宰。

金陵邸

紹興初，朝士赴調臨安，過金陵，投宿官舍。從僕解擔散去，獨坐堂上。良久，東邊房門自開，一奴蓬首出，青衫白袴，瞠目視之，舉手指胸曰：「胸中有玉環，問君知不知？」瞥然復入。士駭怖，不能支，幾欲墮地。驚魄小定，方攝衣正席，西邊房門又開，一婦人衫裙俱青，抱嬰兒以出。亦瞠目而視，指其兒曰：「官人殃殺我。」語訖，遽入房。士肝膽皆震，欲走而足不能步，欲呼而聲不能出。移時，僕自外至，急徙於客邸，迷罔者終日。

夷堅志丁集一卷終

嚴校：此卷爲元人修版時芟去兩三則，卷尾八字亦元人補刻，故獨與各卷不同。

夷堅丁志卷第二 二十事

鄒家犬

筠州新昌縣民鄒氏，豢犬極馴。每主翁自外歸，無問遠近，必摇尾跳躍迎于前。鄒生嘗負租繫獄，踰旬得釋，比還家，日已晚，犬喜異常時，爪誤罥主衣，衣爲之裂。鄒以爲不祥，語妻曰：「我恰出獄，犬乃爾。遼山寺方作屋，吾欲犒匠，可殺犬烹之，副以麨五斗往。」妻如其言。明日，鄒詣寺，命童負一合自隨，至則僧待於門，迎白曰：「勿啓合，得非以犬與麨來乎？」鄒愕然，問所以。僧曰：「檀越入坐堂上【一】，兹事言之則不忍，不言則負所託。昨夜夢檀越之父曰：『我以貪戀故，不能超脱，託生爲本家犬，故見吾兒歸，必出迎。適以其釋囚係而還，喜甚，誤敗其衣，兒遂與婦謀而殺我充饋。雖然就死，亦幸捨畜身，若得免刲臠之苦，師恩厚矣。生時有銀若干，密埋于竈外，恐爲人盜取，常睡卧其上。煩戒吾兒發取之，爲作佛事，以資冥福。持所餘，尚足營生也。』」鄒聞言悲慟，且云：「犬日夜實寢于彼。」遂瘞之寺後。歸，發其藏，果得銀如數，乃設水陸於寺中。

【一】檀越入坐堂上　「入」原作「久」，據陸本、南圖本改。

張敦【二】夢醫

廬陵人張敦精於醫術，浪跡嶺外。嘗僑寓潮州，夢人邀去大屋，沈沈如王居。立俟門左，吏導之使入，及廷下，望其上帟幕赫然【三】，主人冠服正坐，一少年著淺色衣紅勒巾【四】，引敦上診脈，敦云：「腎藏風虛，恐耳鳴爲害。」冠服者曰：「連日正苦耳痛，看得極好【五】，且覓藥【六】。」顧少年：「可與錢二十千。」敦未暇予藥【七】，驚而寤。不省爲何處，疑必神祠也。明日，徧訪求，至南海行廟【八】，盡憶所歷。引而上者，蓋東廡小殿王子也。登正殿瞻視，神像左耳黄蜂巢焉。即謹剔去，焚香再拜而退。又明日，郡之税官折簡來云：「客船過務敗税，抵言是君家物，果否？」敦念初無此，亟往證其妄。見舟人已縶梁間，遥呼曰：「某乃劉提舉姻家蔡秀才田客，知君與提舉厚，又與監税游，故託以爲詞爾。」敦爲營解，縱去。既而蔡來謝，且餉布帛之屬，正直二十千。提舉者，劉景也。

管樞密

縉雲管樞密師仁爲士人時，正旦夙興，出門遇大鬼數輩，形貌獰惡，叱問之，對曰：「我等疫鬼也，歲首之日，當行病【九】於人間。」管曰：「吾家有之乎？」曰：「無之。」曰：「何以得免。」曰：「或三世積德，或門户將興，或不食牛肉，三者有一焉，則我不能

【二】張敦　涵芬樓本注，「敦」葉本作「淳」。
【三】赫然　涵芬樓本注，葉本作「穹然」。
【四】著淺色衣紅勒巾　涵芬樓本注，「衣」葉本作「水」。
【五】好　涵芬樓本注，葉本作「是」。
【六】覓藥　涵芬樓本注，葉本作「製藥」。
【七】敦未暇予藥　涵芬樓本注，「暇予」葉本作「及進」。
【八】至南海行廟　涵芬樓本注，「行」葉本作「神」。
【九】當行病　涵芬樓本注，「病」葉本作「疫」。

入，家無疫患【一〇】。」遂不見。

小孤廟

吕愿中赴湖北轉運，舟行過小孤山，入謁廟。見案上古銅洗甚奇，有款識，愛之，白于神，以所用銅盆易去。置諸行李舟中，揚帆而上。薄晚繫纜，獨此舟不來。明日先行，達九江，商人繼至，言：「後一舟沉溺，方呼岸上人漉取輜重。」吕亟遣往視，果也。篙師云：「離廟下未遠，便若有物縶柁底，百計取之不能動。初無風濤，正爾覆溺。」點檢所載，雖濕壞皆不失，獨銅洗不知所如矣。他日有客至廟中，蓋宛然在故處。

富池廟

興國江口富池廟，吴將軍甘甯祠也。靈應章著，舟行不敢不敬謁，牲牢之奠，無虚日。建炎間，巨寇馬進自蘄、黄度江，至廟下，求盃珓，欲屠興國，神不許，至于再三。進怒曰：「得勝珓亦屠城，得陽珓亦屠城，得陰珓則并廟爇焉。」復手自擲之【一一】，一墮地，一不見，俄附著于門頰上，去地數尺，屹立不墜。進驚懼，拜謝而出。迄今龕護於故處，過者必瞻禮。殿内高壁上亦有二大珓，虚綴楣間【一二】，相傳以爲黄巢所擲也。

【一〇】則我不能入家無疫患　涵芬樓本注，葉本作「我不敢犯其家，言畢」。

【一一】復手自擲之　涵芬樓本注，葉本作「乃自取擲」。

【一二】楣間　涵芬樓本注，葉本作「梁楣間」。

濟南王生

濟南王生，參政慶曾宗人也。登第出京，行數十里間，憩道旁舍。主人亦士子，留飲之酒。望舍後横屋數楹，簾幕華楚，問爲誰，曰：「某提舉赴官閩中，單車先行，留家於此，以俟迎吏，今累月矣。」遥窺其内，隱隱見女子往來，甚少艾，注目不能去。抵暮留宿，主人夜與語，因及鄉里門閥，審其未娶，爲言：「提舉家一女，極韶媚，方相託議親，子有意否？」生欣然，唯恐不得當也。主人爲平章，翌日約定。女之母邀相見，曰：「吾夫遠宦，鍾愛息女，謀擇對甚久，不意邂逅得佳壻。彼此在旅，不能具六禮。盍相與略之？」乃草草備聘財，擇日成昏，且許生挈女歸濟南，須至閩遣信來迎。既别，不復相聞，生不以爲疑，女固自若。歷四五年，生二子，起居嗜好，與常人不殊。但僮僕汲水時，只用前桶，而棄其後，以爲不絜。自攜一婢來，凡調飪紉縫，非出其手不可，夜則令臥床下。忽告生云：「我體中不佳，略就枕，切勿入房驚我。」生然之，俄頃，震雷飛雹，大雨滂沛，火光煜然，盡室危怖。移時始定，女與婢皆失所在矣。初，生之入京，道經某處龍母祠，因入謁，覩龍女塑容端麗，心爲之動，默念他年娶妻如此，足慰人心。及出門，有巨蛇蟠馬鞍上，驅之弗去，始大恐，復詣祠拜而謝過。洎出，乃不見。後遇兹異，識者疑其龍所爲云。

海鹽道人

王觀復待制本，崇寧初，爲海鹽令。當春月，啓縣圃賣酒，游人沓至。王長子鉞，字秉義，年十餘歲，亦縱目焉。逢一野道人，舉手前揖，呼爲供奉，談笑久之乃去。鉞惡其官稱，歸以白父，莫測所謂也。後十年，政和官制行，改西頭供奉官爲秉義郎，始悟道人之言，乃更名鈇，而字承可。

二鼈哦詩

王承可侍郎，建炎末，居分寧田舍，夢黑衣男女僅【一三】三十輩，兩人如夫婦立於前，餘皆列于後，泣拜乞命。夢中似許之。明日，縱步【一四】門外，逢村民負鼈來，傾置地上。二大者居前，餘二十六枚在後，恍憶昨夕事，盡買之【一五】，放諸溪流。是夜，夢二黑衣來謝，且哦詩兩句云：「放浪江湖外，全勝沮洳時。」超然有自得之貌，喜色可掬，蓋向者處陂澤之間，而爲人所取也。

張通判

乾道六年，縉雲人張某爲韶州通判。隨行僕與婢通，事敗，擒付獄，陰諭録參吴君使

【一三】僅　涵芬樓本注，葉本作「約」。

【一四】縱步　涵芬樓本注，葉本作「閑步」。

【一五】盡買之　涵芬樓本注，「盡」葉本作「遂」。

斃之。吴以白郡守周濟美舜元，周以爲不可，使正法具獄，杖脊配隸嶺北。張意不滿，擇本廳軍校使護送，戒云：「殺之而歸，當厚賞。」校奉命就道，越二日，拉殺之于南雄境上。是夜，周夢僕泣訴曰：「某有罪，賴使君全活之恩。今竟爲通判所殺，幸使君哀之。」明日，窮治其事，軍校者已歸，趣治之，亦坐決配。張在書室，見僕立于前，方以未押行爲怒。忽無所覩，即仆地。遂得疾，暴下，踰旬而卒。

孫士道

福州海口巡檢孫士道，嘗遇異人授符法治病，甚簡易，神應響答。提刑王某之弟婦得疾，爲物馮焉。斥王君姓名，呼駡不絶口，如是踰年。禳祀禱逐，無不極其至【一六】，不少痊。聞孫名，遣招之。孫請盡室齋戒七日，然後冠帶焚香，親具狀投天樞院。弟婦已知之，云：「孫巡檢但能治邪鬼爾，如我負寃何？」及孫至，邀【一七】婦人使出。王曰：「病態若此，呼者必遭咄駡，豈有出理？」孫曰：「試言之。」婦欣然應曰：「諾。少須，盥洗即出矣。」良久，整衣斂容如平時，見孫曰：「我一家四人皆無罪而死於非命，既得請上天【一八】，必索償乃已。法師幸勿多言。」且披其胸示之，云：「被酷如此，寃安得釋？」孫但開曉勸解，使勿爲厲。即再三拜謝而入。孫密告王曰：「公憶南劍州事乎？」王不能省，孫先已書四人姓名于掌内，展示之，王頷首不語，意殊悔懼。蓋昔通判南劍日，以盜發

【一六】禳祀禱逐無不極其至　涵芬樓本注，葉本作「禱祀備至」。李按：「逐」似爲「祝」之誤。

【一七】邀　涵芬樓本注，葉本作「唤」。

【一八】既得請上天　涵芬樓本注，「上」葉本作「于」。

屬邑，往督捕，得民爲盜囊槖者，禽其夫婦，戮之。其女嫁近村，聞父母被害，亟來哭，悲號忿詈【一九】。王怒，又執而戮之。女方有娠，實四人併命也【二〇】。孫曰：「此寃於吾法不可治，特可暫寧爾。它日疾再作，勿見喚也。」自是婦稍定。越兩月復然，訖王死，婦乃安。

潮州孕婦

乾道三年，潮州城西婦人孕過期，及產，兒才如手指大，五體皆具，幾百枚，蠕蠕能動。以籃滿載投于江，婦人亦無恙。古今無此異也。

張注夢

邵武人張汪，紹興丁卯秋試，夢人以箸插于髻，曰：「子欲高薦，當如此乃可。」既寤，熟思之，曰：「吾名汪，若首加點則爲注。」乃更名注。是年，果薦送。將試春官，又夢緑衣小兒自襁中曳其衣，曰：「勿遽往，可待我也。」既而不利。至乾道己丑，始以免舉再行。而同里丁朝佐亦預計偕，二人同登科。朝佐正生於丁卯，始悟前夢，戲謂丁曰：「爲爾小子，遲我二十一年。」相與大笑而已。

【一九】亟來哭悲號忿詈　涵芬樓本注，葉本作「亟來視」。

【二〇】實四人併命也　涵芬樓本注，「命」下，葉本多「一時」二字。

劉道昌

劉道昌者，本豫章兵子，略識字，嗜酒亡賴，横□肆間【二一】。嘗以罪受杖于府，羞見儕輩，不敢歸，徑登滕王閣假寐。夢道士持一卷書置其袖，曰：「謹祕此，行之可濟人，雖父兄勿示也。」戒飭甚至。既寤，□【二二】在袖間，頓覺神思洒落，視其文蓋符咒之術。還家，即繪事真武像，爲人治病行醮。所書之符，與尋常道家篆法絶異。凡所療治，或服符水，或掬香爐灰，或咒棗，殊爲簡易。且告人曰：「夜必有報應。」無不如意【二三】。以治牛疫，亦皆愈。郡人久而知敬，共作真武堂居之。初，將鑿池取水施病，盡，忽有泉涌于庭，極甘洌，及加浚治，正得一古井。今其術盛行，而道書不可得見，但以符十許道刻石云。

李家遇仙丹

豫章丐者李全，舊隸建康兵籍。紹興辛巳之戰，傷目折足，汰爲民，而病廢不能治生，乃乞於市。掖二拐以行，目視荒荒，索塗甚苦。每過王侍郎宅門，必與數錢。忽連日不至，謂必死矣。經半月復來，則雙目瞭然，步行輕捷。自說：「逢道人授藥方，且戒我：『服之有効，當貨以濟人，勿冒没圖利，日得七百錢便足。』問其姓，不肯言。我積所丐金，便成藥服之，十日眼已見七分，而脚力如舊矣。即用其方賣藥，持大扇，書『李家遇仙

【二一】横□肆間　涵芬樓本注，陸本作「横市肆間」。
【二二】□　涵芬樓本注，陸本作「書」。
【二三】無不如意　「意」原闕，據陸本、南圖本補。

丹』，揭二拐于竿，服者皆驗。然所得未嘗過七百錢，一日多至兩千，遂臥病不能出，錢盡乃安。」時乾道己丑歲也。

劉三娘

豫章狂婦劉三娘，病心疾，每持二木箠相敲擊，終日奔走于市，衣服藍縷垢汙，好辱駡人，夜或宿祠廟中，雖有子爲兵，然視之泊如也。宋鎮甫樞密樸獨識爲異人。張如瑩尚書澄作守，常呼入府舍，留三兩夕，與飲食，或棄廷下，或遺矢被中。久之，忽告常所往來者，曰：「某日吾當死。」已而果然，其子瘞諸野。後半年，郡駛往長沙見之，擊箠如故。駛驚問曰：「三娘，爾死矣，那得在此？」笑曰：「寄語吾兒，在此甚安。」再三問不對，亦不復再見。歸語其子，發視窆處，空空然。

興國獄卒

興國軍司理院，有囚抵法，當陵遲。獄卒李鎮行刑，囚告之曰：「死不可辭，幸勿斷我手，將不利於爾家。」鎮不聽，至市，先斷其二手，曰：「看汝將奈我何？」越二日，鎮妻生子，兩腕之下如截。時王濱稚川爲通判，親見之。

丘氏家禍

乾道六年，南雄州攝助教丘悦家病疫。其家大猪育數子，或人頭、雞頭、豹首、馬首，儼如塑繪瘟鬼狀。遂殺豬祭而禳之，其禍愈甚，悦與妻皆死，長子如岡□魁鄉薦，亦夫婦併亡，凡八九喪。百計禱禬，久□乃定，此近豕禍也。

宣城死婦

宣城經戚方之亂，郡守劉龍圖被害，郡人爲立祠城中。蹀血之餘，往往多丘墟。民家婦任娠，未産而死，瘞廟後。廟旁人家或夜見草間燈火，及聞兒啼。久之，近街餅店常有婦人抱嬰兒來買餅，無日不然，不知何人也，頗疑焉。嘗伺其去，躡以行，至廟左而没。他日再至，留與語，密施紅線綴其裾。復隨而往，婦覺有追者，遺其子而隱，獨紅線在草間冢上，因收此兒，歸訪得其夫家，告之故。共發冢驗視，婦人容體如生，孕已空矣。舉而火化之，自育其子，聞至今猶存。《荆山編》亦有一事，小異。

白沙驛鬼

南劍州東界白沙驛，素多物怪。行客僕厮單寡，莫敢宿。紹興甲戌，方務德侍郎滋帥閩，幕府七八人來迎，皆宿是驛。時當初暑，並設榻堂上，夜□【二四】方就枕，主管機宜王曉忽驚魘詬呼，衆起，燭火視之，尚爲紛拏抵鬭之狀。良久乃醒，云：「適睡猶未熟，有白衣婦人來就床見逼，驅逐不去，且挽吾衣不置。諸君起，方相捨耳。」衆視曉衵服碎如懸鶉，爲之通夕秉燭，不敢寐。

李元禮

福州福清人李元禮，紹興二十六年，爲漳州龍溪主簿，攝尉事。獲强盜六人，在法，七人則應改京秩。李命弓手冥搜一民以充數，皆以贓滿論死。李得承務郎，財受告，便見寃死者立於前，悒悒不樂。方調官臨安，同邸者扣其故，頗自言如此。亟注泉州同安縣以歸，束擔出城，鬼隨之不置，僅行十里，宿龍山邸中，是夜暴卒。此卷皆王稚川説。

【二四】夜□　涵芬樓本注，陸本作「夜久」。

夷堅丁志卷第三十七事

武師亮

撫州金谿主簿武師亮，秩滿，泊家于近村龍首院。夜有擲瓦擊窗者，疑寺僧所爲。旦而詰之，僧不敢對，徐言曰：「此邑三郎神，響跡昭著，得非有所犯乎？」武未信。明日，行廊廡間，瓦礫從空而下，紛紛不絶。時方雪作，而擲者皆乾，殆若古墓中物。武始懼，召僧誦經禱謝，怪亦然，至飛石滿磬。其父取一塼，題誌擲而祝，曰：「果觸犯三聖，願復以來。」頃之，再至，題處宛然。不得已，自東廂遷於西，以避其怒。行李未定，擾擾如初，乃盡室入邑中，寓妙音道觀，怪益甚。呼道士設醮致敬，略不爲止。武怒，呼神名詬之，曰：「汝爲神，當聰明正直，何暴我如是？吾之待汝亦至矣，曾不少悛，恣具邪佷，自今以往，吾不復畏汝矣！」語訖，音響寂然。先是，家之箱篋，雖無鎖鑰者，亦如爲物所據，牢不可啟。是日，開闔如常，石害遂息。

王通判僕妻

撫州王通判，家居疎山寺。其僕之妻少而美，寓士周舜臣深屬意焉，而不可致。會王遣人篝火，扣門邀周夜話。及開門，乃僕妻也。顧周笑，吹燈滅，相隨以入，曰：「非通判招君，我作意來此爾。」周不勝愜適，遂留宿。明日再相逢，漠然如不識面，頗怪之。又疑與疇昔之夜所合者肥瘠不類，至夜復來，不敢納，堅不肯去。天未明，忽不見。周密扣寺僧，蓋鄰室有婦人菆柩。旋得病，月餘乃愈。蔡子思教授者聞之，特詣其室，焚香致禱，求一見，欲詢鄉里姓氏爲誰，將爲訪其家，寂無所覩。

雲林山

臨川徐彥長，居金谿雲林山下。妻黨倪氏訪之，宿於外室。時天雨晦冥，夜半後有物推門，門即開，徑入踞爐，吹火明而坐。倪從帳間窺之，似羊有髯，遍體皆溼。下床叱之，物躍起，仆於倪身。倪大叫走出得脱，不知何怪也。

孫光禄

鄭人贈光禄大夫孫俁卒，其家卜地以葬。長子恪夢與弟河東尉悚侍父，及客張彥和者同遊山寺。光禄令煮麪，恪辭以飽，彦和亦不食而起，獨悚與對食。食罷，光禄曰：「此去小梅山只四五里耳。」彦和曰：「幾有十里。」光禄曰：「然。蓋楊妃村只四五里也。」夢後十日，河中報悚訃音至，亦相從卜葬，正與光禄同日。既過墳寺，寺僧饌麪以供兩靈几，宛然夢中事也。墓在小梅山南，相去十里，又四里有楊家莊云。

江致平

江致平與能相老翁善，翁忽告之曰：「君何爲作損陰德事？不一年死矣。」江，吉人也，應曰：「吾安得有此？」翁曰：「試思之。」江曰：「自省無他惡，但昔年爲試官時，置一親舊在高等，其實有私焉。獨此事耳。」翁曰：「是也。君以一己好惡，而私天爵以授人，其不免矣。」未幾而卒。嗚呼，世人之過倍江公万万者，比肩立，可不懼哉！

嵩山竹林寺

西京嵩山法王寺，相近皆大竹林，彌望不極，每當僧齋時，鐘聲隱隱出林表，因目爲竹林寺，或云五百大羅漢靈境也。有僧從陝右來禮達磨，道逢一僧，言：「吾竹林之徒也，一書欲達于典座。但扣寺傍大木，當有出膺者。」僧受書而行，到其處，深林茂竹，無人可問，試扣木焉。一小行者出，引以入。行數百步，得石橋。度橋百步，大刹金碧奪目。

知客來迎，示以所持書，知客曰：「渠適往梵天赴齋，少頃歸矣。」坐良久，望空中，僧百餘駕飛鶴，乘師子，或龍或鳳，冉冉而下。僧擎書授之，且乞掛搭，堅不許。復命前人引出，尋舊路以還。至石橋，指支徑，令獨去。才數步，反顧，則峻壁千尋，喬木參天，了不知寺所在。

陸仲舉

大觀中，太學生陸仲舉因上書論事，屏出學。後復游京師，夢神告云：「汝當發跡，何不上書？」明夜再夢，陸以嘗坐此謫，殊不信，乃遷舍避之。是夜又夢，猶未謂然。走謁故人高伸尚書，丐歸資。相見甚喜，留之宿。翌旦朝回，謂曰：「天覺極惱人，欲作政典，令吾爲校證官。」陸曰：「此乃《周官六典》中一事耳，何不便作《六典》，而獨舉其一耶？」伸曰：「君好作一書，言其事。」陸始思神言，亟草書論之。伸命楷書吏立謄寫以入，遂得迪功郎。時張天覺爲相。

洛中怪獸

宣和七年，西洛市中，忽有黑獸，髣髴如犬，或如驢，夜出晝隱，民間訛言，能抓人肌膚成瘡痏。一民夜坐簷下，正見獸入其家，揮杖痛擊之，聲絕而仆。取燭視之，乃幼女臥於地，已死。如是者不一。明年，而爲金虜所陷。

翁起予

翁起予商友，家於建安郭外，去郡可十里。上元之夕，約鄰家二少年入城觀燈。步月松徑，行未及半，遇村夫荷鉏而歌，二少年悸甚，不能前，但欲宿道傍民舍。翁扣其故，一人曰：「適見青面鬼持刀來。」一人曰：「非也，我見朱鬣豹褌持木骨朵耳。」翁爲證其不然。明旦，方入城，其説青面者不疾而卒。朱鬣者得疾，還死于家。翁獨無恙。

胡大夫

常州人胡大夫爲信州守，方交印，廳事大梁迮迮有聲，呼匠升屋相視，將加整葺，梁折廳摧，壓死者數人。不越數日，胡疽發于背。堂中湯爐内灰火無故飛揚，遍滿一室。巨蛇垂頭梁上，呱呱作兒啼。胡病三日而卒。右十事，皆鄭人孫申元翰所録。

窗櫺小婦

常州宜興僧妙湍，掌僧司文籍，與其輩二人以歲暮持簿書赴縣審核。宿于廡下空室，三僧同榻，二僕在門外，已滅燭就枕，湍善鼓琴，暗中搏拊不止，二僧亦未交睫。聞有敲窗者，問之不對，以爲小吏故作戲耳。少焉，一聲劃窗甚響，僧起，再明燈，即升榻，望窗紙破處，有婦人小面正可穤間。良久，入卓上立，形體悉具，僅高尺餘。僧唤僕不應，密相與計：「此亦無足畏，俟其至前，則兩人執之，一人啓門呼僕入，五男子當一女鬼，便可成擒也。」婦人稍下，據倚坐，已與常人等。遂揭帳而登，僧始聳然，如體挾冰霜，不暇施前策。婦人忽趨而下，自爲揜帳，取鉢便溺，其勢如傾斗水。退至火邊，大聲吼，雷從地起，物與燈皆不見。湍琴猶在膝，驚魄定，方復起，共坐達旦。明日告邑胥，皆莫知何怪，其室今爲吏舍云。

韶州東驛

王行中與兄克中，自撫州金谿，攜僕卒十餘人，往廣州省其父。過韶州東境，將入驛，驛卒白：「此有所謂七聖者，多爲往來之害，不若詣旅邸安静無事。」行中以謂：「卒憚於供承，故妄言恐我。且吾一行不爲少，正有物怪，豈不能禦？」竟宿焉。衆僕處外，三僕在堂。夜且半，内外諸門忽同時洞開，燈燭陳列，行中又疑爲盜，杖劍膝上，須其入而殺之。克中但蒙被坐，誦楞嚴呪。良久，聞堂上兵刃戛擊，其呼譟應和之聲，全與世間惡少年所習技等。行中窺于門，見七男子，被髮袒裼，各持兩刀，跳擲作戲，始大懼，徑登床，伏于兄後。衆鬼入室，盡挈箱篋出，并帳亦掣去，取行庖食物啖嚼。又竊窺之，已斷三僕首，并手足肝肺分挂四壁，益駭怖，不敢復開目，漸亦昏睡。俄鄰雞再唱，寂不聞聲，心稍定。天明而起，則籠帳之屬元不移故處，三僕悉無恙。略述所見，頗同，但不深記屠割時事。其宿于外十輩，亦有被此害者，雖皆不死，而神氣頓癡，顔色枯悴，蓋血液已失故也。克中仕至肇慶通判，行中爲廣西幹官而卒。

海門鹽場

通州海門縣監鹽場劉某，生一男，夜睡驚啼，父母往視，見兒頭上有泥捻饅頭兩枚，揮去之，兒即愈。它日復然。自是常置坐側，或與乳嫗介處，則怪復至。劉知祟所爲，責之曰：「汝能爲怪，胡不施吾夫婦間？但困嬰孩，何也？」是夜，故出宿外舍以驗之。明旦起，枕席及蹋牀上，凡列泥饅頭三十餘，大小各異。又衣服器皿之類，多無故而失，訪之無蹤。婢妾良以爲苦。一日，守門者語老僕曰：「兩尼童入宅甚久，可以遣出。」僕入白之，元無有也。少頃，門者見其出，即隨逐之，過牆角小廟而隱。劉具香酒詣其處，禱曰：「自居官以來，於事神之禮無所曠，何乃造妖如此？今與神約，能悉改前事，當召僧誦經，辦水陸供，以資冥福。不然，投偶像於海中，焚祠伐樹。二者唯所擇。」再拜而退。才還家，前後積失衣皿六十種，宛然具存，兒疾亦不作。劉滿秩善去。代者到郡，郡守田世卿招飯席間，話此事。至暮更衣，久不返，遣官奴就視，已仆地氣絶。呼醫拯療，中夕始甦。既之官，兩子併夭。世卿聞彼大樹起孽，命卒伐爲薪。劉氏免其禍，而代者當之，爲可憐也。

揚州醉人

建炎二年，鄭人孫宣仲甫侍父大夫君恪如揚州。舍於旅邸，周官人者亦寓焉。一客醉且狂，從外來，踞肆邸内，出穢惡語。周指孫居室，謂曰：「此官員性猛厲，將執汝，盍去之！」客愈喧勃，不可禁。良久，大夫君出謁，宣仲獨守舍。客徑入室，解索縛宣仲於案。時羣僕悉出，無救解者，周生亦閉户。客忽自捨去，登高橋語行人，曰：「我適詣某店，遭孫大夫父子困辱，無面目見人。」遂取腰間小佩刀刺喉下，立死。邏卒以告兵官，亟逮捕孫、周諸人至，且將驗視。死者俄而復蘇能言，自索紙，對狀云：「實以醉後狂言，元未嘗爲孫氏所辱。橋上云云亦不能記。皆身之所爲，他人無預也。」於是盡得釋，其人旋踵竟死，非生前一狀，孫幾爲所累云。

海門主簿

通州海門縣主簿攝尉事，入海巡警，爲巨潮所驚，得心疾，謂其妻曰：「汝年少，又子弱，奈歸計何？」妻訝其不祥。簿曰：「有婦人立我傍，求緋背子，宜即與。」妻縫緋紙製造，焚之。明日，又言：「渠甚感激，但云失一裾耳。」妻詣昨焚處，檢視得於灰中，未化也。復爲製一衣。簿時時説：「見人從竈突中下，而居室相去遠，目力不能到。」凡月餘，預以死日告妻，奄忽而隕。官舍寓尼寺，妻不勝懼，倩兩尼伴宿。才過靈幃前，一尼遽升几坐，作亡者語，且命邀邑宰孫愬。孫來，與問答甚悉。又數小吏某人之過，乞箠之。孫如其戒，而諭以理曰：「君誠不幸，死亦命也。眷眷如是，何得超脱？」爲邀僧惠瑜説佛法，經一日，尼乃醒。及喪歸，又對衆附語，令其妻：「欲嫁則嫁，切不可作羞汙門户事，吾不恕汝。」人或疑小吏之故云。

南豐主簿

閩人王某【一】爲南豐主簿，惑官奴龍瑩，遣妻子還鄉，獨與瑩處。知縣孫愨諫止之，不肯聽，終竊負以逃。繼調湖南教授，瑩隨之官。飲食菜茹，皆資於外庖。一日，瑩攜粥來，勤渠異常時。王未暇食，忽有煤塵落盌内，命撤之。瑩曰：「但去其污處足矣，何必棄！」强王必使食。王怒曰：「既不以爲嫌，汝自啖之。」瑩亦不可。王愈忿，適一犬自前過，乃翻粥地上，縱使食。須臾間，犬吐黑血，宛轉而死。王詰其事，瑩曰：「粥自外入，非知其然也。」命呼庖者。庖者曰：「每日實供粥，且獨却回，云：『宅内已自辦之。』元粥尚在，可具驗也。」遂窮搜室中，得所煮鉢。瑩始色變，執送府訊鞫，服與候兵通，欲置藥

【一】閩人王某　涵芬樓本注，原注：不欲名。

毒主翁，然後罄家貲以嫁。及議罪，以未成減等，杖脊而已。此可爲後生之戒，非落塵賜祐，王其不免。

謝花六

吉州太和民謝六，以盜成家，舉體雕青，故人目爲花六，自稱曰青師子。凡爲盜數十發，未嘗敗。官司名捕者踵接，然施施自如。巡檢、邑尉數負累，共集近舍，窮索之。其黨康花七者，家已豐餘，欲洗心自新，佯爲出探官軍，密以告尉。尉孫革又激諭，使必得，遂斷其足來，乃遣吏護致。扣其平生，自言：「精星禽遁甲。每日演所得禽名，視以藏匿。如值畢月烏，則以月夜隱於烏巢之下。值房日兔，則當晝訪兔蹊往來。若與本禽遇，則必敗。家居大屋，而多棲止高樹上。是時與康七同行劫，事既彰露，課得觜火猴，乃往水濱猴玃所常游處。忽一猴過焉，甚惡之。明日，復得前課。又明日，亦如之。而猴無足，知必無脱理。見康七來，疑之，欲引避。爲甘言所啖，又念相與爲盜十年，不應遽賣我。纔相近，右足遂遭斫，尚能跳行數十步，得一草藥，解止血定痛，拔以裹斷處。又行百步，痛極乃仆，今無所逃死也。」是年會赦，亦以一支折，得放歸。今猶存，雖不復出，但爲羣盜之師，鄉里苦之。右七事孫革説。

夷堅丁志卷第四 十四事

孫五哥

鄭人孫愈，王氏甥也。年十八九歲時，到外家，與舅女真真者凭闌相視，有嘉耦之約。歸而念之，會有來議婚對者，母扣其意，云：「如真真足矣。」母愛之甚，亟爲訪于兄。兄言：「吾數壻皆官人，而甥獨未仕，若能取鄉薦，當嫁以女。」愈本好讀書，由此益自勤苦。凡再試姑蘇，輒不利。女亦長大，勢不可復留，乃許嫁少保趙密之子。愈省兄愬于臨安，因赴飲舅氏，真真乘隙垂淚，謂曰：「身已屬他人，與子事不諧矣。」愈不復留，即還崑山故居。遇姪革於道，邀同舟，問之曰：「世俗所言相思病，有之否？我比日厭厭，不聊賴，腸皆掣痛如寸截，必以此死。」革宛轉慰解，且誚之，曰：「叔少年，有慈親，而無端戀著如此，豈不爲姻黨所笑？」既至家，館革于外舍。愈宿母榻，半夜走出，呼革起，曰：「恰寢未熟，聞人呼五哥【一】，視之，則真真也。急下牀，茫無所覩，此何祥哉？」革留旬日，過臨安，適真真成禮於趙氏。次日合宴，恍然見人立其旁，驚曰：「五哥何以在此？」便得疾，踰月乃瘳。是時愈已病，羸瘠骨立，與母謁醫蘇城。及門爲母言：「此病最忌噦

校勘記

【一】五哥　涵芬樓本注，原注：愈第五。

逆及嘔血，若證候一見，定不可活。」語畢，忽作惡，吐鮮血數塊而死。方女有所見之夕，愈尚無恙。豈非魂魄已逝乎？後生妄想，不識好惡，此爲尤甚，故書以戒云。女今猶存。

司命府丞

王筌，字子真，鳳翔陽平人。其父登科，兄弟皆爲進士，筌獨閑居樂道。一日郊行，憩瓜圃間，野婦從乞瓜，乳齊於腹。筌知非常人，問其姓，曰：「吾蕭三娘也。」筌取瓜置諸槖以遺之。婦就食，輟其餘，曰：「爾可嘗乎？」筌接取而食，無難色。婦曰：「可教矣。神仙海蟾子今居此，當度後學。吾明日挾汝往見。」及見，海蟾曰：「汝以夙契，得遇我。」命長跪，傳至道，授丹訣，戒以積功累行。遂還家，白母遣妻歸，周游名山。一時大臣薦其賢，賜封沖熙處士。元符三年，再游茅山。先是，中峰石洞忽開，《真誥》所謂華陽洞天便門者也，一閉千歲矣。又甘露□降，道士劉混康曰：「必有異。」既而，筌乃來，受上清籙。是夕，仙樂聞于空浮之上。留踰歲，晝夢二天人與黄衣從者數百乘，擁白虎來迎。跨虎而行，登危躡險，由中峰入石洞，向所開便門，顧視左右，金庭玉室，兩青衣童入通，見茅君，再拜謁。君問勞甚厚，曰：「帝已勑汝華陽洞天司命府丞。」因賜金尺以還。及寤，别混康，曰：「吾數將盡，且有所授，從此逝矣。」下投道人葛沖，曰：「敢以死累公。」預言八月十七日當解化。及期，具衣冠，端坐而卒。時建中靖國歲，春秋財六十一。

劉士彦

劉士彦自睦州通判替歸京師，檥舟宿、泗間。遇乞人，可十七八，目瑩脣朱，光采可鑑，異而問之。對曰：「吾賣豆，每粒千二百錢。」劉曰：「吾適乏錢，只有所衣綿襖以奉償，如何？」曰：「固可也，容取豆。」以紙一幅於兩乳間擦摩之，輒有黑豆數粒出，取一與劉，擲其餘汴水中。劉欲吞之。曰：「未也。」又擦胸掖間，復有菜豆數粒出，亦取一與劉，而擲其餘。劉併吞二豆畢，與所許衣，笑而不取。劉始病蠱不能食，即日食如初而益多。後面色如丹，但每歲一發渴，必飲水數斗，覺二豆在腹中如棗大。乞人又約某年相見於淮西，不知如何也。右二事，見《浮休集》。

蔣濟馬

乾道七年秋，大饑，江西、湖南尤甚，民多餓死。八年春，邵州遣吏蔣濟往衡山岳市買朴硝等物造甲。乘馬以行，緣道踐人麥田，或以米飼馬。二月二十七日，至衡山境内櫟岡，忽天色斗暗，不辨人物，雷聲大震。良久開晴，濟與馬皆仆地死矣。邵州以事申轉運司，轉運判官陳從古牓揭一路，以示戒。

皁衣髽婦

婺源士人汪生，乾道六年春過常州宜興，爲周參政館客。季冬之夕，有婦人自外來，通身皆皁衣，頂爲兩髻，貌絶美，手捧漆柈，柈中盛果饌，别用一銀杅貯酒，徐步至前，曰：「夫人以天寒夜長，念先生孤坐，令妾進酒。」汪且喜且疑，謂：「夫人不應深夜遣美妾獨出，豈非宅内好事者欲試我歟？然服飾太古，似非時世裝。二者皆可疑。」不敢舉首，亦不飲。婦人曰：「此酒正爲先生設，何所嫌？」言之再三，汪遂飲。猶未半，婦人自取果恣食，又謔浪嬉笑，通綢繆之意。汪始愧恐，放酒走出。良久復入焉，一無所見。明夜，其來如初，至于三。汪不得已，悉所見白周公。公曰：「家問尋銀杅無處所【二】，方以責婢僕，得非怪邪？」命遍索幽隱，至酒室，見古鐺甚朴，柈杅皆在内。周曰：「必此物也。」舉其腹視之，乃唐乾封年造，即碎之，自此無所覩。汪説。

沅州秀才

沅州某邑村寺中，僧行者十數輩，寺側某秀才善妖術，能制其命。凡僧出入必往告，得矙施必中分，不然且受禍，雖雞犬亦不可容。紹興三十年，客僧旦過，方解包，會鄰村有死者，急喚僧誦經入殮，時寺衆盡出，唯此客【三】獨往，得錢七百以還。既而衆歸，知是

【二】家問尋銀杅無處所　「問」南圖本作「間」，是。

【三】客　涵芬樓本注，葉本作「客僧」。

事，相顧嗟愕，至暮悉捨去，客固不悟也。飢甚，入廚取食畢，自閉三門，升佛殿，坐佛脚下，以袈裟蒙頭，誦楞嚴呪。夜過半，迅雷一聲起，霹靂繼之，而窗櫺間月色如晝。俄聞鈴鐸音，若數壯夫負巨□【四】，欲上復下，如是三四反。又若失脚而墮，遂悄無所聞。天明出視，得四紙人於階下，旁一棺亦紙爲之，漫摺於懷中。少頃衆至，見之驚，爭問夜所覩。具以本末告之，且云：「彼人習邪法，既不能害人，當自被其害。」試共往扣，則秀才果已斃，四體如刀裂。寺以告縣，遣巡檢索忠者體究其事云。王充老說。

德清樹妖

宋安國爲浙西都監，駐湖州，其行天心法猶不廢。德清民家爲祟擾，激宋至其居，治不効，更爲鬼挫辱。宋忿怒，詣近村道觀齋戒七日，書符誦呪，極其精專。乃仗劍被髮，入民居後大樹下，禹步旋繞。忽震雷從空起，樹高數丈，大十圍，從頂至根，析爲兩。又震數聲，林榦無巨細皆劈裂如算籌，堆積蔽地，怪遂掃跡。

郭簽判女

湖州德清縣寶覺寺，頃有郭簽判葳女柩於僧房，出與人相接，大爲妖害。後既徙葬，而物怪如初。寺中扃此屋三間，不敢居。久之，侍衛步軍遣將卒來近郊牧馬，宗室子趙大

【四】巨□　涵芬樓本注，葉本作「巨木」。

詣寺假屋沽酒，僧云：「無閑舍，獨彼三間，以鬼故不爲人所欲，然非所以處君也。」趙曰：「得之足矣，吾自有以待之。」即日啓門，通三室爲一，正中設榻，枕劍而臥。夜漏方上，女已颯然出，豔妝鮮服，立於前。趙曰：「汝何人？何爲至此？」笑而不言。問之再三，皆不對。趙遽起抱之，頗窘畏，爲欲去之狀。俄頃間，如煙霧而散，懷中了無物。自是帖然。趙居之十餘年，不復有所覩。

鎮江酒庫

歐陽嘗世【五】爲鎮江總領所酒官，以酒庫摧陋，買民屋數區，即其處撤而新之。時長沙王先生赴召，過鎮江。其人精治案魑魅，不假符水呪祓，蓋自能默覩。歐陽遇之於府舍，即往謁，邀至新居，具食以待。扣之曰：「此地有鬼物乎？」曰：「有二鬼，一以焚死，一以縊死，然皆畏君，不敢出。但一大蛇枉死，不知其故，當令君見其形。」左右聞者毛悚。飯罷，王語主人：「可視壁間。」視之，蛇影大如椽，長袤丈，自東而西。乃具詢主吏，對曰：「一酒匠因烝酒墮火中，一庫典以盜官錢自盡。」而不能記蛇事云。右三事，皆歐陽僃說，此其父也。

【五】歐陽嘗世　「嘗」南圖本作「當」。

胡教授母

處州胡教授母，年九十而終。前兩日，何【六】人來與語，使之告世人云：「大鼓不鳴，深水不流。六月降霜，蘆沉石浮。間隔寒泉，高山一丘。」且言：「冥司處處令人報世間，公直爲上，勿攘田土錢物，見專治此等事。」更有數語，傳者以爲不可載。時乾道八年。何德揚說。

戴世榮

武翼郎戴世榮，建昌新城富室也，所居甚壯麗。紹興三十二年，家忽生變怪，每啓房門，常見杯柈殽饌羅列地上，羣犬拱立于傍，篋中時時火作，燒衣物過半而篋不壞。妻趙氏在寢，覺牀側如人擊破瓦缶數枚者，一室振動，塵霧滃然，尋即臥病。或擲甎石器物，從空而下，門闔窗柱，敲擊不暫停，其音亦錚淙可愛。驗擊處，皆如繭栗痕，歷歷可數。醫者黃通理持藥至，奪而覆之，倉黃卻走，飛石搏其腦立死。巫者湯法先跳躍作法，爲二圓石中其踝，匍匐而出。僧志通持穢跡呪，結壇作禮未竟，遭濕沙數斗壅其頭項，幾至不免。親戚來問疾者，慮有所傷敗，皆面壁而行。百種禳禬無少效，趙氏以所受張天師法籙鋪帳頂，裂而擲之地，竟不起。世榮足患小疽，遭怪尤甚，乃取魚網，離地數尺，徧布室中，以避

【六】何　涵芬樓本按：「何」字疑誤。

投石之害，猶擲於網之下不已。相近三二十里，人家盌楪陶器，無一存者，皆不知所以失，蓋其日夜所擊之物也。世榮疾篤，見異物立廷下，馬首赤鬣，長丈餘。須臾，首漸低，大吼一聲，拏空而去。不數日疽潰而死，家遂衰替。世榮雖當室子，然鄉里稱善人，殊不測所以致怪也。趙氏兄善宰說。

京西田中蛇

河中府老兵胡德，壯年往京西捕盜，晝過村野，遇大蛇於麥壠中，昂首疾行，麥爲之靡。數卒挾槍刺殺之，其長丈許，分爲十餘臠，各挈提以去。德取其頭，挂于槍。行未遠，村婦人望見，搏膺迎哭曰：「誰令兒輕出以速死？」率家人共挽德至所居，哀訴且買蛇頭瘗之。又一客以端午日入農民家乞漿，值其盡出刈麥，方小立，聞屋側喀喀作聲，趍而視，則有蛇踞屋上，垂頭簷間，滴血于盆中。客知必毒人者，默自念，吾當爲人除害，乃悉取血置其家虀甕内，詣鄰邸以須。良久，彼家長幼負麥歸，皆渴困，爭赴厨飲虀汁。客飯畢，復過其門，則舉室死矣。外舅爲河中教授日，胡德爲閽者，說此事。

建昌井中魚

大觀戊子年七月五日，建昌軍驛前大井，水連日腥不可飲。居民浚治之，得一魚，可三指大，類鯽，而眼上赤紋，色如金，頭有兩角，細而堅硬。民貯以巨桶，并買楮鏹，送于江。至暮，大風急雨，吹折大木無數，皆疑以爲龍類云。

王立爊鴨

中散大夫史忞，自建康通判滿秩還臨安鹽橋故居，獨留虞候一人，嘗與俱出市，值賣爊鴨者，甚類舊庖卒王立，虞候亦云無小異【七】。時立死一年，史在官日，猶給錢與之葬矣【八】。恍忽間，已拜于前，曰：「倉卒逢使主，不暇書謁。」遂隨以歸，且獻柈中所餘一鴨。史曰：「汝既非人，安得白晝行帝城中乎？」對曰：「自離本府，即來此。今臨安城中人，以十分言之，三分皆我輩也。或官員，或僧，或道士，或商販，或倡女，色色有之。與人交關往還不殊，略不爲人害，人自不能別耳【九】。」史曰：「鴨豈真物乎【一〇】？」曰：「亦買之於市，日五雙。天未明，齎詣大作坊，就釜竈燖治成熟，而償主人柴料之費。凡同販者亦如此。一日所贏，自足以餬口。但至夜則不堪説，既無屋可居。多伏於屠肆肉案下，往往爲犬所驚逐，良以爲苦，而無可奈何。鴨乃人間物，可食也。」史與錢兩千，遣去。明日，復以四鴨至。自是，時時一來。史竊歎曰：「吾，人也，而日與鬼語，吾其不久於世乎？」立已知之，前白曰：「公無用疑我。獨不見公家大養娘乎？」袖出白石兩小顆，授史曰：「乞以淬火中，當知立言不妄。」此媪蓋史長子乳母，居家三十年矣。史入戲

【七】無小異　涵芬樓本注，葉本作「良是」。

【八】猶給錢與之葬矣　涵芬樓本注，葉本作「嘗給錢葬之矣」。

【九】人自不能別耳　涵芬樓本注，葉本作「人亦不知」。

【一〇】鴨豈真物乎　涵芬樓本注，葉本作「鴨自何來」。

之，曰：「外人説汝是鬼，如何？」媪曰：「六十歲老婢，真合作鬼。」雖極忿愠，而了無懼容。適小妾熨帛【一二】在旁，史試投石於斗中，少頃焰起，媪顏色即索然，漸益淺淡，如水墨中影，忽寂無所見。王立亦不復來。予於丙志載李吉事，固已笑鬼技之相似，此又稍異云。朱椿年説，聞之於史倅。

【一二】熨帛　涵芬樓本注，葉本多「有火」二字。

夷堅丁志卷第五十五事

三士問相

政和初【一】，建州貢士李弼、翁椠、黄崇三人偕入京師，游相國寺。時有術者，工相人，平生禍福，只斷以數語【二】，其驗如神，共扣焉。曰：「李君即成名，官至外郎。翁君須後一舉，官亦相次【三】。黄君隔三舉乃可了，官亦與翁同。」既而弼、椠如其言。崇蹉跄恰九歲【四】，方復獲解【五】。入京，相者猶在，見崇來，大呼曰：「何爲至此？」崇詰疇昔事，且言李、翁二君已登科。相者曰：「往來如織，安能記省？姑以君今日論之，法當得陞朝官以上。奈何作不義事，謀財殺人？陰譴已重。速歸，非久當死，不必赴省試也。」又問：「幾子。」曰：「三人。」曰：「行亦絶矣。」崇不樂而退。果下第，歸不一年而死。三子繼夭，妻改嫁，其嗣遂絶。初，崇母既亡，父年過六十，買妾有娠，臨就蓐，崇在郡學，父與崇弟謀：「晚年忽有此，吾甚愧。今將不舉乎？或與人乎？不然，姑養育，待其長，使出家，若何？」對曰：「此亦常理，唯大人所命。不若舉而生之，兄歸須有以處。」妾遂生男。弟遣信報崇，崇即還，揖父於堂。父告以前事，命抱嬰兒出。時當秋半，閩中家家

校勘記

【一】政和初　「初」字原闕，據陸本、南圖本補。

【二】只斷以數語　涵芬樓本注，「只」明鈔本作「質」。

【三】相次　涵芬樓本注，明鈔本作「相似」。

【四】恰九歲　涵芬樓本注，葉本無「恰」字。

【五】方復獲解　涵芬樓本注，葉本無「復」字。

造酒，汲水滿數巨桶，置廷內，以驗其滲漏。崇以手接兒，徑擲桶中，溺殺之。父抆淚而已。蓋黃氏貲業微豐【六】，崇畏兒長大必謀分析，故亡狀如此，宜其隕身絶祀也。李弼仕至朝奉郎、宗子博士，翁褰至承議郎、台州通判，相者可謂造妙矣【七】。

陳通判女

興化陳子輝，紹興戊午待南雄通判闕，居鄉里。當夏夜，家人聚飲，其妻顧長女使理樂，樂聲失節，怒而叱去之，女不復出。酒罷，問所在，得於後堂空室中，對燈把針，癡不省事，挾與還臥床，則已死，氣雖絶而心微温。醫巫拯療不効，凡奄奄百二十日。聞泉州有道士善持法，招之而至。先以法印印遍體，乃召其魂，云爲漳州大廟所録。後兩夕，忽呻吟作聲。至旦，屈右足呼痛。視之，一指破，流血。正晝，稍能開目。又明日始言：「外翁□我去。」女外家在漳州，元未嘗識，而説其舍字不少差。且云：「外翁嫁我與大王作小妻，受聘財金釵兩雙、臂纏一雙、銀十笏、錢千貫、采帛不勝計，豬羊各二十口，酒數十缸。我入王宫，夫人極相憐，每日食飲，必三人共坐，又令訓諸小婢音樂，留甚久。外報家人來欲取我，我未欲歸，王亦使逐去。比兩日間，又報或持官文書督取甚峻，王發怒，遣兵扞拒之。使者將舉火焚宫，通我身皆火焰，王欲相近不復得，羣吏曳我以出。王索轎送我，轎卒恐懼奔竄，不得已獨行。山路險确，腰股俱疲。過嶺下，小石損我足，仆地移時，

【六】微豐　涵芬樓本注，葉本無「豐」字。

【七】相者可謂造妙矣　涵芬樓本注，葉本作「相者之術亦玄妙矣」。

至今猶痛不堪忍。」自是神采如舊，但每至陰雨則小腹必痛。後以嫁迪功郎郭某，辛酉歲成昏於南雄州。

四眼狗

建陽黄德琬，買一犬純黑，而眉下兩點白如眼然，因呼爲四眼。居三歲，田僕陳六來告曰：「宅主衆犬屢齧殺羊。」驗之而信。家凡六犬，命悉擊殺之，勿令遺類，以相教習。五犬死，獨四眼佚去。過兩夕，來夢於黄妻云：「官欲盡殺犬，我實無罪，平生不咬羊，只在後門夜守賊，願免一死。」妻言之於黄，明日再究詰，果不與同類混跡，心欲貸之，已復歸矣。自是真宿後牆下，又七年尚存。

師逸來生債

建陽醫僧師逸好負債，嘗從縣吏劉和借錢十千，累取不肯償。劉憒曰：「放爾來生債。」自是絶口不言。後五歲，逸死。又二歲，劉之母夢其來，如平常，俯而言曰：「昔欠録公錢十貫，今日謹奉還。」遂去。母覺而告劉：「此何祥也？」拂旦，田僕來報：「昨夕三更，白牸生犢。」

張一償債

建陽鄉民張一，貸熊四郎錢兩千，子本倍之，經年不肯償。熊督索倦矣，好與言曰：「無復較息，但求本錢，可乎？」張愧謝，稍以與之，竟負元數八百，熊亦不復取。三年而張卒，卒之四年，熊夢張以八百錢來償，置地上，皆小錢。留與坐，啜茶乃去。覺而與妻說，方竟，一僕扣門曰：「牛生犢甚大，急欲酒作福。」熊喜甚。僅再旬，犢不疾輒死。鄰屠來就買，熊需【八】兩千，屠笑曰：「是有何所直？剥而盡貨，豈不及此數？但有鬻牛之名，當先以酒及【九】栖羹啖里正，又以餉四鄰，乃取其贏。今唯有八百錢，幸見付，否則已耳。」解腰間囊擲于地，正張生夢中所償處，儼然小錢也。熊方悟前事，亟與之。

吴輝妻妾

紹興甲子五月，江浙閩所在大水。崇安縣黄亭鎮人百餘家，盡走登扣冰庵以避之，門廊堂殿皆滿。建陽人吴輝，娶黄亭藍氏，端午日妻歸寧，正值水禍，同一妾從父母棲于庵之鐘樓。睡覺，聞雞鳴，則身乃在山上松林中，莫知所以能至。迨旦觀之，蓋庵後山也。妾亦在旁，父母與家人皆不見。凡來庵中千口，其得生者十之一，悉若虛空中有人送出者。庵屋盡爲水蕩去，地面亦無復存。

【八】需　涵芬樓本注，葉本作「索」。

【九】及　涵芬樓本注，葉本作「炙」。

句容人

紹興二十一年十二月，知建康府王仲道晌遣騶卒往茅山元符宫，限回程甚速。還次中塗，值夜寒甚。望山脚下園屋内爇火，亟就之。至則村民七八輩圍守一尸，云：「是人自縊於此室，吾曹乃里正及鄰保，懼爲蟲鼠所壞，故共守以須句容尉之來。」衆或坐或睡，騶卒不敢久留，獨出行。月色朦朧，方前趍，而屋内人有相踵者。與之語，亦相應答。可二里許，正逢一缺溝，騶躍而過，後者不能越，墜於溝中，其聲董然。騶回步扶掖，則死矣。奔詣道旁舍，扣户告主人，曰：「我欲還府，有山下守尸者相從，失足溝中，似不可救。幸爲語諸人，使視之。」舍翁燭火以往，正見數輩驚遽馳走，言失卻死尸。聞其報，隨以前，果得之。復舁還室，舉置繩繯中。明日，尉熊若訥始至。蓋强魂附尸，欲爲厲，騶卒亦危哉。

荊山莊甕

秦氏當國時，金陵田業甚富。曰永寧莊者，保義郎劉穩主之。曰荊山莊者，陳某主之。紹興壬申，劉因事過陳舍，留宿。晚如厠，見羣豬環瓮飲米泔，瓮爲豬所摩，微露黄色，扣之，則銅也。還訪於陳，曰：「頃以瓦甕或木槽飼豕，屢爲所壞。前歲耕夫獲此於土中，吾以米五斗得之，質性堅重，庶其可久。」劉曰：「我欲買往句容，改鑄器玩，可乎？」陳曰：「細事耳。」劉償絹兩匹，命僕持歸。磨治瑩潔，光采粲然。是歲，齎租入詣秦府，試以獻相君。相君視之，乃真金也。蓋漢時生金所製，重二十四斤。即奏諸御府，而厚以錢帛犒劉生。

員家犬

員琦爲建康軍統領官日，部有四人善盜，晝解人衣，夜探雞犬，無虛日。琦諭隊將戒之，貸其前過，曰：「後勿復犯。」琦家養狗，黑身而白足，名爲銀蹄，隨呼拜跪，甚可愛。忽失之，揭牓募賾，凡兩日餘，老兵來報：「四偷方殺狗亨食。」亟遣驗視，狗已熟，皮毛儼然。琦命虞候湓埋，又以灰印印地面，使不可竊取。窮究曲折，果四人同謀，二人用索鉤罥之於東門外城下。琦呼責將官，猶以己微物【一〇】，使勿深治，將官取同謀者杖背五十，正盜者鞭滿百。旬日內，受鞭者皆死。一夕，琦門內聞狗爬聲，絶似銀蹄，家人皆笑曰：「豈狗鬼乎？」呼之即應。及啓門，摇尾而入，銜人衣，且拜且躍，悦樂不勝名狀。明日，驗瘞處印如初，土亦不陷，但穴中空空。又疑向所殺者爲他人家畜，復具載形色遍牓外間，許人識認，亦無尋訪者。始知其寃業所召云。銀蹄再活十年，方死。

【一〇】微物　「微」原闕，據陸本、南圖本補。

威懷廟神

建陽縣二十里間蓋竹村，有威懷廟，以靈應著。陳秀公升之少年時，家苦貧，朋友勉以應鄉舉，公雖行，而心不樂，過廟入謁，祝盃筊曰：「某家貧，今非費數千不可動，亦無所從出，敢以決於靈侯。」舉三投之，皆陰也，意愈不樂。同塗者强挽以前。既入城，夢人白言，蓋竹威惠侯來相見，出延之，具賓主禮。神起謝曰：「公惠顧時，吾適赴庵山宴集。夫人不契勘，誤發三陰筊。公此舉即登科，官至宰相矣。」公驚寤。他日齋戒，密往禱，連得吉卜。如所占，果拔鄉薦，明年登甲科，爲熙寧相。

靈泉鬼魋

王田功撫幹，建陽人，居縣境之靈泉寺。寺前有田，田中有墩，墩上巨木十餘株，徑皆數尺，藤蘿繞絡，居民目爲鬼魋，幽陰肅然，亦有歲時享祀者。王將伐爲薪，呼田僕操斧，皆不敢往。王怒，欲撻之，不得已而行。纔施數斧，木中血流，僕懼乃止，還白焉。王撻其爲首者二人，曰：「只是老樹皮汁出，安得血？」羣僕知不可免，共買紙錢焚之，被髮斫樹。每下一斧，即呼曰：「王撫幹使我斫。」竟空其林，得薪三千束。時紹興十三年也。經月，王疽發於背，自言見祟物。既死，祟猶不去。衆爲别栽木其處以謝之，今蔚然成林，崇始息。

魚病豆瘡

溧水尉黄德琬，巡警至高淳鎮，見漁人檥舟十數泊岸旁，不施罔罟，貌有愁色。問其故，對曰：「今歲黄顙魚遭疫，皆患豆瘡。數日以來，無一魚可捕。」黄命取驗之。舉罔得數枚，熟視，果病瘡，正與人所苦無異。或遍身，或頭尾口眼間云。踰月方平復，然居人畏有毒，不敢食也。

石臼湖螭龍

溧水縣石臼、固陽湖【一二】，中淺處，有官圩亘八十四里，爲田千頃，名曰永豐圩。政和以來，歷賜蔡、韓、秦三將相家。紹興二十三年四月，爲江水所壞，朝廷下江東，發四郡民三萬修築。時秦氏當國，州縣用命，督工甚整。次年四月十二日正晝，忽有巨物浮宣江而下，鼊浪蔽川，昂首游其間，如蛟螭之類而戴角。村民老弱夾岸呼譟，爭擕罔罟籃畚，循水旁捕魚。邑尉黄德琬適董役，見之，問其人。皆云：「螭龍也。或一年，或二年，或三五年，必一出。其體涎沫甘腥，故羣魚逐而唼食。但掠岸時，漁人所獲無百斤以下者。」是日，此物穿丹陽湖而去。至歲暮，石臼湖冰合，舟楫不通。月望夜，又一螭自湖中徙丹

【一二】固陽湖　李按：據正文，「固」，疑爲「丹」之誤。

陽，聲如震霆，堅冰裂開一丈二尺餘，鼓浪亦高，冰破處，經兩日不合。乃知圩隄決潰，蓋是獸所爲也。

陳才輔

建炎末，建賊范汝爲、葉鐵、葉亮作亂。建陽士人陳才輔集鄉兵殺葉鐵父母妻子，賊猖獗益甚。紹興元年，遂據郡城。朝廷命提舉詹時升奉使，謝嚮同招安【一二】。羣盜皆聽命，獨葉鐵不肯，曰：「必報陳才輔，乃可出。」詹爲立重賞，擒獲以畀之。鐵選二十輩監守【一三】，人與錢一千，戒之甚至，曰：「失去則皆斬。」欲明日邀使者及諸酋【一四】高會，而甘心焉。監者以巨索縛陳脚，倒垂【一五】梁間，大竹【一六】篾拳其手，劍戟成林【一七】，相近尺許，臿一刀甚利，至二更，衆皆醉，陳默禱曰：「才輔本心忠孝，爲國爲民，老母在堂，豈當身受屠害？若神明有知，願使此曹熟睡，刀自近前，爲破索出手，使得脱去。」良久，刀果自前【一八】，如神物推擁。陳以掌就，斷其篾。兩手既釋，稍【一九】扳援割截，繫縛盡斷，遂握刀趨門。一人睡中問：「誰開門【二〇】？」應曰：「我。」其人不知爲陳也，曰：「不要失卻賊。」陳曰：「如此執縛，何足慮？」及出門，已三鼓，行穿後巷，約一里，聞彼處喧呼，曰：「走了賊。」陳益窘，顧路旁坎下篁竹蒙翳，急藏其間。而千【二一】炬齊發，搜尋殆遍，坎中亦下槍刃百十，偶無所傷。諸人言：「必

【一二】謝嚮同招安　涵芬樓本注，葉本「同」下多一「往」字。
【一三】鐵選二十輩監守　涵芬樓本注，「選」葉本作「以」，「二」葉本、陸本作「三」。
【一四】諸酋　涵芬樓本注，葉本作「首領」。
【一五】垂　涵芬樓本注，葉本作「懸」。
【一六】大竹　涵芬樓本注，葉本作「以大竹」。
【一七】劍戟成林　涵芬樓本注，葉本作「劍戟森列」。
【一八】刀果自前　涵芬樓本注，葉本作「刀果忽近」。
【一九】稍　涵芬樓本注，葉本多一「可」。
【二〇】誰開門　涵芬樓本注，葉本無「開門」二字。
【二一】千　涵芬樓本注，葉本作「十」。

歸建陽【二二】，或向劍浦，宜分詣兩道把截。」陳不敢擇【二三】徑路，但屈曲穿林莽中【二四】。明日，抵福州古田境，賣所持刀，得錢買飯，直趨泉州，就其姊【二五】壻黄秀才。踰八日，而十卒持詹君帖至，復成擒。陳知不免，亟自碎鼻以血汙身，佯若且死。十卒自相尤曰：「奈何使至此【二六】。」扛置邸中，真以爲困悴，不復防閑。又三日，黄生來視，適茶商置酒，招黄及十人者【二七】。商家相去稍遠【二八】，唯七人往赴，留三人護守。陳又默禱如曩時，三人皆飲所餉酒亦醉。買菜作羹，一坐房前，一吹火竈間，一洗菜水畔，陳乘間攜棍棒，揮擊即死【二九】。南走漳州，竟得脱。明年韓蘄王平賊，陳用前功得官。

張琴童

張永年居京師時，值暮冬大雪，家人宴賞。遣小蒼頭曰琴童者，持糖蟹海錯，餉三里間親戚家。小兒輕捷，不憚勞，雪中往復三四反，雙足受凍，色紫黑。其母居門首，見而念之，呼入與湯使淋洗。凍已極，不知痛。少頃，八指悉墮盆中。母視之，皮内血皆成冰，爲湯所沃，故相激而斷。此卷皆黄德琬説。

【二二】必歸建陽　涵芬樓本注，「歸」葉本作「走」。

【二三】擇　涵芬樓本注，葉本作「由」。

【二四】穿林莽中　涵芬樓本注，「中」葉本作「行」。

【二五】姊　涵芬樓本注，明鈔本作「妹」。

【二六】奈何使至此　涵芬樓本注，「使」陸本作「便」。

【二七】十人者　涵芬樓本注，葉本多一「飲」字。

【二八】商家相去稍遠　涵芬樓本注，葉本作「商居稍遠」。

【二九】陳乘間攜棍棒揮擊即死　涵芬樓本注，葉本作「陳乘間揮棍，擊三人皆死」。

校勘記

夷堅丁志卷第六 十四事

和州毛人

宣和中，和州一老婦人攜兩男，大者二十六歲，小者二十歲，云在孕皆二十四月乃生，遍體長黑毛，有光采，眼睛如點漆，白處如碧雲，脣朱如丹，皆善相術。嘗召赴京師，賜金帛遣歸。州通判黃達如邀問相，大者曰：「可至大夫，典州。」生六子，其半得官。」黃呼長子出見，問：「有官否？」搖其首。問：「壽幾何？」曰：「將錢來數。」至四十四錢，顧其弟曰：「是麽？」弟曰：「是。」即與之。又相長女，問：「有封邑否？」不對。問壽，得五十三錢。相次女，得二十七錢。凡閱數人，率如是而已，初無多言。是後二十餘年，黃仕歷御史、郎官，至朝請大夫、知徽州而卒。六子，三入官。長子、長女享年如所得錢之數。次女以紹興甲子歲從其夫祝生赴衡山尉，溺死於江，恰二十七歲。

王文卿相

建昌道士王文卿，在政和、宣和間，不但以道術顯，其相人亦妙入神。蔡京嘗延至家，使子孫盡出見，王皆唯唯而已。獨呼一小兒，謂曰：「異日能興崇道教者，必爾也。」京最愛幼子，再詢之，王拊所呼兒背，曰：「俟此兒橫金著紫，當賴其力，可復官。」京大不樂。小兒者，陳桷元承也，母馮氏，蔡之甥，故因以出入蔡府。紹興間，諸蔡廢絶，陳佐韓蘄王幕府，主徽猷閣待制、知池州。歲在辛酉，蔡京子孫見存者特敘官，向所謂幼子者，適來池陽料理，陳爲之保奏，陳行天心法，食素，真一黄冠耳。

奢侈報

紹興二十三年，鎮江一酒官愚騃成性，無日不會客。飲食極於精腆。同官家雖盛具招延，亦不下箸，必取諸其家。誇多鬬靡，務以豪侈勝人。嘗令匠者造十卓【一】，嫌漆色小不佳，持斧擊碎更造焉。啖羊肉，唯嚼汁，悉吐其滓，他皆類此。統領官員琦從軍於彼，每苦口諫之，反遭訕辱。後八年，琦從太尉劉錡信叔來臨安，謁貴人於漾沙坑。琦坐茶肆，向來酒官者直入相揖，裹碎補烏巾，著破布裘，裘半爲泥所污，跣足行，形容不可辨。久乃憶之，問其故，泣而對曰：「頃從京口任滿到都下求官，累歲無成。孥累猥衆，素不解生理，囊槖爲之一空，告命亦典質，妻子衣不蔽體。每日求丐，得百錢，僅能菜粥度日。」琦曰：「何至沾汙如是？」曰：「得錢糴米，而無菜資，但就食店拾所棄敗葉。又無以盛貯，惟納諸袖中，所以至是。」琦惻然曰：「亦記昔時相勸乎？」曰：「天實折磨，何所

【一】卓　涵芬樓本注，葉本多一「器」字。

追悔！」琦邀至所寓，餉以羊酒，又與錢十千，使贖告身。後不復見。又有郭信者，京師人。父爲内諸司官，獨此一子，愛之甚篤。遣從臨安蔡元忠先生學。信自僦一齋，好絜其衣服，左顧右眄，小不整，即呼匠治之。以練羅吴綾爲鞋襪，微汙便棄去，浣濯者不復着。黄德琬以紹興己卯赴調，適與之鄰，每勸之曰：「君後生，未知世務，錢財不易得，君家雖富，亦不宜枉費。日復一日，後來恐不易相繼耳。」信殊不謂然。隆興甲申冬，黄再入都，因訪親戚陳晟，見信在焉。爲晟教幼子，衣冠藍縷，身寒欲顫，月得千錢。自言：「父已死，尚有田三百畝，家資數千緡，盡爲後母所擅。一夕徑去，不知所往。素不識田疇所在，無由尋索也。」黄與數百錢，捧謝而退。

陳元輿

陳元輿軒侍郎，建陽人。元名某，未第前，夢經兩高門，各有金書額，若寺觀然。一曰「左丞陳軒」，一曰「右丞黄履」。既覺，即改名。以嘉祐八年第二人登科，履真至右丞，而陳但龍圖閣直學士。暮年，謂諸子曰：「吾白屋起家，平生不作欺心事，今位不副夢，嘗思其由。昔年守杭州日，寄居達官盛怒一老兵，執送府欲杖之。而此兵年餘七十，法不應杖，吾既聽贖，而達官折簡來相誚，不獲已，復呼入。其家人羅拜泣請曰：『若杖必死。』吾不聽，亟命行決，果死於杖下，舁尸而出。至今二十年，吾未嘗不追以自咎也。違法徇情，殺人招譴，宜其不登大位。汝等宜戒之。」方陳夢時，左右丞乃寄禄官，其後始以爲執政，蓋幽冥中已知之矣。

高氏飢蟲

從政郎陳樸，建陽人。母高氏年六十餘，得飢疾。每作時，如蟲齧心，即急索食。食罷乃解【一】，如是三四年。畜一貓甚大，極愛之，常置于旁【二】，貓嬌呼，則取魚肉和飯以飼。建炎三年夏夜，露坐納涼，貓適叫，命取鹿脯自嚼而啖貓，至于再。覺一物上觸喉間，引手探得之，如拇指大，墜于地。唤燭照其物，凝然頭尖匾，類埸沙魚，身如鰕殼，長八寸，漸大，侔兩指，其中盈實，剖之，腸肚亦與魚同，有八子胎生，蠕蠕若小鰍。人皆莫能識爲何物，蓋聞脯香而出也。高氏疾即愈。

【一】食罷乃解　涵芬樓本注，葉本作「食入方解」。

【二】常置于旁　涵芬樓本注，葉本作「常置座旁」。

翁吉師

崇安縣有巫翁吉師者，事神著驗，村民趍向籍籍。紹興辛巳九月旦，正爲人祈禱，忽作神言曰：「吾當遠出，無得輒與人問事治病。」翁家貇訴曰：「累世持神力爲生，香火敬事，不敢怠。不知何以見捨？」再三致叩，乃云：「番賊南來，上天遍命天下城隍社廟，各將所部兵馬防江，吾故當往。」曰：「幾時可歸？」曰：「未可期，恐在冬至前後。」自是影響絶息。嘗有富室病，力邀翁，嚴絜祭禱，擲珓百通，訖不下。至十二月旦，復附語曰：「已殺卻番王，諸路神祇盡放遣矣。」即日靈響如初。

陳墓杉木

建陽民陳普祖墓傍，杉一株甚大。紹興壬申歲，陳族十二房，共以鬻於里人王一【四】，評價十三千，約次日祠墓伐木。是夜，普夢白須翁數人云：「主此木三百八十年，當與黄察院作椁，安得便伐？」普曰：「誰爲黄察院？」曰：「招賢里黄知府也。」普曰：「渠今居信州，豈必來此？」翁曰：「汝若不信，必生官災。况我輩守護歷載，雖欲賣，必不成。」普覺而語其妻，妻曰：「只爲此樹，常遭孫姪怒駡，切勿妄言。」明日，王一攜錢酒及鵝鴨來祀冢，罷，與衆聚飲於普家【五】。飲畢，人分錢千有八十，尚餘四十錢，普取之，曰：「當以償我薪直。」一姪素兇很，奪而撒于地，普怒毆之，至折其足。王一猶未去，懼必興訟，不復買木，但從諸人索錢，四人不肯還，又相毆，遂詣邑列訴。初，諸陳各有田三二十畝，因是蕩焉，或竄徙它縣。後五年，黄察院卒於信州，其子德琬買椁未得，訪求於故里，有以陳杉來言【六】，云：「願鬻已久，因校四十錢，數房蕩析，恐不能遽合爾。」試遣營之，則三日之前，在外者適還，是時已成十六家，各與千錢，皆喜而來就，竟仆以爲椁。普方話昔年夢，琬細視木理，恰三百八十餘暈云。察院名達如。

【四】一　涵芬樓本注，葉本作「乙」。

【五】與衆聚飲於普家　涵芬樓本注，「與」葉本作「集」，又葉本無「於普家」三字。

【六】有以陳杉來言　涵芬樓本注，葉本作「有以陳杉木言者」。

永寧莊牛

秦氏建康永寧莊，有牧童桀横，常騎巨牛縱食人禾麥，民泣請不悛，但時舉手扣額訴于天地。紹興二十四年三月中，正食麥苗，風雨雷電總至，牛及童俱震死。同牧兒望見空中七八長人，通身著青布衣，於烈焰中提童去，又一人挈牛升虚，鑿其腦後一竅，闊寸許，舌出一尺，火燎其毛無遺。監莊劉穩命舁牛棄諸江，民竊攬取剥食之。劉詣尉訴，尉諭勸之，乃止。

犬齧緑袍人

崇安人彭盈，納粟得將仕郎。既受命，詣妻家致謝。其家養七八犬，甚大且惡，居深山間，素無官人登門。彭服緑袍拜妻母未竟，羣犬不吠，同時而出，一犬先齧幞頭，衆犬環搏之，面皮耳鼻皆破，滚轉于地。家人驚迫，以巨棒痛擊方退。彭已困卧血中，惛不能知人，兩日而死。犬吠所怪，蓋真有之。鍾士顯侍郎只一子，蔭補入官，往妻族講禮，斃於犬，其事正同。

葉德孚

建安人葉德孚，幼失二親，唯祖母鞠育拊視，又竭力治生【七】。嘗語葉云：「術士言汝當得官，吾欲求宗女爲汝婦。」建炎三年，因避寇徙居州城，而城爲寇所陷，時葉二十一歲矣。祖母年七十不能行，盡以所蓄金五十兩、銀三十鋌付之，使與二奴婢【八】先出城，戒曰：「復【九】回挾我出，勿得棄我【一〇】。我雖死【一一】，必怨汝【一二】於地下。」葉果不復入【一三】，祖母遂死寇手。及亂定，已不可尋訪。葉用其物買田販茶，生理日富。紹興八年，假手獲鄉薦，結昏宗室，得將仕郎。明年參選，以七月二日謁蜀人韓憒問命。韓曰：「必作官人，不讀書亦可。若詢前程，俟過二十二日立秋別相訪，當細爲君説。」葉大怒，幾欲箠辱之，同坐黄德琬勸使去。後十六日，葉得病，即嘔血，始以爲憂。同行鄉僧來貨茶，與之同歲，乃令具兩命復詣韓。韓曰：「記得此月初曾看前一命，但過不得立秋。此日不死，吾不談命。」僧歸，不敢言。葉病中時時哀鳴曰：「告婆婆，當以錢奉還。願乞命歸鄉，勿陵遲我。」竟以立秋日死。葉不孝不義，鬼神當殛之，客死非不幸也。韓之術，一何神哉！

【七】唯祖母鞠育拊視又竭力治生　涵芬樓本注，葉本作「唯祖母鞠養，竭力治生，撫以成人」。

【八】二奴婢　涵芬樓本注，葉本無「婢」字。

【九】復　涵芬樓本注，葉本作「急」。

【一〇】勿得棄我　涵芬樓本注，葉本作「汝若棄我」。

【一一】我雖死　涵芬樓本注，葉本無上二字。

【一二】必怨汝　涵芬樓本注，葉本無「汝」字。

【一三】葉果不復入　涵芬樓本注，「不」下，明鈔本多一「獲」字。

茅山道人

丙志所紀秦昌齡咎證事，不甚詳的。今得其始末，復載於此。紹興癸酉三月，秦同其姪焞詣茅山觀鶴會，邀溧水尉黄德琬訪劉蓑衣於黑虎洞。林間席地飲酒，遣小史呼能唱詞道人，俄二十輩來。迨夜，步月行歌，至清真觀路口道堂，衆坐，諸人各呈其伎。忽空中如人歌四句，黄尉能記其二，云：「四十三，四十三，一輪明月落清潭。」秦正四十三歲矣，大不樂。歷扣二十人，此誰所言，皆曰：「元未嘗發口。」乃罷酒而還。九月果卒。前一年，達真黄元道謂秦曰：「君有寃對，切忌四三。」秦懇求解釋之術。時幼兒弄磁瓢爲戲，黄取其一，呵祝以授秦。秦接之，手内如火，不覺撲于地。黄復拾取，歎息曰：「了不得。」回顧醫者湯三益曰：「君宜藏此物，遇有急則傾倒之，得青丸則不可服，紅丸則可服。」後三年湯病傷寒甚篤，試傾其瓢，得紅藥一顆服之，即瘳。至今猶在。

泉州楊客

泉州楊客爲海賈十餘年，致貲二萬萬【一四】。每遭風濤之厄，必叫呼神明，指天日立誓，許以飾塔廟，設水陸爲謝。然纔達岸，則遺忘不省，亦不復紀録。紹興十年，泊海洋【一五】，夢諸神來責償。楊曰：「今方往臨安，俟還家時，當一一賽答，不敢負。」神曰：

【一四】二萬萬　涵芬樓本注，「萬萬」葉本作「鉅萬」，明鈔本不疊「萬」字。

【一五】泊海洋　涵芬樓本注，「泊」葉本作「出」。

「汝那得有此福？皆我力爾【一六】，心願不必酬，只以物見還。」楊甚恐。以七月某日至錢塘江下【一七】，幸無事，不勝喜。悉輦物貨置抱劍街【一八】主人唐翁家，身居柴垛橋西客館。唐開宴延佇，楊自述前夢，且曰：「度今有四十萬緡，姑以十之一酬神願，餘攜歸泉南置生業，不復出【一九】矣。」舉所賫沉香、龍腦、珠琲珍異，納于土庫中。他香布、蘇木不減十餘萬緡，皆委之庫外。是夕大醉。次日，聞外間火作，驚起，走登吳山，望火起處尚遠。俄頃間，已及唐翁屋。楊顧語其僕：「不過燒得麄重，亦無害。」良久，見土庫黑煙直上，屋即摧塌，烈焰亘天。稍定還視，皆爲煨燼矣。遂自經於庫牆上，暴尸經夕。僕告官驗實，乃得槀葬云。

僧化犬賦

陳茂秀才，建陽人，工爲文，聚徒數十人於開福寺地藏院。院僧德輔能誦孔雀經，主持水陸，戒律頗嚴。陳之徒擾之已甚，稍不副其欲，浸潤於陳，陳遂撰《德輔白晝化犬賦》播于外。其隔聯云：「飢噬米糠，幾度尋思於藥食。冷眠苕帚，這回拋棄於禪床。」闔邑士民驚而來問，四遠傳者皆以爲然。輔不勝忿，具疏告天地，旦旦登鐘樓以額扣鐘，一扣一拜，日百拜乃止。已而陳得疾，瘡穢遍體，不復能聚徒，困悴以死。衆謂口業招譴然。僧之用心報復，亦爲已甚矣。

【一六】皆我力爾　涵芬樓本注，「力爾」葉本作「祐汝」。

【一七】錢塘江下　涵芬樓本注，「下」葉本作「岸」。

【一八】抱劍街　涵芬樓本注，「街」葉本作「營」。

【一九】不復出　涵芬樓本注，葉本多一「海」字。

張翁殺蠶

乾道八年，信州桑葉驟貴，斤直百錢。沙溪民張六翁有葉千斤，育蠶再眠矣，忽起牟利之意，告其妻與子婦，曰：「吾家見葉以飼蠶，尚欠其半。若如今價，安得百千以買？脱或不熟，爲將奈何？今宜悉舉箔投于江，而采葉出售，不唯百千錢可立得，且徑快【二〇】省事。」翁素伉暴，妻不敢違。陰與婦謀，恐一旦殺蠶，明年難得種，乃留兩箕，藏婦床下。是夕，適有竊桑者，翁忿怒，半夜持矛往伺之。正見一人立樹間，仰揕以矛，洞其腹，立墜地死。歸語家人曰：「已刺殺一賊矣。彼夜入爲盜，雖殺之無罪。」妻矍然，疑必其子，趨視之，果也，即解裙自經【二一】于樹。翁訝妻久不還，又往視，復自經死。獨餘婦一身，燭火尋其夫，乃見三尸，大呼告鄰里。里正至，將執婦送官，婦急脱走，至【二二】桑林亦縊死。一家無遺，元未得一錢用也。天報速哉！此卷亦黃德琬説。

【二〇】徑快　涵芬樓本注，明鈔本作「輕快」。

【二一】自經　涵芬樓本注，明鈔本作「自縊」，下同。

【二二】至　涵芬樓本注，葉本無「至」字。

夷堅丁志卷第七十六事

戴樓門宅

顯謨閣直學士林邵，年二十歲時，赴省試。入京師，僦居戴樓門内，所處極荒僻，人多言彼宅凶怪，以其僦直廉，不問也。數日後，聞堂屋兩山小兒語聲，喚僕登屋視之，無所見。次夕三鼓，宿房内有盜至，盡揭蓋覆衣衾去，而門窗如初。須臾，一僕舉所臥薦席，其下若新坎穴，衣衾在焉。又次夕，陰晦中，一物墜地，聲甚大，至曉，乃花紋石段四五，各長數尺。里巷來觀，有識者云：「此州橋花石也。」時方修橋，往驗之，信然，遂徙出。

林氏壻婢

林顯謨長女，初嫁一武官。夫婦對飲，遣婢往堂後小圃摘菜。少頃，壻忽大叫仆地，如中風狀，至曉始蘇。婢亦方還，蓬頭垢面，衣服皆沾污，疑其乘隙，有他過，詰之。云：「初入圃，放燈籠於側，以小刀掘菜根。方舉一窠，有小兒長尺許，自地踊出。揮刀斫之，應手成四五。兒愈斫愈多，牽衣而上，遂爲所壓墜，昏不醒。及覺，日已出。」度其見怪時，正壻得疾之際。壻自是感心疾死，林女後適中大夫任廱。

王厚蘿蔔

王厚，韶之長子，位至節度使，爲邊帥。晚年歸京師，一日家集，菜楪内蘿蔔數十莖忽起立，須臾行於案上，衆皆愕然。厚怒形於色，悉撮食之，登時嘔吐，明日死。幼弟寀，字輔道，宣和初爲兵部侍郎，坐天神降其家，被極刑，人以爲韶用兵多殺之報。

天台玉蟾蜍

蔡州城西軍營中，有廟曰天台山廟，不知其義。廟中有石，高三尺，石眼有水，雖旱歲不涸。嘗爲人發地測之，愈深愈大，不可窮極。又有小白蟾蜍，雪色而朱目，常在水中，或至人家，則爲吉兆。朱魯公丞相勝非，郡人也，崇寧四年春，得之於所居堂户限下。以淨器覆之，周圍封誌甚密，祝之曰：「若果通靈，當自歸廟。」至暮舉器，無見矣。徑往廟訪視，乃在水中。是歲，朱公登第。

濟州逆馬

政和初，濟州村民家馬生駒，七日大與母等，額上一目中有二睛，鼻吻如龍，吻邊與蹄上斑文如虎，色正赤，兩膊皆起肉焰。一夕，食其母，皮骨無遺，逸出田間。民慮其爲患，集數十人追殺之。近邸畫工圖其形以示人，蓋獸中梟獍也。

南京龜蛇

靖康元年閏月，北虜犯南京【一】，合圍方急，有穹龜見城中，大如車輪，高三尺，骨尾九條【二】，甲色黄如蠟。每甲刻一字，可辨者八，云「郭負放生，千秋萬歲」，餘不可讀【三】，目光射人【四】，頸鱗如錢，顧視殊不凡。留守朱魯公命置于城隍廟，郡人急往觀。公畏其惑衆，乃言：「龜不食，豈思水耶？」投之南湖，不復出。繼又雷萬春廟有大赤蛇，蟠香爐中，累日不動，但時或舉首，人莫敢近。公作文祭焉，且言：「賊犯城，不施陰助，乃出異物以怖人，何也？」即日蛇亡。凡受敵踰半年，竟不能陷。

秉國大夫

張邦昌爲中書舍人使高麗，至明州，謁東海廟。夜夢神告曰：「他日至中書侍郎，但不可爲秉國大夫。」後數年，當宣和末，果有鳳池之拜。靖康元年正月九日，圍城中拜少宰，出質於虜營，挾以歸燕山。明年都城失守，虜脅立爲楚帝，遂坐誅。

【一】北虜犯南京　「虜」下原有「南」字，據陸本、南圖本删。

【二】骨尾九條　涵芬樓本注，「骨」葉本作「分」。

【三】餘不可讀　涵芬樓本注，葉本多「但見有」三字。明鈔本作「烜晃猶」。

【四】目光射人　涵芬樓本注，明鈔本「目」作「日」。

朱勝私印

朱丞相留守南京，虜寇來攻，方修守備。夜巡城至南門，見壕外光照地，冏然如燭。遣人視之，無物也，謹識其處。旦而掘之，得一銅方印，大徑寸，古篆四字曰「朱勝私印」，銅色深緑，製作甚精。朱公名勝非，而印曰「朱勝私」，亦異矣。右八事皆見朱丞相《秀水閒居録》。

乾道八年，予仲兄留守建康，亦發土得印，徑寸七分，其文十二字，曰「西道行營水陸諸軍都虞候印」，欲考其何時，而未暇也。

大渾王

聞人興祖，字餘慶，秀州人。博學有文采，魁伉豪放，不拘小節。居於近郊，自稱東郊耕民。爲州學録，與學諭婁虡友善。紹興丁卯夏，虡以疾卒。秋九月，興祖夢一客來訪其居，緋袍跨馬，導從甚盛，諦視，乃虡也。謂興祖曰：「幸當與君聯事。」呼後騎使升，曰：「此馬頃刻千里。」俛仰間，身已據鞍，遂交轡而行。夾道列炬如晝，行數里，火光浸微。至大官府中，有殿南向垂簾，簾内燈燭明滅，廷下吏卒，或坐或卧，見二騎至，不爲起。二人轉而東，復少北，有聽事。對設兩榻，執事者鞠躬聲喏，虡揖就坐曰：「此君治所也。」俄一小兒自屏間出，挽其衣，虡曰：「令嗣先在此矣。」蓋數年前所失稚子也。虡曰：「君且歸，徐當相迎。」興祖方攬辔，蹶然而寤。明日，徧告常所來往者，疑爲不祥。未幾，因出謁，過婁氏之門，毛骨凛然俱竦，即得疾。扶歸家，信宿而卒。卒後其表弟陳振夢見之，與語如平生。振曰：「聞兄爲冥吏，信否？」興祖唯唯。振又曰：「人持盃珓來卜者，兄能告以吉凶乎？」曰：「大渾王雅不喜此。」振曰：「然則兄爲大渾王官屬邪？」興祖遽曰：「吾失言，吾失言。」號慟而去。振驚寤，尚依約聞其哭聲云。

張氏獄

政和初，宗室郇王仲御判宗正。其第四女嫁楊侍郎之孫，楊早失【五】父，其母張氏性暴猛，數與婦爭詈。楊故元祐黨籍中人，門户不得志，婦尤鬱鬱。張嘗曰：「汝以吾爲元祐家，故相陵若此。時節會須改變，吾家豈應終困？」婦以其語告郇王。王次子士驪妻吴氏，王荆公妻族也。每出入宰相蔡京家，遂展轉達於京。京以爲奇貨，即捕張，置開封獄。府尹劾以誹謗乘輿，言語切害【六】，罪至陵遲處斬【七】。二法吏得【八】其事，曰：「婦人尚無故殺法，安得有大逆罪？」尹怒，並杖之，二人皆以瘡潰死。張竟抵法。行刑之日，郇王矍然，不謂至此。驪與兩弟入市觀，未幾輒相繼死。驪見婦人被血蹲屏帳間，又作鬼語曰：「我本不欲校，無奈二法吏不肯。」蔡京後感疾，命道士奏章。道士神游天門，見一物如堆肉而血滿其上。旁人言：「上帝正臨軒決公事。」頃之，一人出，問道士何以來，告

【五】失　涵芬樓本注，葉本作「喪」。

【六】言語切害　涵芬樓本注，葉本作「言涉不道」。

【七】斬　涵芬樓本注，明鈔本作「死」。

【八】得　涵芬樓本注，葉本作「持」。

之故。其人指堆肉曰：「蔡京致是婦人於極典，來訴于天，方此【九】震怒，汝安得爲上章？」對曰：「身爲道士，而奉宰相之命，豈敢拒之？」曰：「後不得復爾。」又曰：「適已有符，遣京送潭州安置矣。汝可亟還。」道士寤，密以告所善者。又十年，京乃死於長沙。然鄆王女及吴氏俱至八十【一〇】。

湯史二相

縉雲湯丞相、四明史丞相，紹興十五年乙丑，俱在臨安。湯公以政和【一一】令赴詞科，史公以進士赴省試，同詣韓慥問命。慥時方葺所居，僅留一席地。每客來，立談即逝。及二公至，各言甲子，慥呼小女設倚，延坐置茶，咨歎良久，拱手曰：「二公皆宰相，即日亨奮矣。」皆不敢自謂然。是年，並擢第。湯公由館閣、翰苑登樞府，以丁丑歲拜相。史公方爲太學博士，常語人曰：「韓慥言湯公信神驗，何獨至於我而失之？今之相望，真天冠地屨也。」庚辰之冬，湯公自左揆免歸，史公正直講建邸，用攀附恩亟遷，癸未春拜相。

荆山客邸

韓洙者，洺州人。流離南來，寓家信州弋陽縣大郴村，獨往縣東二十里，地名荆山，開酒肆及客邸。乾道七年季冬，南方舉人赴省試，來往甚盛。瓊州黎秀才宿其邸，旦而行，

【九】此　涵芬樓本注，葉本無「此」字。

【一〇】八十　涵芬樓本注，葉本多一「卒」字。

【一一】政和　涵芬樓本注，嚴校：政和二字模糊，元本潤寫成之。李按：南圖本正作「政和」。

遺小布囊於房。店僕持白洙，洙曰：「謹守之，俟來取時審細分付。」黎生行至丫頭巖，既一驛矣，始覺。亟回韓店，徑趍臥室内，翻揭席薦，無所見而出。面色如墨，目瞠口哆，不復能言。洙曰：「豈非有遺忘物乎？」愀然曰：「家在海外，相去五千里。僅有少物，以給道費。一夕失之，必死於道路，不歸骨矣。」洙笑曰：「爲君收得，不必憂。」命僕取以還，封記如初。解視之，凡爲銀四十四兩，金五兩，又金釵一雙。黎奉銀五兩致謝，拒不受，黎感泣而去。明年，游士范萬頃詢知其事，題詩壁間曰：「囊金遺失正茫然，逆旅仁心盡付還。從此弋陽添故事，不教陰德擅燕山。」又跋云：「世間嗜利爲小人之行者，比比皆是。聞韓子之風，得無愧乎？」洙今見存。

夏二娘

京師婦人夏二娘，死經年，見夢其子杜生曰：「我在生時，欠某坊王家錢十二貫，某坊陳家錢三十四貫，坐謫爲王氏驢，而鬻於陳。王氏所得價錢償已足，而陳未也。日與之負麥，然一往反纔直三十八錢許【一二】。今日以外，尚欠十八千，非兩年不可了。吾昔日瘞銀百餘兩於堂内户限下，可發取以贖我。」其子曰：「即往尋訪，以何爲記。」曰：「明早從南薰門入，一騾最先行，别又一驢，次則我。汝來時，我自舉頭視汝。」杜生寤，掘地得銀，徑詣南薰待之。果遇麥馱聯翩來，第三者仰頭相視。杜雨泣，欲牽以歸，陳氏之役

【一二】纔直三十八錢許　涵芬樓本注，「許」，明鈔本、南圖本作「計」，當屬下。

曰：「此吾主家物，汝何爲者？」杜曰：「吾母也。當還元價以贖。」其人不許，相與忿爭，廂官録送府。府尹扣其説，命引驢至前，謂曰：「果識汝子，可銜其裾。」應聲而然，尹異之。時劉豫盜京師，尹具以白。豫呼入殿廷，復謂之曰：「能舉前兩足搭子肩上，則信矣。」應聲亦然。豫嗟異良久，欲官爲給錢。杜拜曰：「若爾恐母債不得釋，願自出錢而丐驢歸。」豫許焉。杜掃一室謹事之。又二年，乃死，買棺加衣衾以葬。後朝廷得河南，杜氏子來歸，居贛州，爲人話其事如此。

華陰小廳子

宣和間，陝西某郡守赴官。食於道上驛舍，一道人從外直入，閽者諭使去，不肯聽。家人望見亦怒，爭遣逐之。獨郡守延問其故，但云：「尊官過華陰時，若見小廳子，幸留意，他無所言也。」語畢，徑出。守欲扣其曲折，使追之，不可及。洎入關，浮舟泝渭，晚泊矣。從吏白：「有小史持刺，稱華陰小廳子，欲參謁。」拒以非時，則曰：『有一事將語使君。然吾祇役於邑中，來日朔旦，不可脱身，故乘休假馳至此。此去邑尚百里也。』」守憶道人語，命呼登舟，則又曰：「所言絶祕，不願傍近聞之，必移泊北岸乃可。」守又從之。舟人謂：「繫纜已定，無故而北，豈非姦盜設計乎？北又非安穩處。」不得已而行。迨至北岸，其人杳不來，盡室怨悔，業已爾，無可奈何。夜未半，大風忽起，如山頽泉決之聲，魚龍悲吟，波浪濺激，摇兀不得寐，兢憂達曉。望南岸，既崩摧數仞，客舟元同憩宿者，淪溺無餘。及到縣訪求，此吏蓋未嘗有也。一家免葬魚腹，異哉！

武昌州宅

劉亞夫爲武昌守，始入州宅，望堂上若有人。及升堂，正見婦人在門扇内立，垂雙足于外。親往視之，蓋新被刖者，履襪皆鮮潔，不見上體，立而不仆。劉疑以爲姦人所爲，陰察中外，寂無聲跡。凡停留兩日，乃命埋藏之，竟不測其異。孫革說。

大庾疑訟

大庾縣吏黄節妻李四娘，素與人淫通。乘節出外，挈三歲兒奔之，與俱逃。行未久，兒啼不可止，乃棄草間【一三】。縣手力李三者，適以事到彼，見兒宛轉地上，心不忍，抱之歸，家人皆喜。節還舍，失妻子，求訪備至。李三居數里間，正挾兒爲戲而節來【一四】，即告其鄰，共捕執送縣。窮鞫甚苦，李誣服云：「家無子，故殺黄之妻，沉尸于江而竊兒以歸。今既成擒，甘就死不悔【一五】。」獄成，且詣郡，正械立廷下，陰雲忽興，雷電皆至，李杻械自解脱，兀兀如癡。稍定，則推吏已死，背有朱書字，似言獄冤。諸吏二十輩皆失巾，邑令亦怖慴。良久，呼問李所見，但云：「眼界漆黑，不知所以然。獨長官坐青紗帳中耳。」

【一三】乃棄草間　涵芬樓本注，葉本作「乃棄之草間」。
【一四】而節來　涵芬樓本注，葉本多「見之」二字。
【一五】甘就死不悔　涵芬樓本注，「悔」葉本作「辭」。

令恐悔，亟釋之，而四娘與淫夫終不獲。時紹興十九年八月二十九日也。黄節、李三并此兒，至今無恙。

夷堅丁志卷第八 十四事

華陽洞門

李大川，撫州人，以星禽術游江淮。政和間，至和州，值歲暮，不盤術【二】。正旦日，逆旅主人拉往近郊，見懸泉如簾，下入洞穴，甚可愛，因相攜登隴，觀水所注。其地少人行，陰苔滑足，李不覺隕墜。似兩食頃，乃坐於草壞上，肌膚不小損。睨穴中，正黑如夜，攀緣不能施力，分必死。試舉右手，空無所著。舉左手，即觸石壁。循而下，似有微徑可步，稍進漸明，右邊石池荷花方爛熳，雖飢渴交攻，而花與水皆不可及。已而明甚，前遇雙石洞門，欲從右入，恐益遠，乃由左户而過。如是者三，則在大洞中，花水亦絶，了不通天日，而晃曜勝人間。中有石棋局，聞誦經聲，不見人。遠望若有坐而理髮者，近則無所覩。俄抵一大林，陰森慘澹，悽神寒骨，怖悸疾走，已出曠野間。舉頭見日，自喜再生。始緩行，逢道傍僧寺，憩于門。僧出問故，皆大驚，爭究其説。李曰：「與我一桮水，徐當言之。」便延入寺，具飯，悉道所歷。僧歎曰：「相傳兹山有洞，是華陽洞後門，然素無至者。」李問：「此何處？」曰：「滁州境。」「今日是何朝？」

校勘記

【二】不盤術　涵芬樓本注，原注：俚語謂坐肆賣術爲□司，游市爲盤術。空格，陸本作「鉤」。

曰：「人日也。」李曰：「吾已墜七日，財如一晝耳！」僧率衆挾兵刃，邀李尋故蹊，但怪惡種種，不容復進。李還和州，訪舊館。到已暮夜，扣户，主人問爲誰，以姓名對，舉室唾駡。曰：「不祥，不祥。」李大聲呼曰：「我非鬼也，何得爾？」遂啟户，留數日而歸。每爲人話其事，或誚之曰：「爾亦愚人，正旦荷花發，詎非仙境乎？且雙石洞門，安知右之遠，而左可出也？」李曰：「方以死爲慮，豈暇念此？後雖悔之，何益？」李有子，今在臨川。陳鍔説，□聞之大川。

雷擊王四

臨川縣後溪民王四，事父不孝，常加歐擊，父欲訴于官，每爲族人勸止。乾道六年六月，又如是，父不勝忿，走詣縣自列【二】。王四者【三】持二百錢，遮道與之【四】，曰：「以是爲投狀費。」蓋言其無所畏憚也。父行未半里，大雷雨忽作，急避於旁舍。雨止而出，聞惡子已震死。趨視之，二百錢乃在其脅下皮内，與血肉相連，父探懷中所攜已失矣。

南豐雷媪

南豐縣押録黄仲家，因大雨墮雷媪于廷。擾擾東西，蒼黄失措，髮茁然赤色，甚短，兩足但三指大，略皆如人形。良久，雲氣斗暗，震電閃爍，遂去不見。

【二】自列　涵芬樓本注，葉本作「自陳」。

【三】王四者　涵芬樓本注，葉本無「者」字。

【四】之　涵芬樓本注，明鈔本作「父」。

泥中人跡

撫州村落間，一夕雷雨，居民聞空中數百人同時大笑。明旦，大木一本連根皆拔出。其旁泥内印巨人跡絶偉，腰脞痕入地尺餘，足長三尺，闊稱之。疑神物盡力拔樹，遇滑而蹶，故衆共笑之云。

宜黄人相船

宜黄人多能相船，但父子相傳眼訣，而無所謂古書之類。乾道五年，縣民莫寅造大艦成，以大錢邀善術者。視之，曰：「此爲雌船，而體得雄，一板如矛，嶄焉居中。其相既成，在法當凶。官事且起，災于主翁。」寅欲改更之。曰：「禍福已定，不可爲也。」寅持錢三百萬，將買鹽淮東，適州需船載上供錢，拘以往。至大孤山下，桅檣爲風所折，倉卒無可買，伐岸傍杉爲之。人或言此神樹，不暇恤。是夕，滿船聞奇響震厲，莫測所以然。既過丹陽，盜夜入船，諦觀之，若甲士數十輩往來者。寅家藏古刀累世矣，近年遇夜後，光采發見，訝其異，取以自隨。乃攜此刀，徑趍前間，值一人熟睡，手横腹上，奮刀連斫之，斷其右臂，救至得不死，蓋部綱官劉尉也。初，劉生以寅解事有膽，故處其舟中，元未嘗有纖介之隙。寅殊不知覺，遂就擒，鞫于鎮江獄。府官欲論以死，而劉尉持不肯，曰：「固他生宿冤耳，非今世事。吾幸存餘生，何必處以極典？」遂用疑獄奏讞，得減死，黥隸邵武軍。

頰瘤巨虱

臨川人有瘤生頰間，痒不復可忍，每以火烘炙，則差止。已而復然，極以患苦。醫者告之曰：「此真虱瘤也。當剖而出之。」取油紙圍項上，然後施砭。瘤才破，小虱湧出無數，最後一白一黑兩大虱，皆如豆殼，中空空無血，乃與頰了不相干。略無瘢痕【五】，但瘤所障處正白爾。

胡道士

胡五者，宜黄細民，每鄉社聚戲，作砑鼓時，則爲道士，故目爲胡道士。以煮螺師爲業，必先揭其甲，然後亨之。及臥病，自舉右手一指曰：「一螺在此。」遂以針剔去其爪。流血被掌，呼叫稱痛。少焉，又剔其次者，至并足甲皆盡，乃死。

趙監廟

建昌寄居趙監廟，素有羸疾。或教之曰：「服鹿血則愈。」趙買鹿三四頭，日取【六】

【五】略無瘢痕　涵芬樓本注，嚴校：「瘢」當是「瘢」字。

【六】取　涵芬樓本注，葉本作「縛」。

一枚，以長鐵管【七】插入其肉間，少頃，血凝滿管中，乃服【八】。鹿日受此苦，血盡而死。趙果膚革充盛，健飲啖，而所服【九】既多矣，晚得疾，遍體生異瘡，陷肉成竅，痒無以喻，必以竹管立瘡中，注沸湯灌之，痒方息。終日不暫寧，兩月而卒。

亂漢道人

乙志所載陽大明遇人呵石成紫金事，予於《起居注》得之。今又得南康尉陳世材所記，微有不同，而甚詳，故復書於此。大明者，南康縣程龍里士人。父喪，廬墓次【一〇】。其明年，歲在壬戌【一一】七月七日晨興，有道人從山下來。陽時與學童三四人處，一僕執炊。荒山寂寞，左右前後十里間絶無人居，扳緣蘿蔓乃得到，正無可與語，見客來，喜而迎之。坐客曰：「子八月當有厄，服吾藥可免。」取腰間小瓢，出藥一粒，令以水吞。且曰：「吾有求於子，其許我乎？」曰：「何求？」客指架上布衫，曰：「以此見與。」陽欲許，而頗疑其僞，未即與。請至再，不得已付之。客捲納瓢中，瓢口僅容指【一二】，陽雖怪咤，然默念：「豈幻我歟？」既而，言：「吾豈真欲衫？聊相試耳。」便能見贈，爲可嘉也。」探瓢出，還之。索椀水，置藥末一撮，撥旋久之，成紅丸如彈，揖陽曰：「能服此否？」陽曰：「身幸無病，不願服。」客即自吞之，徐徐語曰：「子久此，當窘用，吾有遺於子。」呼學童掬塊土，大如拳，握而噓之者三，顧陽曰：「意吾手中何

【七】長鐵管　涵芬樓本注，「長」葉本作「尖」字。
【八】乃服　涵芬樓本注，葉本作「乃止」。
【九】服　涵芬樓本注，葉本作「殺」。
【一〇】廬墓次　涵芬樓本注，嚴校：「墓」誤「慕」。
【一一】壬戌　涵芬樓本注，原注：乙志作癸亥。又「原注」二字原闕，據涵芬樓本刊誤表補。
【一二】瓢口僅容指　「僅」原作「倦」，據南圖本改。

物？」曰：「不知也。」置諸几，則爛然金一塊，歷歷有五指痕。曰：「可收此，以助晨昏之費。」蓋陽母尚存。陽方知爲異人，尚疑其以財利嘗試我，拒弗受。客笑擲之地，引脚蹴之，遂成頑石。起辭去，留與飲，不可。漫指壁間詩，謂曰：「此皆諸公見寄者，願得先生一篇，如何？」客曰：「子欲詩，可矣。」取案上秃筆，就地拂數四，蘸椀水中，大書于壁，略無丹墨之跡，殊不可辨。既送之下山，回視，已若淡紫色。其詩云：「陽君真確士，孝行洞穹壤。皇上憐其艱，七夕遺回往。逡巡欒頑石，遺子爲饋享。子既不我受，吾亦不汝强。風埃難少留，願子志勿爽。會當首鼠記，青雲看反掌。」前題「亂漢道人」四字，字徑四寸許。俄又加赤色，正如赤土所書。明日遍詢村民，皆莫見所謂道人者。鄉之士共以告縣，縣告郡，郡聞於朝，賜束帛。後五年，世材自福州來爲尉，親見陽，談始末如此。訪程龍之廬，草屋摧頹，他詩悉剥落，獨道人者洒然如新。詩中云：「遺回往」疑必吕洞賓云。陽廬父墓終喪，母繼亡，亦【一三】

吴僧伽

吴僧伽，贛州信豐縣僧文祐，本姓吴，落髮出游，結庵於贛縣虮嶺，久而去之，客雩都妙淨寺之僧伽院中，遂主院事，故因目爲吴僧伽。佯狂市廛，人莫能測。每日必詣松林，以扣之【一四】曰：「趙家天子，趙家王。」不曉其意。逢善人于塗，輒拱揖致敬。貪暴不仁

【一三】亦　涵芬樓本注，此下宋本闕十二行。

【一四】以扣之　涵芬樓本注，葉本作「以杖扣之而歌」。

者，率抵以狗彘【一五】，不少屈。惡少年不樂，至羣輩譟逐之。嘗走避于某家園竹中【一六】，疾呼求救，且拊其竹曰：「大大竹林成掃帚。」不旬浹【一七】，萬竹悉枯。此家固一凶族，自是衰替。寺後竹叢，一竿最巨。忽夜半造其下，考擊而歌，聲徹四遠，連夕如是【一八】，他僧爲之廢寢【一九】，怒而伐之。既而紫芝徑尺，生橛上。邑民曾德泰，老無子，與妻議飯吴以祈【二〇】。未及召，旦而【二一】排闥來。曾大驚，謹饋之食。將去，曰：「當何爲報，唯有二珠而已。」果連生二子。縣市舊集于南洲，而縣治外但【二二】曠野。吴過門，必言曰：「錢將平腰【二三】矣。」及洲没於水，市遂徙于邑門之陽。嘗求菜于民婦，戒使多爲具【二四】，婦許諾。夫歸，怒其妄費。吴至，乞醯生啖之，若欲輟而□食【二五】者再三。婦曰：「食飽則已，何必盡。」曰：「欲免汝夫婦責言耳。」民駭謝。學佛者孫德俊，往汀州武平謁慶巖定應師。師曰：「雩川自有佛，禮我何爲？」孫曰：「佛爲誰？」曰：「吾法弟僧伽也。爲吾持一扇寄之。」舟檥岸，吴已至，曰：「我師寄扇何在？」孫以汀扇數十雜示之，徑取本物【二六】而去。由是狂名日減【二七】，多稱爲生佛。一夕遍詣同寺諸刹門，鋪坐具，作禮曰：「珍重，珍重。」皆寂無應者。中夕趺坐而逝，時大中祥符己酉六月六日也。是日，邑大商在蜀，遇之於河梁，問：「吴僧何往？」痀僂急趨，曰：「少幹，少幹。」商歸，乃知其亡。其亡也【二八】，異香滿室，數日不變【二九】。僉議勿火化，而塈【三〇】其全體，事之。元豐乙丑冬，一僧來郡城，訪桂安雅家，求木作龕。桂曰：「師爲何人？」曰：

【一五】率抵以狗彘　涵芬樓本注，「抵以」葉本作「詆爲」。
【一六】園竹中　涵芬樓本注，葉本作「竹園中」。
【一七】不旬浹　涵芬樓本注，葉本作「不旬日」，明鈔本作「不浹旬」。
【一八】連夕如是　涵芬樓本注，葉本作「連夕不已」。
【一九】他僧爲之廢寢　涵芬樓本注，「爲之廢寢」葉本作「厭惡」。
【二〇】以祈　涵芬樓本注，葉本作「祈之」。
【二一】旦而　涵芬樓本注，葉本作「拂旦」。
【二二】但　涵芬樓本注，葉本作「爲」。
【二三】平腰　涵芬樓本注，葉本作「半腰」。

「雩都妙淨寺明覺院吴僧也。」桂許之，送之踰閾，遂不見。後乃審其故，云明覺即僧伽也。真身至今存。

何丞相

何文縝丞相，初自仙井來京師，過梓潼，欲謁張王廟而忘之。行十里始覺，亟下馬，還望默禱再拜。是夕，夢入廟廷，神坐簾中，投文書一軸于外。發視之，全類世間告命，亦有詞語。覺而記其三句，云：「朕臨軒策士，得十人者，今汝裒然爲舉首。」後結銜，具所授官。何公思之，廷試所取，無慮五百，而言十人，殆以是戲我也。及唱第，果魁多士。第一甲元放九人，既而傅崧卿以省元升甲，遂足十數，蓋夢中指言第一甲也。所得官正同。葉石林書此。

鼎州汲婦

鼎州開元寺多寓客，數客同坐寺門，見婦人汲水，一客善幻術，戲惱之，即【三一】挈水不動。不知彼婦蓋自能幻也【三二】，顧而言曰：「諸君勿相戲。」客不對。有頃曰：「若是，須校法，乃可。」擲其擔，化爲小蛇。客探懷取塊粉，急畫地作二十餘圈，而立其中。蛇至【三三】不能入。婦人含水噀之，稍大於前，又狠言：「官人莫相戲。」客固自若。蛇突

【二四】具　涵芬樓本注，葉本作「葅」。

【二五】□食　涵芬樓本注，空格，葉本作「强」，陸本作「噎」。

【二六】本物　涵芬樓本注，葉本作「所寄」。

【二七】日減　涵芬樓本注，葉本作「日盛」。

【二八】乃知其亡其亡也　涵芬樓本注，葉本作「乃知其亡處」。

【二九】變　涵芬樓本注，葉本作「散」。

【三〇】坙　涵芬樓本注，葉本作「髹」。

【三一】即　涵芬樓本注，葉本作「使」。

【三二】蓋自能幻也　涵芬樓本注，葉本作「尤善幻也」。

入，直抵十五圈中。再噀水叱之，遂大如椽，徑躐中圈，將向【三四】客。婦又相喻止，客猶不聽。蛇即從其足【三五】纏繞至項，不可解。路人聚觀，且數百。同寺者欲走訴于官，婦笑曰：「無傷也。」引手取蛇，投之地，依然一擔耳。笑謂客曰：「汝術未盡善【三六】，何敢然？若值他人，汝必死。」客再拜悔謝，因隨詣其家，爲弟子云。

瑞雲雀

邵武軍泰寧瑞雲院主僧顯用之師普聞，乾道六年十一月二十八日，巡堂殿焚香，至羅漢像前，方瞻禮次，一雀飛鳴盤旋，歛翼立爐上，歷一時久，凝駐不動，視之，已化矣。鄉人接跡來觀，了不傾側，正與像相對。顯用具白縣，縣宰趙善扛書偈于紙尾曰：「日日飛鳴宣妙旨，幻華起滅復何疑。可憐多少風塵客，去去來來只自欺。」寺僧圖其狀刻石。今經數年，雀羽毛不摧落，儼然如生。遠近起敬者不絕。予甲志所載鼠壞經事，亦此寺也。紹興初，宗本住泰寧之丹霞，亦有雀化之異。顯用持刻本來。

【三三】蛇至　涵芬樓本注，葉本無「至」字。

【三四】向　涵芬樓本注，葉本作「嚮」。

【三五】蛇即從其足　涵芬樓本注，葉本作「蛇即其足」。

【三六】未盡善　涵芬樓本注，葉本作「未精」。

夷堅丁志卷第九十二事

太原意娘

京師人楊從善陷虜在雲中，以幹如燕山。飲于酒樓，見壁間留題，自稱太原意娘，又有小詞，皆尋憶良人之語，認其姓名字畫，蓋表兄韓師厚妻王氏也。自亂離睽隔，不復相聞。細驗所書，墨尚溼，問酒家人。曰：「恰數婦女來共飲，其中一人索筆而書，去猶未遠。」楊便起，追躡及之，數人同行，其一衣紫佩金，馬盂【一】以帛擁項，見楊愕然不敢公招喚【二】，時時舉目使相從【三】。逮夜，衆散，引楊到大宅門外，立語曰：「頃與良人避地至淮泗，爲虜所掠。其酋撒八太尉者，欲相逼，我義不受辱，引刀自刭不殊。大酋之妻韓國夫人聞而憐我，亟命救療，且以自隨。蒼黄別良人，不知安往。似聞在江南爲官，每念念不能釋。此韓國宅也，適與女伴出游，因感而書壁，不謂叔見之。乘間願再訪我，儻得良人音息，幸見報。」楊恐宅内人出，不敢久留連，悵然告別。雖眷眷于懷，未敢復往。它日，但之酒樓瞻玩墨蹟，忽覩別壁新題字并悼亡一詞，正所謂韓師厚也。驚扣此爲誰，酒家曰：「南朝遣使通和在館，有四五人來買酒，此蓋其所書。」時法禁未立，奉使官屬尚得

校勘記

【一】盂　涵芬樓本注，嚴校：「盂」字疑誤。

【二】招喚　涵芬樓本注，陸本作「召喚」。

【三】相從　「從」原作「送」，據陸本、南圖本改。

與外人相往來。楊急詣館，果見韓。把手悲喜，爲言意娘所在。韓駭曰：「憶遭掠時親見其自刎死，那得生？」楊固執前説，邀與俱至向一宅，則閴無人居，荒草如織，逢牆外打線媪，試告焉。媪曰：「意娘實在此，然非生者。昨韓國夫人閔其節義，爲火骨以來。韓國亡，因隨葬此。」遂指示窆處。二人踰垣入，恍然見從廡下趣室中，皆驚懼。然業已至，即隨之。乃韓國影堂，傍繪意娘像，衣貌悉曩所見。韓悲痛還館，具酒殽作文祭酹，欲挈遺燼歸，拜而祝曰：「願往不願往，當以影響相告。」良久，出現曰：「勞君愛念，孤魂寓此，豈不願有歸？然從君而南，得常常善視我，庶慰冥漠。君如更娶妻，不復我顧，則不若不南之愈也。」韓感泣，誓不再娶。於是竊發冢裹骨歸，至建康備禮卜葬，每旬日輒往臨視。後數年，韓無以爲家，竟有所娶，而於故妻墓稍益疎。夢其來，怨恚甚切，曰：「我在彼甚安，君强攜我，今正違誓言。不忍獨寂寞，須屈君同此況味。」韓愧怖得病，知不可免，不數日卒。

許道壽

許道壽者，本建康道士，後還爲民，居臨安太廟前，以鬻香爲業。倣廣州造龍涎諸香，雖沉麝箋檀，亦大半作僞。其母寡居久，忽如妊娠，一産二物，身成小兒形，而頭一爲貓，一爲鴉，惡而殺之。數日間，母子皆死，時隆興元年。

滕明之

臨安人滕明之，初爲諸司吏，坐事失職，無以養妻子，乃爲人管幹。官爵差遣，規取其贏，且好把持人語言短長，求取無度，識者畏而惡之。紹興丁卯之秋，告其妻曰：「吾適夢至望仙橋，入馬胎中。驚怛而寤，此何祥也？」即得疾死。死之夕，家人皆聞馬嘶聲。妻後亦流爲倡云。

西池游

宣和中，京師西池春游。内酒庫吏周欽，倚仙橋欄檻，投餅餌以飼魚。魚去來游泳，觀者雜沓。良久皆散，唯一婦人留，引周裾與言，視之，蓋舊鄰賣藥駱生妻也。自徙居後，聲迹不相聞，見之喜甚，問良人安在。顣頞曰：「向與子鄰時，彼謂我私子。子既徙去，猶屢箠辱我。我不能堪，與之決絶，今寓食阿姨家。聞子已喪偶，思欲遣媒妁言【四】。議而未及，不料獲相逢於此。」周愈喜，即邀入酒肆，草草成約，納爲妻。踰數月，因出城回，買飯于市。駱生適負藥笈過門，周以娶其出婦之故羞見之，掩面欲避。駱遽入相揖，周勉與語，且詢其室家。駱傷惋曰：「首春病疫死矣。吾如失左右手，悲念之不忘。」遂泣下。周寬譬使去，殊大驚。又疑駱諱前事而爲之説，立詣舊居訪鄰里，皆言駱妻死明白，曰：

【四】思欲遣媒妁言　「言」原闕，據陸本、南圖本補。

「吾屬皆送葬者也。」周益自失，懼不敢還家。又不知所爲，縱飲酒壚，醉就睡。迨夜乃出，信步行，茫無所之。值當道卧者絆而仆，沾涅滿身，復起行，財數十步，聞連呼殺人。邏卒躡尋，見周意狀蒼忙，而污血被體，共執送官。具説蹤跡如此，竟不能自明，掠死於獄。而真盜逸至京東，以他過敗獲，具言都城殺人事，移牒開封，則周既死矣。可謂奇禍也。其子子明，亦坐惡逆誅。

舒懋育鰍鱓【五】

臨安浙江人舒懋，以賣魚飯爲業，多育鰍鱓甕器中，旋殺旋烹。一日發甕，失所蓄。遍尋之，乃悉緣著屋壁，纍纍欲上，而無所届，繚繞虯結可畏。懋甚懼，取投諸江，誓不復殺，而易爲蔬饌。經數月，所入殊薄，不足以贍家，乃如其故。俄又失二物所在，因汲水，見密蟠井中【六】，不暇顧省【七】，拾取而烹之，時乾道五年春也。及秋疫作，盡室皆死。懋獨不然，但遍身生瘡，每瘡輒有鰍鱓頭喙突出，痛楚特甚，後一月乃死。

陳媳婦

宣和四年，京師鬻果小民子夜遇婦人，豔粧秀色，來與語，邀至一處，相與燕狎，頗得衣物之贈。自是夜夜見之，所獲益多。民服飾驟鮮華，而容日羸悴，醫巫不能愈。有禁衛

【五】舒懋育鰍鱓　涵芬樓本按：目録作「舒懋鰍鱓異」。

【六】見密蟠井中　「密」字原闕，據葉本、南圖本補。

【七】不暇顧省　涵芬樓本注，葉本作「不復悔省」。

典首劉某，持齋戒不食，但啖乳香飲水，能制鬼物，都人謂之「喫香劉太保」。民父母偕往狠祈，劉呼視其子，曰：「此物乃爲怪耶？吾久疑其必作孽，今果爾。」即共造産科醫者陳媳婦家。陳之門刻木爲婦人，飾以衣服冠珥，稍故暗則加采繪而更新其衣，自父祖以來有之，不記歲月矣。劉揭其首冪，令民子視之，則宛然夜所見者。乃就其家設壇位，步罡作法，舉火四十九炬焚之，怪遂絶。

河東鄭屠

臨安宰豬，但一大屠爲之長。每五鼓擊殺于作坊，須割裂既竟，然後衆屠兒分挈以去。獨河東人鄭六十者，自置肆殺之。嘗挂肉於案鉤上，用力頗鋭，鉤尖利甚，傷其掌，刃透手背，痛逾月方愈。又臨竈燖豬，恍若有物挽捽入大釜中，妻子急拯之，半身煮爛，死矣。

張顔承節

宣和間，京師天漢橋有官人自脱冠巾引頭觸欄柱不已，觀者環視，恍莫測其由【八】，呻吟悲劇，顧曰【一〇】：「我張顔承節也，住某坊内，幸爲僦人舁歸。」既至家，遂大委頓。頭顱腫潰如盎，呼醫傅藥，累旬方小愈。家人扣其端【一一】，全不自覺。瘡成痂，而痒不可

【八】觀者環視恍莫測其由　涵芬樓本注，葉本作「觀者環堵視之，莫測其由」。

【九】小蘇　涵芬樓本注，葉本作「稍蘇」。

【一〇】呻吟悲劇顧曰　涵芬樓本注，葉本作「呻吟悲泣曰」。

【一一】端　涵芬樓本注，葉本作「故」。

忍，勢須猛爬搔，則又腫潰。才愈復痒，如是三四反，踰年不差，殆於骨立。盡室憂其不起，嘗扶掖出門，適舊僕過前，驚問所以，告之故。僕曰：「都水監杜令史，施惡瘡藥絶神妙。然不可屈致，當勉詣彼，庶見證付藥，可立愈。」張仗僕爲導，亟訪之。杜生屏人【一二】曰：「頗憶前年中秋夜所在乎？」曰：「忘之矣。」杜曰：「吾能言之。君是年部江西米綱，以中秋夕至獨樹灣檥泊。月色正明，君杖策登岸，百步許，得地平曠，方命酒賞月，俄而驟雨，令僕夫取雨具，怒其來緩，致衣履沾濕，抛所執拄斧，擲之中額。僕回舟謂妻曰：『我爲主公所擊，已中破傷風，恐不得活，然無所赴愬。即死，汝切勿以實言，但云痼疾發作。此去鄉遠，萬一不汝容，何以生存？宜狠白主公，乞許汝子母附舟入京，猶得從人浣濯以自給【一三】。』言終而亡。比曉，妻舉尸稾瘞于水濱，泣拜君曰：『夫不幸道死，願容附載。』君叱之曰：『舟中皆男子，豈宜著汝無夫婦人？』略不顧，促使解纜。妻拊膺大慟曰：『孤困異土，兼乏裹糧，進退無路，不如死。』抱幼子自投江中。僕既殞於非命，又痛妻兒之不終，訴諸幽府，許償此寃。去年君觸橋時，乃彼久尋君而得見也。」張震駭曰：「是皆然矣。某方欲丐藥，何爲及此？且何以知之【一四】？」杜曰：「吾書執吏役，夜直冥司。職典寃獄，兹事正在吾手。屢爲解釋，渠了不聽從。自今四十九日，當往與君決。至期，可掃洒靜室，張燈四十九盞，置高坐以待之。中夜當有所覩。幸而燈不滅，彼意尚善。若滅其半，則不可爲矣。五亦極力調護，但負命之寃，須待彼肯捨與否，有司固不可

【一二】杜生屏人　涵芬樓本注，葉本作「杜屏生人」。

【一三】猶得從人浣濯以自給　涵芬樓本注，葉本作「猶得與人浣濯度日」。

【一四】某方欲丐藥何爲及此且何以知之　涵芬樓本注，葉本作「某方欲丐藥耳，公何自知之」。

得而强。無用藥爲也。」張泣謝而歸。如其教，張燈之夕，獨坐高榻，家人皆伺於幕内。近三鼓，陰風勁厲，四十九燈悉滅。其一復明，亡僕流血被面，妻子相隨，猶帶水漉漉，從室隅出。拽張曰：「可還我命！」即隕墜于下【一五】，頭縮入項間而死。

龍澤陳永年

乾道三年秋，臨安大雷震，軍器所作坊兵龍澤夫婦并小兒曰郭僧，凡三人，震死於一室。初，澤父全既死，澤妹鐵師居白龜池爲娼。其母但處女家，遇子受俸米，則來取三斗去。澤夫婦頗厭其至，屢出惡言，郭僧者亦相與駡侮，以乞婆目之，故獲此譴。同時有嚴州人陳永年，同其兄開銀鋪于臨安市，狂游不檢。母私儲金十數兩，規以送終，恐永年求取無度，不使知。一日開篋，永年適自外來，見之，遽攫而走，母恚悶仆絶。兄追及，爭奪僅得其半以歸母，母遂病卧。是夕，永年亦遭震厄。

錢塘潮

錢塘江潮，八月十八日最大，天下偉觀也。臨安民俗，太半出觀。紹興十年秋，前二夕，江上居民或聞空中語曰：「今年當死于橋者數百，皆凶淫不孝之人。其間有名而未至者，當分遣促之，不預此籍則斥去。」又聞應者甚衆，民怪駭不敢言。次夜，跨浦橋畔人

【一五】下　涵芬樓本注，葉本作「地」。

夢有來戒者云：「來日勿登橋，橋且折。」旦而告其鄰，數家所夢皆略同，相與危懼。比潮將至，橋上人已滿。得夢者從傍伺之，遇親識立于上者，密勸之使下。咸以爲妖妄，不聽。須臾潮至，奔洶異常，驚濤激岸，橋震壞入水，凡壓溺而死數百人。既而死者家來，號泣收斂，道路指言：「其人盡平日不逞輩也。」乃知神明罰惡，假手致誅，非偶然爾。

陝西劉生

紹興初，河南爲僞齊所據。樞密院遣使臣李忠往間諜，李本晉人，氣豪好交結，人多識之。至京師，遇舊友田庠。庠，亡賴子也，知其南來，法當死，捕告之賞甚重，輒持之曰：「爾昔貸我錢三百貫，可見還。」李忿怒曰：「安有是？吾寧死耳。」陝西人劉生者聞其事，爲李言：「極知庠不義，然君在此，如落穽中，奈何可較曲直？身與貨孰多？且敗大事，盍隨宜餌之。」李猶疑其爲庠游説，然亦不得已，與其半。劉曰：「勿介意，會當復歸君。」李佯應曰：「幸甚。」庠得錢買物，將如晉、絳。劉曰：「我亦欲到彼，偕行可乎？」即同塗【一六】。過河中府，少憩於河灘。兩人各攜一擔僕，共坐沙上，四顧無人，劉問庠鄉里年甲，具答之。劉曰：「然則汝乃中國民，嘗食宋朝水土矣。」庠曰：「固然。」劉曰：「我亦宋遺民，不幸淪没僞土，常恨無以自効。朝廷每遣人探事，多采道聽塗説，不得實。幸有誠慤如李三者，吾曹當出力助成之。奈何反挾持以取貨【一七】？」庠諱

【一六】同塗　涵芬樓本注，葉本作「同行」。

【一七】取貨　涵芬樓本注，葉本作「取其貨」。

曰：「是固【一八】負我。」劉曰：「吾素知此，且詢訪備至，甚得其詳。吾與汝無怨惡，但恐南方士大夫謂我北人皆似汝，敗傷我忠義之風耳。」遂運斤殺之。僕亦殺其僕，投尸于河。并其物，復回京師，盡以付李，乃【一九】告之故。李欲奉半直以謝，劉笑曰：「我豈殺人以規利乎？」長揖而别。李南還説此，而失劉之名，爲可惜也。

要二逆報

姑蘇村民要二，以漁爲業，凶暴不孝。紹興二十三年，妻生男，方在乳。民母抱持之，老人手弱，誤墮于地，死焉。母畏子之暴，不知所爲，民殊不以介意。他日，白母曰：「久不到舅家，偶得大魚，欲往饋，能偕行否？」母慰喜過望，欣然從之【二〇】。襆被登舟，行數里，至寂無人處，則停棹持斧立母前，怒目【二一】罵曰：「母生我，既知愛惜。今我生子，那得不愛？奈何故墮地殺之？便當償子命。」母知不可脱【二二】，急引被蔽頭面，曰：「聽汝所爲。」民奮斧將及母，母分必死，久乃寂然，舉被視之，不見其子，而舟已在所居岸下。既反舍，婦泣言：「適青天無雲，大雷一聲，夫震死于野。」遍身皆斧傷巨創，不知何以至此。」母始話其事。元不聞雷聲，亦不覺舟之動摇復還也。民之家遂絶。此卷□忠翊郎馬□説。

【一八】固　涵芬樓本注，葉本作「嘗」。

【一九】乃　涵芬樓本注，明鈔本作「而」。

【二〇】母慰喜過望欣然從之　涵芬樓本注，明鈔本作「母喜從之」，葉本作「母不敢違」。

【二一】怒目　涵芬樓本注，葉本無「怒目」二字。

【二二】脱　涵芬樓本注，明鈔本作「免」。

夷堅丁志卷第十 十三事

鄧城巫

襄陽鄧城縣，有巫師能用妖術敗酒家所釀。凡開酒坊者，皆畏奉之。每歲春秋，必遍謁諸坊求丐年計，合十餘家，率各與錢二十千，則歲内酒平善，巫亦藉此自給，無飢乏之慮。一歲，因他事頗窘用，又詣一富室有所求【一】，曰：「君家最富贍，力足以振我，願勿限常數。」主人拒之甚峻，曰：「年年餉君二萬錢，其來甚久，安得輒增？寧敗我酒，一錢不可得！」巫嘻笑而退。出駐近店，遣僕回買酒一升，盛以小缶，取糞污攪雜。攜往林麓，禹步誦呪，環繞數匝，瘞之地乃去【二】。適有道士過，見之，識其爲妖，而不知事所起。巫還店，喜甚。俄道士亦繼來【三】，少憩，訪酒家，見舉肆遑遑憂窘，問其故。曰：「爲一巫所困，今酒甕成列，盡作糞臭，懼源源不已，欲往尋迹，哀求之。」道士曰：「吾亦見此人，不須往求。吾有術能療，但已壞者不可救耳。」即焚香作法，半日許，臭止。又言：「凡爲此法以敗五穀者，□□【四】糞穢，罪甚大。君家宜齋戒，當奉【五】爲拜章上愬。」其家方忿恚迫切，趣營醮筵【六】。道士伏廷下，踰數刻始起，曰：「玉帝有勑，百日内加彼以業

校勘記

【一】一歲因他事頗窘用又詣一富室有所求　涵芬樓本注，葉本作「一日，因他事頗急，詣一富室有所求」。

【二】瘞之地乃去　涵芬樓本注，葉本作「瘞之地中而去」。

【三】繼來　涵芬樓本注，葉本作「至」。

【四】□□　涵芬樓本注，葉本作「必用」。

【五】當奉　涵芬樓本注，葉本無此二字。

【六】醮筵　涵芬樓本注，葉本作「醮事」。

疾，然未令死也【七】。」自是，亟日覺踝間痒，爬搔不停。忽生一贅，初如芡實，累日後益大，巍然徑尺如毬，而所係摇摇才一縷【八】，稍爲物棖觸【九】，則痛徹心膂【一〇】，不復可履地。子孫織竹爲簣，舁以行丐，飲食屎溲雜簣中，所至皆掩鼻，歷十年乃死。胡少汲尚書宰邑，尚見之，其子栝説。

徐樓臺

當塗外科醫徐樓臺，累世能治癰癤。其門首畫樓臺標記，以故得名。傳至孫大郎者，嘗獲鄉貢，於祖業尤精。紹興八年，溧水縣蠟山富人江舜明背疽發，扣門求醫。徐云：「可治。」與其家立約，俟病愈，入謝錢三百千。凡攻療旬日，飲食悉如平常，笑語精神，殊不衰減，唯卧起略假人力【一一】。瘡忽甚痛且痒，徐曰：「法當潰膿，膿出即痛。」是夜用藥，衆客環視。徐以鍼刺其瘡，撚紙張五寸許，如錢緡大，點藥插竅中。江隨呼：「好痛！」連聲漸高。徐曰：「別以銀二十五兩賞我，便出紙，膿才潰，痛當立定。」江之子源怒，堅不肯與，曰：「元約不爲少。今夕無事，明日便奉償。」徐必欲得之。江族人元綽亦在旁，謂源曰：「病者痛已極，復何惜此？」遂與其半。時紙撚入已踰一更，及拔去，血液交湧如泉，呼聲浸低。徐方詫爲痛定，家人視之，蓋已斃，膿出猶不止。不一年，徐病熱疾，哀叫不絶聲，但云：「舜明莫打我，我固不是，汝兒子【一二】亦不是。」如是數日，乃死。

【七】然未令死也　涵芬樓本注，葉本作「然未令即死也」。

【八】才一縷　涵芬樓本注，葉本作「若絲縷」。

【九】稍爲物棖觸　涵芬樓本注，葉本作「稍觸之」。

【一〇】痛徹心膂　涵芬樓本注，葉本無「膂」字，明鈔本作「痛徹心肝」。

【一一】唯卧起略假人力　涵芬樓本注，「人力」葉本作「扶持」。

【一二】汝兒子　涵芬樓本注，葉本作「汝子客財」。

二子隨母改嫁，其家醫【一三】遂絶。

符助教

宣城符裏鎮人符助教，善治癰疽【一四】，而操心甚亡狀，一意貪賄。病者瘡不毒，亦先以藥發之，前後隱惡不勝言。嘗入郡爲人療疾，將辭歸，自詣市買果實。正坐肆中，一黄衣卒忽至前，瞠【一五】曰：「汝是符助教那【一六】？陰司唤汝。」示以手内片紙，皆兩字或三字作行。市人盡見之，疑爲所追人姓名也。符曰：「使者肯見容到家否？」曰：「當即取汝去，且急歸【一七】，以七日爲期。」遂不見。滿城相傳符助教被鬼取去。及還，至鎮岸，臨欲登【一八】，黄衣已立津步上，舉所執藤棒點其背，符大叫：「好痛！」黄衣曰：「汝元來也知痛？」所點處，隨手成大疽如盌。凡呼謈七晝夜，乃死。

水陽陸醫

宣城管内水陽村醫陸陽，字義若，以技稱。建炎中，北人朱莘老編修避亂南下，挈家居船間。其妻病心躁，呼陸治之。妻爲言：「吾平生氣血劣弱，不堪服凉劑。今雖心躁，元不作渴。」蓋因避寇驚憂，失飢所致，切不可據外證，投我以凉藥。編修嗜酒，得渴疾，每主藥必以凉爲上【一九】，不必與渠議也【二〇】。我有私藏珍珠，可爲藥直，君但買好藥見

【一三】醫　涵芬樓本注，葉本作「醫道」。

【一四】癰疽　涵芬樓本注，葉本作「外科」。

【一五】瞠　涵芬樓本注，葉本作「瞠目」。

【一六】那　涵芬樓本注，葉本作「耶」。

【一七】且急歸　涵芬樓本注，葉本無「且」字。「歸」原闕，據葉本、陸本補。

【一八】至鎮岸臨欲登　涵芬樓本注，葉本作「至鎮，欲登岸」。

【一九】爲上　涵芬樓本注，葉本作「爲主」。

【二〇】不必與渠議也　涵芬樓本注，「與」明鈔本作「從」。

瘵。欲君知我虛實，故丁寧相語。」陸診脈，認爲傷寒陽證，煮小茈胡湯以來【二二】。婦人曰：「香氣類茈胡，君宜審細，我服此立死。」陸曰：「非也，幸寧心飲之。」婦人又申言甚切，陸竟不變。才下咽，吐瀉交作，婦遂【二三】委頓，猶呼云：「陸助教，與汝地獄下【二三】理會。」語罷而絕。後數年，溧水高淳【二四】鎮李氏子病瘵，來召之，用功數日未効。出從倡家飲，而索錢并酒饌於李氏，李之兄怒叱不與。及歸，已黄昏，乘醉下藥數十粒。病者云：「藥在鬲間，熱如火。」又云：「到腹中，亦如火。」又云：「到臍下，亦如火。」須臾大叫，痛不可忍，自床顛悸墜地。至夜半，陸急投附子、丹沙，皆不能納，潛引舟遁去。未旦，李死。紹興九年，陸暴得病【二五】，日夜呼曰：「朱宜人、李六郎休打我，我便去也。」旬日而死。

秦楚材

秦楚材梓，政和間自建康貢入京師，宿汴河上客邸。既寢，聞外人【二六】喧呼甚厲，盡鎖諸房，起，穴壁窺之。壯夫十數輩，皆錦衣花帽，拜跪于神像前，稱秦姓名，投盃珓以請。前設大鑊，煎膏油正沸。秦悸栗不知所爲，屢告其僕李福，欲爲自盡計。夜將四鼓，壯夫者連禱不獲，遂覆油于地而去。明旦，主人啟門謝秦曰：「秀才前程未可量，不然吾輩當悉坐獄。」乃爲言：「京畿惡少子，數十成羣，或三年，或五年，輒捕人漬諸油中，烹以祭

【二二】來　涵芬樓本注，葉本作「進」。

【二三】遂　涵芬樓本注，原本字形不全，今從葉本補。

【二三】地獄下　涵芬樓本注，葉本作「陰司」。

【二四】高淳　「淳」字原闕，據葉本、南圖本補。

【二五】陸暴得病　涵芬樓本注，葉本作「陸得暴疾」。

【二六】外人　涵芬樓本注，葉本作「外間」。

鬼。其鬼曰獰瞪神，每祭須取男子貌美者。君垂死【二七】而脱，吁其危哉！」顧邸中衆客，各率錢爲獻。秦始憶自過宿州，即遇此十餘寇，或先或後，迹之矣。遂行，至上庠，頗自喜。約同舍出卜，逢黥面道人擕小籃，揖秦曰：「積金峯之别，三百年矣。相尋不可得，誤行了路。卻在此耶？無以贈君。」探籃中白金一塊，授之曰：「他日卻相見。」同舍讙曰：「此無望之物，不宜獨享。」挽詣肆，將貸之以供酒食費。肆中人視金，反覆咨玩不釋手，問需幾何錢。曰：「隨市價見償可也。」人曰：「吾家累世作銀鋪，未嘗見此品。」轉而之他所，言皆然。秦亦悟神仙之異，不肯鬻，以製酒杯、茶湯匕、藥器【二八】，凡五物，日受用之。自此三十年，無病苦。紹興十六年，在宣城，忽臥疾，五物者同時失去，知必不起，果越月而亡。積金峯在茅山元符宫云。

建康頭陀

政和初，建康學校方盛，有頭陀道人之學【二九】，至養□齋【三〇】前，再三瞻視不去。齋中錢、范二秀才詰之，曰：「道人何爲者？」對曰：「異事，異事！八坐貴人，都著一屋關了。兩府直如許多，便没興，不唧溜底，也是從官。」有秦秀才者，衆目爲秦長脚，范素薄之，乃指謂曰：「這長脚漢也，會做兩府？」客曰：「君勿浪言，他時生死都在其手。」滿坐大笑。客瞠曰：「諸君莫笑，總不及此公。」時同舍生十人，唯邢之綷者最負才氣，爲一

【二七】垂死　涵芬樓本注，葉本作「鄰死」。

【二八】藥器　涵芬樓本注，葉本作「藥罨」。

【二九】之學　涵芬樓本注，明鈔本作「入學」。

【三〇】養□齋　涵芬樓本注，葉本作「養正齋」，南圖本作「養望齋」。

齋推重。適從外來，衆扣之。曰：「也是箇官人。」略無褒語，遂退。後四十年間，其言悉驗。秦乃太師檜也。范擇善同、段去塵拂、魏道弼良臣，三參政。何任叟若、巫子先伋兩樞密。錢端脩時敏、元英周材，兩從官，一忘其姓名。獨邢生潦倒，得一官即死。

洞元先生

沈若濟，臨安人。結庵茅山，以施藥爲務。宣和間，蒙召對，賜封洞元先生。嘗指華陽洞之東隙地，曰：「死必葬我於是。」其徒以地勢汙下爲言，不聽。紹興十五年卒，其徒用治命，掘地六尺許，得石板，大書六字曰「沈公瘞劍于此」，觀者異焉。豈非先有神物告之者乎？佳城漆燈之說，信有之矣。右六事，皆湯三益說。

天門授事

贛州寧都縣胡太公廟，其神名雄，邑民也。生有異相，顧自見其耳，死而著靈響，能禍福人，里中因爲立祠。崇寧初，邑士孫勰志康，夢白鬚翁邀至其家，問曰：「如何可得封爵？」孫意其神也，告曰：「宜行陰功，無專禍人。」翁曰：「吾豈禍人者？吾爲天門授事日，掌此邦人禍福。必左右竊聞之，託吾所云，妄出擾惑爾。」孫曰：「歲時水旱，最民所急，若能極力拯濟，則縣令郡守必以上於朝，封爵可立致也。」覺而審其爲太公。五年丙戌，縣大火。禱於祠，俄頃風雲怒起，如有物驅逐之，火即滅。縣以事白府，奏賜博濟廟【三二】。明年，遂封靈著侯。噫！神既受職於天，猶規規然慕世之榮名，唯恐不得。乃知封爵之加，固非細事。孫公夢中能曉神如是，可謂正士矣。黎珣作記。

大洪山跛虎

隨州大洪山寺，有别墅曰落湖莊。紹興十二年，莊僧遣信報長老淨嚴遂師云：「當路有跛虎出，頗害人。往來者今不敢登山，殊懼送供之不繼也。」淨嚴即命肩輿而下，至虎所過處下輿，焚紙錢。遥見其來，麾從僕及侍僧皆退避，獨踞胡床以待。少焉，虎造前，蹲伏于旁，弭耳若聽命。時棗陽、隨兩縣巡檢張騰，適被郡檄就寺納二鄉税租，亦同往，且升高木諦觀之。不知嚴所説何語也，虎俄趨而去，自是絶跡不復出。見《漢東志》。

張臺卿詞

國朝故事，翰林學士草宰相制，或次補執政，謂之「帶入」。大觀三年六月八日，何清源執中登庸。四年六月八日，張無盡商英登庸。皆張臺卿閣草麻，竟無遷寵。時蔡京責太子少保，張當制，詆之甚切，爲搢紳所傳誦，京銜之。會復相，即出張知杭州。明年六月八日，宴客中和堂，忽思前兩歲宿直命相，正與是日同，乃作長短句，紀其事曰：「長天霞散，遠浦潮

【三二】奏賜博濟廟　涵芬樓本注，葉本作「府爲奏，賜博濟廟額」。

平，危欄駐目江皐。長記年年榮遇，同是今朝。金鑾兩回命相。對清光，頻許揮毫。雍容久，正茶杯初賜，香袖時飄。歸去玉堂深夜，泥封罷，金蓮一寸才燒。帝語丁寧，曾被華袞親褒。如今漫勞夢想，歎塵蹤，杳隔仙鼇。無聊意，强當歌，對酒怎消。」觀者美其詞，而訝其卒章失意。未幾以故物召還，遽卒于官，壽止四十。臺卿，河陽人。吳傅朋説。

新建獄

豫章新建村民，夏夜羣輩納涼。有自他所疾走來，以手掩腹，叫號曰：「某人殺我。」奔趨及其家，即死。家訴于縣，縣捕某人訊之，自言此夕在某處爲客，與死者略無干涉。鞫不成，悉逮納涼者二十輩分囚之，使各道所見。皆曰：「實聞其言如是，他非所知也。」縣令必欲得其情，箠掠不可忍，乃共爲證辭以實之。引某人參對，不能勝衆，强誣服，仰天而呼曰：「某果殺人，不敢逃戮。若寃也，願天令證人死於獄以爲驗。」不旬日，獄疫暴起，凡十人相繼殂。縣令知其然，又畏凶身不獲，竟不釋此人，終亦死。

潮州象

乾道七年，縉雲陳由義，自閩入廣省其父提舶□。過潮陽，見土人言：「比歲惠州太守挈家從福州赴官，道出于此。此地多野象，數百爲羣。方秋成之際，鄉民畏其蹂食禾稻，張設陷穽於田間，使不可犯。象不得食，甚忿怒，遂舉羣合圍惠守於中，閲半日不解。惠之迓卒一二百人，相視無所施力，太守家人窘懼至有驚死者。保伍悟象意，亟率衆負稻穀積于四旁。象望見，猶不顧，俟所積滿欲，始解圍往食之，其禍乃脱。」蓋象以計取食，故攻其所必救。尨然異類，有智如此。然爲潮之害，端不在鰐魚下也。由義説。

劉左武

劉左武者，河北人。南來江西一邑，三十年而亡。數歲間，妻及男女數人繼死，但餘子婦并幼子存。家貲本不豐，悉爲一僕乾没。至於五喪在殯，不能葬。其姪宗奭，邑人涂氏甥也。内弟伯牛以奭故，助之錢□千，且相率詣其家奠酹。奭頃隨父爲靖安宰，攝小史來，是日從行，忽升堂據几，爲劉君揖客狀，呼其僕駡曰：「吾一家五人未能入土，此爲何時？汝忍破蕩吾生計，使至此極。非涂親惠賜於我，當奈何？」拱手起，就伯牛欲致謝，牛避不與之接。遂駡子婦曰：「坐汝不解事，以及此，今復何言？」又駡僕曰：「汝乃愚人，無足問，吾亦不訴於陰司。所以責汝者，聊欲使汝知幽明雖異路，不可欺也。」僕但俛首不敢答。奭惡其久留，屢叱逐之，且高誦天蓬諸呪。即瞠目曰：「我少頃自退，何用作此？」凡五六刻乃去。小史蹶然而蘇，無所覺。伯牛説。

夷堅丁志卷第十一 十四事

田道人

田道人者，河北人，避亂南度，居京口。每歲三月，茅山鶴會，欲與其徒偕往，必有故而輟。紹興壬午之春，始獲一游，因留連月餘。將歸，足疾驟作，不可行。既止即愈，欲行復作，如是者屢矣。意其緣在此山，禱于神，乞爲終焉之計，自爾不復病。夢神告曰：「此非汝居也。汝自有庵在山中，其址東向者是，宜亟訪之。」固以爲想念所兆，未深信。越數夕，夢如初，猶未決。又念：「身赤立於此，縱得其基，雖草廬豈易能辦？」是夕，夢神怒曰：「旬日不遷，必死兹地矣。」晨興，訪同類，且託尋跡之，杳不可得。或曰：「吾聞大茅君藏丹之處名丹沙泓，地勢正東。但知名耳，不識其所在。盍詢之耆老間乎？」亦竟莫有知者。旬日之期既迫，皇皇不敢怠，獨徘徊免徑。忽有村夫搊其胸，方恐懼，其人乃問曰：「汝非尋丹沙泓庵地者乎？我知之。」引至崦中，以足頓地，曰：「此是也。」田四顧，山林翔抱，正可爲東向居，喜甚，犒以百錢。笑曰：「我豈求此者？將安用之？」不顧而去。田沿路標誌而反。明日，往芟薙荆棘，以籧篨作屋，宿焉。中夜，大虎來，倚臥于外，曉乃退。岩石下有蛇微露，脊膂大如柱，皆不傷人。又明日，僦工攜畚臿平治。於積葉三四尺下，得磐石，嶙峋嵌空，縱廣數尺，若爪所攫拏而穿者。發之，得石蓮華盆，有水浸丹沙一塊，重可二十兩，取而藏之。蓋前日村夫頓足處。是後蛇虎皆不見，疑爲衞丹之鎮云。隆興甲申、乙酉歲，近境疾疫起，田以丹末刀圭揉成丸救之，服者皆活，所濟數千人。共以木石錢粟爲營一庵於泓中，去玉晨觀不遠，爲人布氣治疾，亦多驗。乾道己丑，藍師稷爲江東提刑，過茅山親見田説，及分得丹三錢。辛卯歲，以庵與楊和王之孫，奮衣出山，不言所向。

瓶中桃花

孟處義去非知楚州，元夕享客，以通草作梅花綴桃枝上，插兩銅壺中，未嘗貯水也。中春後，桃枝忽結花甚盛，數日方落。孟殊以自喜。至秋，乃有閨門之戚，明年而爲淮漕。

豐城孝婦

乾道三年，江西大水，瀕江之民多就食他處。豐城有農夫，挈母妻并二子欲往臨川。道間過小溪，夫密告妻曰：「方穀貴艱食，吾家五口難以偕生。我今負二兒先渡，汝可繼來。母已七十，老病無用，徒累人，但置之於此，渠必不能渡水，減得一口，亦幸事。」遂絶溪而北。妻愍姑老，不忍棄，掖之以行。陷於淖【一】，俛而取履，有石礙其手，撥去之，乃銀一笏也。婦人大喜，語姑曰：「本以貧困，故轉徙他鄉。不謂天幸賜此，不惟足食，亦可作小生計。便當卻還【二】，何用去【三】？」復掖姑登岸，獨過溪報其夫。至則見兒戲沙上，問其父所在【四】，曰：「恰到此，爲黄黑斑牛銜入林矣。」遽奔林間訪視，蓋爲虎所食，流血污地，但餘骨髮存焉。不孝之誅，其速如此。是時藍叔成爲臨川守，寓客黄彪父自豐城來，云得之彼溪旁民，財數日事也。右三事，皆藍叔成説。

李衛公廟

温州城東有唐李衛公廟，州人每精禱祈夢，無不應者。紹興三十二年，郡士木待問蘊之得漕薦，謁廟扣得失。夢著紫衫，獨立於田間，士子數千輩擁一棺馳去，皆回首視蘊之。明旦，以語同舍生潘樫。樫解曰：「君當魁天下。棺之字，從『木』從『官』，君得官無疑。數千輩舁之，明皆出君下也。」果如其言。時同郡木子正亦夢神告曰：「明年本州再出狀元，其姓名曰木棐。」子正以爲神報，己必繼王十朋之後，遂更名棐。既而，棐試下，蘊之登科。子正始悟，木之身乃十字移旁兩筆合棐之上爲「朋」字，其下復一木焉，則十朋之後，踵之者姓木，而非棐也。

【一】淖　涵芬樓本注，明鈔本作「泥淖」。

【二】卻還　涵芬樓本注，葉本作「還家」。

【三】何用去　涵芬樓本注，葉本作「何用他去」。

【四】問其父所在　涵芬樓本注，明鈔本作「問父何在」。

天隨子

乾道六年，木蘊之待洪府通判缺，居鄉里，火焚其廬，生事垂罄。作《忍貧詩》曰：「忍貧如忍灸，痛定疾良已。餘子愛一飽，美疹不知死。步兵哭窮途，文公謝五鬼。百世賢哲心，可復置憂喜。誦經作飢面，偉哉天隨子。九原信可作，我合耕甫里。」踰年，夢一翁衣冠甚偉，來言曰：「若識我乎？我則天隨子也。以君好讀予文，又大書予《杞菊賦》於壁間，頃作詩，用忍飢事，又適契予意，故願就見，爲君一言。予昔有田四頃，歲常足食。惟遇潦，則浸没不得穫。忍飢誦經，蓋此時也。今子有回禄之禍，而窮悴踵之。是水爲我災，而火爲子厄也。然予田尚在，獨爲蠅蚋所集，不可耕。無有能爲予驅除者，不免慁子耳。」既寤，殊不曉其言。晨起，偶整比夜所閲書，而《笠澤叢書》一策適啓，置桉上。視之，乃《甫里先生傳》，前日固未嘗取讀也。篇中有云：「先生有田十萬步【五】，有牛減四十蹄，耕夫百餘指，而田污下，暑雨一晝夜，一與江通色，無別己田他田也。先生由是苦飢困，倉無斗升畜積。」正與夢中語合。而一「田」字上有二死蠅粘綴，嗟歎其異，爲拂拭去之。

鄭僑登雲梯【六】

莆田鄭僑惠叔，乾道己丑春，省試中選，未廷對。夢空中一梯，雲氣圍繞，竊自念曰：

【五】有田十萬步　涵芬樓本注，原注：吴田一畒，二百五十步。

【六】鄭僑登雲梯　涵芬樓本按：目録無「登」字。

「世所謂雲梯者，兹其是歟？」俄身至雲梯側，遂登之。及高層仰望，則有大石，蒼然如鏡面。正懼壓己，忽冉冉升騰，立于石上。驚覺自喜，但不曉登石之義。既而爲天下第一，其次日温陵石起宗。先是，考官用分數編排，石君當居上，臨唱名，始易之云。右三事，皆木藴之説。

金溪渡讖【七】

泉州南安縣金溪渡，去縣數里，闊百許丈，湍險深浚，不可以爲梁。舊相傳讖語云：「金溪通人行，狀元方始生。」郡人皆欲副其讖，姓金者多更名「通行」，姓方者更名「始生」。然莫有應者。江給事常，自京師丁母夫人憂歸泉南。建炎丁未，卜墓地于渡之南岸，工役者日有履險之勞。南安宰事江公謹甚，命暫聯竹筏爲小橋，僅可輕單往來，未幾，復爲水所壞。是年，實生梁丞相，所謂「通人行」之語，其應如是。

南安黄龍溪【八】

泉州南安縣學前，有溪名黄龍。乾道四年，邑令天台鹿何趍府歸，過學門，聞路人喧呼，轎卒皆駐足驚顧，怪問之。曰：「黄龍溪上龍見。」鹿停車熟視，波瀾洶湧中，一物高數丈，嶄然頭角，出没其間。須臾，雷聲大震，烟霧蔽蒙，騰空而上，人多有見其尾者。鹿

【七】金溪渡讖　涵芬樓本按：目録作「金雞渡」。

【八】南安黄龍溪　涵芬樓本按：目録無「南安」二字。

爲之駭愕，知此地必有嘉祥，因賦詩勉諸生，得句云：「雞渡已苻當日讖，龍溪仍見此時祥。」士大夫多屬和。明年，大廷策士，縣人石起宗，初爲牓首矣，既而列在第二。龍之爲靈，其非偶然。父老謂：「頃曾魯公擢第時，溪龍亦見。」公廷試第一，以一足微跛，降第二人。兩事甚相類云。右二事，鹿伯可説。予案：曾魯公父會乃第二人，而魯公在宋郊牓爲第五。

蔡河秀才

鄉人董昌朝在京師，同江東兩秀才自外學晚出遊。方三月開溝，亂石欄道。至坊曲轉街處，其一人迷路相失。兩人者元未嘗謁宿假，不敢躡尋，遂歸。經日始告于學官，訪之於所失處，無見也。乃移文開封府，府以付賊曹竇鑑。鑑到學，詢此士姓名。曰：「孫行中，字强甫，束帶著帽而出。」鑑呼其隸，使以物色究索。衆謂江東士人多好游蔡河岸妓家，則倣其結束，分往宿。月旦之夕，一隸在某妓館。妓用五更起，赴衙參，約客使待己。妓去，客不復寐，見床内小板庋上烏紗帽存，取視之，金書「强甫」兩字宛然。客託故出門，遍告儕輩，伏于外，須妓歸，并嫗收縛送府。始自言：「向夕有孫秀才獨來買酒款曲，以其衣裘華絜，而舉止生梗，又無伴侣，輒造意殺之。投尸于河，斥賣其物皆盡，只餘此帽。不虞題誌之明白，以速禍敗，冤魄彰露，何所逃死？」遂母子同伏誅。昌朝説。

桂林庫溝

靜江府軍資庫溝，積爲物所窒，水不行，而金帛數失去。蹤跡其原，殊不測所以來處。主藏吏迭以賠償爲苦，庫官白府帥撤而修之。當溝之中道，有兩尸以首相值，仰臥其間，既槁矣，旁有束絹存，亦斷壞不可拾。其後聞他偷兒言：「向來每穿窬，皆由溝外以入。竇甚窄，僅能容身，必以頭先之，而足作勢乃可進。此蓋一人出未竟，別一人不知而入之，邂逅相遇，進退皆不可，故卒於死云。」時外舅張公爲帥。

王從事妻

紹興初，四方盜寇未定，汴人王從事挈妻妾來臨安調官，止抱劍營邸中。顧左右皆娼家，不爲便，乃出外僦民居。歸語妻曰：「我已得【九】某巷某家，甚寬潔。明當先護籠篋行，卻倚【一〇】轎取汝。」明日遂行。移時而轎至，妻亦往。久之，王復回舊邸訪覓，邸翁曰【一一】：「君去不數刻，遣車來【一二】，君夫人登時去，妾隨之【一三】矣。得非失路耶？」王驚痛而反，竟失妻，不復可尋。後五年，爲衢州教授，赴西安宰宴集，羞鼈甚美，坐客皆大嚼。王食一臠，停箸悲涕。宰問故，曰：「憶亡妻在時最能饌此，每治鼈裙，去黑皮必盡，切臠必方正【一四】。今一何似也，所以泣。」因具言始末。宰亦悵然，託更衣入宅。既

【九】得　涵芬樓本注，葉本作「尋」。

【一〇】倚　涵芬樓本注，葉本作「倩」。

【一一】王復回舊邸訪覓邸翁曰　涵芬樓本注，葉本作「王復回舊邸，翁曰」。

【一二】遣車來　涵芬樓本注，葉本作「有轎來」。

【一三】妾隨之　涵芬樓本注，「之」葉本作「行」。

【一四】方正　涵芬樓本注，明鈔本作「正方」。

出，即罷酒，曰：「一人向隅而泣，滿堂爲之不樂。教授既爾，吾曹何心樂飲哉？」客皆去。辛揖王入堂上，唤一婦人出，乃其妻也。相顧大慟欲絶。蓋昔年將徙舍之夕，姦人竊聞之，遂詐輿至女儈家而貨於辛，得錢三十萬，辛以爲側室。尋常初不使治庖厨，是日偶然耳。便呼車送諸【一五】王氏。王拜而謝，願盡償元直。辛曰：「以同官妻爲妾，不能審詳，其過大矣。幸無男女于此，尚敢言錢乎？」卒歸之。予頃聞錢塘俞倞話此，能道其姓名鄉里，今皆忘之。如西安辛之賢，不傳於世，尤可惜也。

沈仲墜崖

予叔父家養羊數百頭，放諸山上，多爲狼所食。嘗遣表姪沈仲迹尋之，值夜未畢事，方獨行，忽逢家所使劉行者在前，戲呼其姓名。仲雖怒，而暗中喜得侶，即相應答。劉曰：「此路甚險惡，宜隨我來。」乃踵以前。才數十步，遂墜落崖中。臂幾折，忍痛大叫，屠牛者居山下，識其聲，念張燈攜梯掖之以上，扶還家。左臂穿穴透骨，猶能道所見。而劉行蓋未嘗出，始知鬼也。

沈緯甫

沈緯甫，温州瑞安人，久遊太學，不成名，罷歸鄉里，頗以交結邑官顧貲謝爲業。然遇

【一五】送諸　涵芬樓本注，葉本作「送詣」。

科詔下，亦赴試，每不利，必仰而訴人，曰：「緯甫潦倒無成，爲鄉曲笑，五内分裂，天亦知我乎？」乾道六年，邑尉黄君遭民訟。使者遣官按究得實矣，尉甚恐，載酒食訪沈，日夜謀所以脱免計。一日，挾兩妓拏舟，邀沈泛湖。將近其所居，使妓捧杯夾之曰：「可唱『平地一聲雷』之詞，爲沈學士壽。」沈謝曰：「得如此，五内不分裂矣。」即跪受之。飲未釂，雲霧斗合，風雨驟至，舟力挽不可前。時二月八日，雷始發聲。俄有霹靂震沈氏之堂，一柱飛揚如屑，屋脊穿透，無全瓦，寢室文書盡焚，帷帳碎拆，屏榻若受萬斧。而四隅略無纖隙，莫知雷所自來。明日，邑人相率焚香告語曰：「惡事不可爲。沈氏之雷，其得不監？彼好言『五内分裂』，斯其應乎？」堂門有天篆數行，外人莫得見。黄尉驚悸得心疾，兩月小愈，出詣沈。沈猶舉手加額曰：「先生所謂『一聲雷』也。」了不省悟。黄後三年亦亡。瑞安主簿陳處俊説。

霍將軍

吴興士子六人入京師赴省試，共買紗一百匹，一僕負之。晚行汴堤上，逢黥卒，蓬首黧面，賀賀然出於榛中，見衆至，有喜色，左顧而嘯。俄數人相繼出，挾槊持刀，氣貌兇悍。皆知其賊也，雖懼而不可脱。同行霍秀才者，長大勇健，能角觝技擊，鄉里目爲霍將軍。與諸人約勿走，使列立于後，獨操所策短棒奮而前。羣賊輕笑，視如几上肉。霍連奮擊，輒中其膝，皆迎杖仆地不能興，然後得去。前行十餘里，過巡檢營，入告之。巡檢大喜曰：「此輩出没近地，殺人至多。官立賞名捕，不可獲，何意一旦成擒。」邀諸客小駐，自率衆馳而東。儼然在地，宛轉反側，凡七八輩，盡執縛以歸，護送府，而厚謝客。五士謂霍：「非與君偕來，已落賊手矣。」霍曰：「吾若獨行，亦必不免。諸君雖不施力，然立衛吾後，無反顧憂，此所以能勝也。」嚴康朝説。

夷堅丁志卷第十二 十六事

龔丕顯

上饒龔丕顯，紹興十七年得鄉貢。明年省試後，夢入大官局，立廷下，與其徒數百人皆著白袍居西邊。王者坐于上，吏一一呼名訖，引居東，其宗人滂亦預選。丕顯隨呼且東矣，判官趨升殿，有所白，旋下，入東廊，抱文書巨沓【一】而上，揭以示王。王緡閱【二】移時，連領首，判官復下，卻挽使西。愠而寤，憮然不樂。是年下第，滂獨登科。丕顯知夢已驗，但不曉坐何事嬰罰。自是無進取意，蹭蹬恰【三】一紀，用免舉到省，乃獲正奏名。既廷試，喜曰：「事畢矣。」尚以唱名係念。又夢適曠野，徘徊竚立，望神人冉冉由雲端下，顧己曰：「汝欲見及第敕乎？」出袖中小軸展示之，乃黄牒也。其前大書「龔丕顯」三字，又細書曰：「爲不合爭論昏姻事，展十二年。」驚起，具語所親曰：「不善事，不可爲。頃時，鄉里有失行婦人與惡子通者，吾之甥聞而訐之。惡子懼與婦人約，急【四】納幣結昏，吾甥亦强委禽焉。惡子不能平，訟於官。甥謁吾求援，吾與爲道地，竟得妻。一時良以爲得策，不謂陰譴分明乃如是。悔之何及也！」丕顯爲餘干尉，竟不達而卒。

校勘記

【一】巨沓　涵芬樓本注，葉本作「一巨沓」。

【二】緡閱　涵芬樓本注，葉本作「審閱」。

【三】恰　涵芬樓本注，葉本作「殆」。

【四】急　涵芬樓本注，葉本作「乃」。

遜長老

李似之侍郎彌遜，爲臨川守。以父少師公忌日，往疎山設僧供，與長老行滿共飯，滿年八十餘矣。飯且竟，熟睨李曰：「公乃遜老乎？」李不應，左右皆愕。俄又曰：「此老僧同門兄也，名上下二字皆與公同。自聞公出守，固已疑之。今日察公言笑動作、精采容貌，了不見少異，公其後身復何疑。」李扣其以何年終，則元祐戊辰，正李初生之歲也。李亦感異，還家，揭燕寢曰「小雲堂」，而賦詩曰：「老子何因一念差，肯將簪紱換袈裟。同參尚有滿兄在，異世猶將遜老誇。結習未忘能作舞，因緣那得見拈花。卻修淨業尋來路，澹泊如今居士家。」李初命名時，因得於夢兆，甲志載之矣。

王寓判玉堂

九江人王寓，政和間，爲洪州進賢主簿。將受代【五】

治眼二百味花草膏【六】

福州人病目，兩瞼間赤溼流淚，或痛或癢，晝不能視物，夜不可近燈光，兀兀癡坐。其友趙謙【七】子春語之曰：「是爲爛緣血風，我有一藥，正【八】治此，名曰二百味草花【九】

【五】將受代　涵芬樓本注，此下宋本闕一葉。下一葉嚴本於中縫注「補」字，文字與本條不相合，必係元人剜板，誤以他條列入。

【六】治眼二百味花草膏　李按：此目原闕，據《醫說》卷四補。據《醫說》注，本則原出自《癸志》。

【七】福州人病目兩瞼間赤溼流淚或痛或癢晝不能視物夜不可近燈光兀兀癡坐其友趙謙　李按：以上三十五字，據《醫說》卷四《治眼二百味花草膏》補。《名醫類案》卷七少一「謙」字。

【八】正　涵芬樓本注，原本空一格，據同上二書補。

【九】草花　同上二書作「花草」。

我膏。」病者驚曰：「用藥品如是，世上方書所未，有豈易遽辨？君直相戲耳。」趙曰：「我適有見【一〇】藥，當以與君。」明日，攜一錢匕至，堅凝成膏，使以匙抄少許入口。一日淚止，二日腫消，三日痛定，豁然而愈。乃往謁趙致謝，且扣其名物。笑曰：「只是用一羯羊膽，去其皮脂【一一】，而滿填好蜜，拌勻，勺【一二】之，候乾則【一三】入鉢【一四】研細爲膏。以蜂採百花，羊食百草，故隱其名，以眩人云【一五】。」或云亦有它方證載云。

汀民呪説獄【一六】

汀州民聶氏，與某氏爲詛。久之，兩家數十口相繼死。唯聶氏子慶獨存，從長老法海住南巖寺。三年，海遷天寧，慶與之俱。中塗遇瘴疾，死而復甦，語海曰：「似夢中見五人來相逮甚遽，云：『追汝久矣。汝在南巖，吾不敢進，今須汝往圓案也。』」驅逐疾行。慶皇懼，念佛乞哀救。至麻潭渡，遇白衣□主于道，五人俯伏屏息。巖主告之曰：不必慶【一七】

温大賣木

乾道九年，贛州瑞金縣市橋壞，邑宰孫紹發錢授狗脚寨巡檢翟珪買木繕治。縣民温大家有杉木，其巨者一本，圍五尺。前二年，其母伐以終身之用，未暇鋸斷也。子無狀，不

【一〇】有見　同上二書作「見有」。

【一一】皮脂　同上二書作「中脂」。

【一二】勺　同上二書作「蒸」。

【一三】則　同上二書作「即」。

【一四】鉢　《醫説》作「瓶」。

【一五】云　涵芬樓本注，《類案》作「耳」。《醫説》作「云」。

【一六】汀民呪説獄　涵芬樓本按：目録「説」作「詛」。

【一七】不必慶　涵芬樓本注，此下闕。原本下接《温大賣木》條「送死者唯此木爾」句，實係錯簡。陸本亦同。

與母議，徑詣里正胡璋、劉宗佃售之，得錢萬三千，悉掩爲己資。母悲泣曰：「吾年八十五，旦暮入地矣。百物無用【一八】，送死者唯此木爾。汝爲我子，何忍見奪耶？」翟珪遣軍校張有部役夫【一九】，方欲牽挽，木從山自衮下，其末斷折丈許【二〇】，見者異焉。四月初，温在田蒔稻，忽大風雨作，雷擊仆于地，其身由鼻準中分，右畔如火所爇，煙色鬱鬱然，左畔半體仍舊，而不死。今母子皆存。翟珪説。

陳十四父子

贛州興國縣村民陳十四，事母極不孝。嘗因鄰人忿爭，密與妻謀，牽其母使出鬬。母久病，瞽且老，不能堪捽拽顛仆，至於【二一】死。遂告于【二二】縣，誣云爲鄰所毆殺。里巷及其妹共證爲不然。縣執陳繫獄，未及正刑而斃，時乾道六年也。後三年，陳妻度溪視女，遭震雷，擊死於水中。厥子聞之，奔至溪旁，采長藤入水纏母尸，挽而上之岸上【二三】。人勸以身負【二四】，不肯聽。雷復震一聲，亦擊死，其家遂絶。知縣穆淮説。

西津亭詞

葉少藴左丞，初登第，調潤州丹徒尉。郡守器重之，俾檢察征税之出入。務亭在西津上，葉嘗以休日往，與監官並欄干立。望江中有采舫傣亭而南，滿載皆婦女，嬉笑自若，謂

【一八】温大賣木乾道九年贛州瑞金縣市橋壞邑宰孫紹發錢授狗脚寨巡檢翟珪買木繕治縣民温大家有杉木其巨者一本圍五尺前二年其母伐以爲終身之用未暇鋸斷也子無狀不與母議徑詣里正胡璋劉宗佃售之得錢萬三千悉掩爲己資母悲泣曰吾年八十五旦暮入地矣百物無用　涵芬樓本注，以上據葉本補。

【一九】張有部役夫　涵芬樓本注，葉本作「張有部夫役往取」。

【二〇】其末斷折丈許　涵芬樓本注，葉本多「不堪架橋矣」五字。

【二一】至於　涵芬樓本注，葉本作「而」。

【二二】于　涵芬樓本注，葉本无「于」字。

【二三】上之岸上　涵芬樓本注，葉本作「登岸」。

【二四】身負　涵芬樓本注，葉本作「負歸」。

爲貴富家人，方趍避之，舫已泊岸。十許輩袨服而登，徑詣亭上，問小史曰：「葉學士安在？幸爲入白。」葉不得已，出見之。皆再拜致詞，曰：「學士雋聲滿江表，妾輩乃真州妓也，常願一侍尊俎，愜平生心。而身隸樂籍，儀真過客如雲，無時不開宴，望頃刻之適，不可得。今日太守私忌，郡官皆不會集，故相約絶江此來，殆天與其幸也。」葉慰謝，命之坐。同官謀取酒與飲，則又起言：「不度鄙賤，輒草具殽醖自隨，敢以一杯爲公壽。願得公妙語持歸，誇示淮人，爲無窮光榮，志願足矣。」顧從奴挈榼而上。饌品皆精潔。迭起歌舞，酒數行，其魁捧花牋以請。葉命筆立成，不加點竄，即今所傳《賀新郎》詞也。其詞曰：「睡起聞鶯語，點蒼苔，簾櫳晝掩，亂紅無數。吹盡殘花無人見，唯有垂楊自舞。漸暖靄，初回輕暑。寶扇重尋明月影，暗塵侵。尚有乘鸞女，驚舊恨，鎮如許。江南夢斷横江渚，浪黏天，蒲陶漲渌，半空煙雨。無限樓前滄波意，誰采蘋花寄取？但悵望，蘭舟容與。萬里雲帆何時到？送孤鴻，目斷千山阻。重爲我，唱金縷。」卒章蓋紀實也。此詞膾炙人口，配坡公「乳燕華屋」之作，而葉公自以爲非其絶唱，人亦罕知其事云。葉晦叔説。

吉撝之妻

岳州平江令吉撝之，唐州湖陽人。初娶王氏，樞密倫女弟也。既亡，復娶同郡張氏，居于長沙。張氏生女數日，得危疾，醫不能治。其母深憂之，邀巫媪測視，云：「王氏立於前，作祟甚劇。」命設位禱解，許以醮儀，不肯去。巫語撝之曰：「必得長官効人間夫婦決絶寫離書與之，乃可脱。」撝之不忍從。張日加困篤，不得已，灑淚握筆書之，授巫即雜紙錢焚付之。巫曰：「婦人執書展讀竟，慟哭而出矣。」張果愈。生人休死妻，古未聞也。張與予室爲同堂姊妹，今尚存。

胡生妻

尉氏縣富家子胡生，再娶張氏女，頗妬。胡嬖一尼，畜于外甚久。張知之，呼其夫歸，責怒捽挽，至欲以爐灰眯其目。胡脱手走，曰：「寧痛箠我，此豈得然。」張益忿，自投于廷，展轉咆擲。時有娠，越八月矣。困劇間，在地昏睡，夢胡之前妻來，曰：「彼乃我夫，汝安得輒據？吾今殺汝兒。」即舉拳築其腹。悸而寤，始道所見。扶痛入室，已不可堪。所居去縣四十里，亟呼乳醫，醫未至，胞墮地而死。

謝眼妖術

謝眼者，贛州寧都人，一目眇，而有妖術。嘗與客坐村店，遥望數婦人著新衣出游，戲謂客曰：「彼方衒服，吾必使之跣行。」袖手良久，諸人果裴回窘撓，皆脱履襪，牽衣而過。既至前，問其故。曰：「沮洳被徑，殊爲妨人。」謝笑，命反顧，則坦途自若也。一小兒負餅餌兩畚，隨其母歸外家。謝就求之，兒不可，即取青竹篋一條，密置後畚。兒覺擔頓重，行稍遲，母屢待之。俄而偏重不能舉，怪而發羃，但見小青蛇滿其中，大懼，悉棄之。又有民挈猪頭以過者，謝曰：「吾能得此以侑觴。」默誦呪數十言。民行至山下，訝血臭，視之，已變爲人首矣，怖而走。謝徐取以歸，與客煮食。每入酒家飲，無敢不致敬。或待遇小不愜，則抛擲葦杖而出，便有蛇出地上，酒徒皆避席。由是鄉里畏事之。後年老貧悴以死，其後亦絶。陳熙説。

薛士隆

薛士隆季宣家，既遭九聖之異，其後稱神物降其居者，尚連年不絶。乾道癸巳歲，自吴興守解印歸永嘉，得痔疾，爲庸醫以毒藥攻之，遂熏烝至斃。死之數日，其子沄病中聞若有誦禪氏所謂偈者，其語云：「議著即差，擬著即錯。挑起杖頭，將錯就錯。魚鳥飛沉，各由至樂。要知樂處，無夢無覺。」吁，亦異矣！士隆學無所不通，見地尤高明淵粹，剛正而有識，方向用於時，年財四十，而至此極。善類咸嗟惜焉。官止通直郎，待常州闕，不及赴。

洞庭走沙

謝巽與權，乾道七年十一月，自澧州守受代。與其孥陸行抵巴陵，舍于岳陽樓。凡輜重之屬，悉置兩大舟，又空一舟，規以自載。涉重湖，後三日乃至岳。是日，岳守王習爲具招之，宴郡齋。舟方西來，司法呂棐官舍在樓側，當冬至節假，乘間率妻妾登坡上，縱目遥望。湖心有黑物甚長，乍出乍没，尾三舟而下，初以爲龍。士人曰：「是名走沙。江湖中雖有之，而不常見也。」良久抵岸，謝亦還，遂乘舟去。呂復觀焉，黑物隨之如初。既行三十里，至九龍浦，欲赴道人磯宿泊，沙忽猛漲成圍，漸束及舡半。篙師大恐，入白謝，請急出避。遽呼家人，由沙上跳登岸。少頃，一巨黿升舟，其身長闊丈餘，以首并足，盡力壓舟頂，重載者皆平沉入水，獨所乘輕者無恙。其生生之具，并衾幬裘褐盡没。暮寒方厲，遣信假衣衾於王守。王令道人磯巡檢募兵卒善没者下拯之。水深不可測，檣竿高數丈猶不見表，知無可奈何，乃止。一家亦僅脱死，危矣哉！呂棐説。

淮陰人

紹興三十一年，浦城葉榮良貴爲淮陰邑令。士人有死三日而活者，云：「被追入冥，至官府，追者引從東廂過，見儀仗列屋，皆萬乘所用。異之，不敢問。既立廷下，主者曰：『汝未合死，宜亟還。』遂由西廂出，所見如初。方扣其人：『此何用？』答曰：『府君將迎新天子，故排比乘輿法物耳。』及門而寤。」他日以告葉，葉戒使勿敢言。明年，皇上登極，乃印其事。

淮陰民女

淮陰小民喪其女，經寒食節，欲作佛事薦嚴，而無以爲資。母截髮鬻之，得六百錢。出街將尋僧，值五人過門，迎揖作禮，告其故，皆轉相推避。良久，一僧始留，曰：「今日不攜經文行，能自往假借否？」婦人遍訪諸鄰，得《金光明經》一部，以授僧。方展卷啓白，婦人涕淚如雨，僧惻然曰：「不謂汝悲痛若此，吾當就市澡浴以來，爲汝盡心。」既至，潔【二五】誠持誦，具疏回向畢，乃受錢歸。遇向同行四人者於茶肆，扣其所得，邀與共買酒。已就坐，未及舉杯，聞窗外女子呼聲，獨經僧起應之。泣曰：「我乃彼家亡女也。淪滯冥路久，適蒙師課經精專之功，遂得超脱。閻王已勑令受生，文符悉具，但未用印耳。師若飲酒破齋，則前功盡廢，實爲可惜。能忍俟明日乎？」僧大感懼，以語衆，皆悚然而退。亦紹興末年事也。

李婦食醋

世人飲啄之物，各有冥籍。傳記所載，及丙志所書材乂弟婦猪肉，皆是也。泉南爲海錯崇觀之地，杯盤之間，非醋不可舉箸，李氏一婦獨不能飲涓滴。其弟因夢入冥對事，臨放還，過廊廡諸曹局，見門上榜曰「食料案」，就視之，正得泉州一簿。白吏借檢視，於女

【二五】潔 涵芬樓本注，此下至卷末，宋本爲一葉，嚴本於中縫注「補」字。

兒之下，每日所食，纖細悉具，但無「醋」字。乃取筆，書「醋半升」三字。及寤，而病瘳。女兒自是日遂啖醋，如常人。

夷堅丁志卷第十三 十五事

邢舜舉

邢舜舉者，大觀間，由武舉入官，爲虢州巡檢。平生躭好道術，凡以一技至，必與之友。嘗獨行郊外，逢婦人竹冠道服，前揖曰：「君非邢良輔乎？」曰：「然。」「一生何所好？」曰：「好修養術。然學之頗久，了未覩其妙。」曰：「君雖酷好，奈俗情未斷何。吾與君一藥，用新水服之，非唯延齡，又能斷衆疾，亦修真之一端也。」邢喜謝曰：「幸甚。」固未暇，即服。又探袖中，取一方，目曰「還少丹」，授之，曰：「餌此當有益。」稍疑其異人，試問休咎。曰：「前程難立談，君中年將困戹，晚始見佳處耳。」復扣其姓氏居止。笑曰：「與君相從久，何問爲？獨不憶壁間畫卷乎？乃我也。今日故告，君必敬必戒，毋忘斯言。」忽不見。邢亟還舍，審厥象，蓋所事何仙姑。道貌與適婦人無少異。怏怏自失，取水吞藥。且如方治丹，謹服之，覺精力益壯，顔色潤好。曁南渡，出入岳少保之門，歷福建路鈐轄，坐岳事貶竄，不數年併失三子。家道淪替，幾二十年，方得隨州鈐轄、知郢州。後致仕，居襄陽。逮乾道癸巳，春秋八十九矣，略無病苦，目光如童兒，髮不白，猶能上馬馳騁，人指爲還丹之驗。後三年方病，病起三月，又大瀉，腹中出一物，如升【一】堅滑有光，無穢氣。邢慘然，語旁人曰：「藥丹既下，吾無生理矣。」明日而卒。予弟景裴官襄陽，及見之。

高縣君

紹興二十四年，保義郎李琦監和州東關鎮稅，家頗豐贍。有高指使者，赴官舒州，與其妻來謁，願貸錢五萬爲行裝，約終任償倍息，李如其數假之。高既滿任，欲如約，妻曰：「百千不易辦，幸相去遠，彼未必來索，姑俟他日可也。」高然其計。歸塗過和州，不見李。後三年，李爲黃州巡轄官。方晝倦臥，見高妻披驟皮來，拜堂上云：「負公家錢久，今來奉償。」未及答，徑趨馬廐。李驚覺，廐卒報，馬生牝騾，往視之，正臥母旁，未能動。李咨歎良久，與語曰：「高大夫借錢，我固不介意，那至此？若果縣君也，盍起行。」應聲跳躍，行數步。李大驚異，遣書扣高生，其妻正用是日死。李飼養此騾，不忍乘，外人或欲見，則徐徐牽以出，但呼爲「高縣君」云。

李遇與鬼鬥

無爲君【二】指使李遇，迎新郡守於城西。既行十餘里，聞尚遠，遂還家。忽百許小兒

【一】升　涵芬樓本按：「升」字疑誤。

【二】無爲君　李按：「君」當爲「軍」之誤。宋淮南路有無爲軍，太平興國三年置。

從路旁出，皆始四五歲，大呼而前，合圍擊之。李初不懼，與相毆，每奮拳，必十數輩仆地。然才仆即起，已散復合，如是數四。有躍而登肩取巾搊髮者，李益窘，走不可脱，且擊且前。一老叟布袍革屨，不知自何來，厲聲咄曰：「此官人，常持《法華經》，若損他，豈不累我？」叱令退。小兒遂散，老人亦不見。李回及門，不能行，門卒扶以歸至家，惛不醒。諸子揭衣視，但青痕遍體，即就其處招魂，呼僧誦經。涉半年餘，始策杖能出。老人疑爲土地神云。時紹興二十八年也。

潘秀才

漢陽學士潘秀才，晚醉出學前，臨荷池，欲采蓮而不可得。見婦人從水濱來，行甚急，問潘曰：「日已暮，何爲立此？」潘曰：「汝爲誰？」曰：「東家張氏女也。今夕父母並出，心相慕甚久，良時難失，故來就君。」潘大喜，攜手同入。自是旦去暮來，未兩月，積以羸悴。同舍生扣其由，祕不肯答。學正張盥苦詰之，乃具以告。張曰：「子將死矣，彼果良家女，焉得每夜可出，又入宿學中？此非鬼即妖。若欲存性命，當爲驗治。」潘懼而求教。張取針串紅線付之，使密施諸衣裾上。是夕，用其策。明日，一學人分道遍訪僧坊祠室。或於桃花廟壁上見繪捧香柈仙女，紅線綴裙間，即以刀刮去，且碎其壁，怪遂不復至。

周三郎

潁昌舞陽縣石柱村，去縣十餘里，路中素有怪。村民李順者，入縣酣醉，抵暮跨驢歸。出門未遠，或自後呼其姓名，曰：「我乃汝比鄰周三郎，適往縣市幹事回，脚氣忽發，步履絶艱苦。汝能與我共載還家，當作主人以報。」順雖醉，尚亦記此地物怪，不敢應，亦不反顧。其人怒曰：「相與鄰里，無人情如此！吾必與汝同此驢。」語畢，已坐於鞍橋後。順甚窘，密解所服絛，轉手併縶之，加鞭亟行。漸近家，遽連聲欲下，曰：「須奏廁。」順復不對。又曰：「汝且回頭看我。」言至再三，順佯若不聞。到家，寂寂無聲，呼其子就視，乃朽棺板也。斧而焚之，路怪由是遂絶。

漢陽石榴

紹興初，漢陽軍有寡婦事姑甚謹。姑無疾而卒，鄰家誣婦置毒，訴於官。婦不勝考掠，服其辜。臨出獄，獄卒以石榴花一枝簪其髻。行及市曹，顧行刑者曰：「爲我取此花插坡上石縫中。」既而，祝曰：「我實不殺姑，天若監之，願使花成樹。我若有罪，則花即日萎死。」聞者皆憐之，乃就刑。明日，花已生新葉，遂成樹，高三尺許。至今每歲結實。

昭惠齋

武昌村民共設昭惠齋，一牧童得饅頭二隻，以木葉包其一，置腰間魚挈中。將還家，天忽冥晦，雷雹以風，童仆地。少頃，復起行。見者問其故，童曰：「初不聞雷聲，但見神人數百疾驅至，頗相逼。有老人握我手，曰：『汝何敢以齋食置魚挈中？』我答曰：『欲歸遺母。』老人喜，即揮衆使退。」

孔勞蟲

孔思文，長沙人，居鄂州。少時曾遇張天師授法，并能治傳尸病，故人呼爲孔勞蟲。荆南劉五客者，往來江湖，妻頓氏與二子在家。夜坐，聞窗外人問：「劉五郎在否？」頓氏左右顧，不見人，甚懼，不敢應。復言曰：「五郎在路不易。」劉叱曰：「何物怪鬼，頻來我家？我元不畏汝。」笑曰：「吾即五通神，非怪也。今將有求於君，苟能祀我，當使君畢世鉅富，無用長年賈販。汨没風波間，獲利幾何？而蹈性命不可測之險。二者君宜詳思，可否在君，何必怒？」遂去，不復交談。劉固天資嗜利，頗然其説，遽於屋側建小祠。即有高車駿馬傳呼而來，曰：「郎君奉謁。」劉出迎，客黄衫烏帽，容狀華楚。才入坐，盤飧酒漿，絡繹精腆。自是，日一來，無間朝暮，博弈嬉笑，四鄰莫測何人。金銀錢帛，贈餉不知數，如是一年。劉絶意客游，家人大以爲無望之福。他夕，因弈棊爭先，忿劉不假借，推局而起。明日，劉訪篋中，所畜無一存，不勝悔怒，謀召道士治之。適孔生在焉，具以告。孔遣劉先還，繼詣祠所，炷香白曰：「吾聞此家有祟，豈汝乎？」空中大笑曰：「然。知劉五命君治我，君欲何爲？不過効書符小技，吾正神也，何懼朱砂爲！」孔曰：「聞神至靈，故修敬審實，何治之云。」問答良久，孔誚之曰：「吾來見神，是客也，獨不能設茶相待耶？」指顧間，茶已在桌上。孔曰：「果不與劉宅作祟，盍供狀授我？」初頗作難，既而言：「供與不妨。」少頃，滿卓皆細字，如炭煤所書，不甚明了。孔謝去，慰以好語曰：「今日定知爲正神，劉五妄訴，勿恤也。適過相觸突，敢請罪！」既退，以語劉。料其夕當至，作法隱身，仗劍伏門左。夜未半，黄衣過來，冠服如初，徑入户。孔舉劍揮之，大叫而没，但見血中墮黄鼠半體。旦而迹諸祠，正得上體於偶人下，蓋一大鼠也。毁廟碎像，怪訖息。

梁統制

鄂州選鋒軍統制梁興，嘗以廳前水斛竭，呼舍中卒訶問，卒謝罪。已而復然，梁大怒，欲加箠。卒曰：「每日滿貯水，其敢慢？有如公弗信，願至晚一臨視，可知矣。」乃釋之，但命輦水滿斛，然後退。明日復空，頗訝其異，戒使謹伺之。才二更，一大蟒從屋背垂首下飲，頃刻而盡，遽入白。梁遣小校迹其所往，歷歷見過江，至大别山下，直入深窟中。居人咸言：「此物穴居有年，未嘗爲人害，人亦莫敢近也。」明旦，梁呼帳下趙諄，領數十壯卒，操勁弓傅毒矢渡江。又令一人登山吹笛，少焉蟒出，立射殺之。數夕後，梁夢婦人來，作色言曰：「我何罪於君？枉見殺？今相從索命。」趨而前，欲搏梁。梁大窘，即與之鬥。婦人不勝曰：「姑以大郎君爲代。」未幾，長子果卒。諸兵死者數輩，餘亦大病。趙諄懼，晝夜焚香禱謝，僅得免。越四歲，梁亡。漢陽人謂蟒爲山神，故能報仇如是。然生不能庇其軀，捨江水不飲，而遠戀斛中以自取禍，何也？

李氏虎首

乾道五年八月，衡湘間寓居【三】趙生妻李氏，苦頭風痛，不可忍，呻呼十餘日，婢妾侍疾，忽聞咆哮聲甚厲，驚視之，首已化爲虎。急報，趙至問其由，已不能言。兒女圍繞拊之，但含淚，捫幼子若憐惜狀，與飲食略不經目，與生肉則攫取而食。六七日後，稍搦在旁兒女，如欲啖食，自是人莫敢近。趙舁置空室，扃其户，日飼以生肉數斤。邀其友樊三官來，告之故，欲除之。樊曰：「不可。李爲人無狀，衆所共知。上天以此示警，若輒去之，殃咎必至。盍與之焚章告天，使得業盡而死，亦善事也。」趙如其言，命道士作靈寶度人醮數筵，李方絶命。生時凶戾很妬，不孝翁姑，暴其親鄰，趙生不敢校。及是，無人憐之

【三】寓居　涵芬樓本注，葉本作「寓客」。

者【四】。右十事，皆梅師忠説。

張尚書兒

張克公尚書，夫人劉氏生三子，皆不育。其狀甚異，一無舌，一陰囊有腎十枚，張公竟無子。劉夫人御婢妾少恩，每瞋恚，輒閉諸空室，不與食。晚年不能飲啖，十日共食米一升，銷瘦骨立，乃卒。人以爲業報云。劉氏，予外姑之姊也。

閻四老

方城縣鄉民閻四，老得疾已亟，忽語其子曰：「我且爲驢，試視我打驟。」即翹足仰身，翻覆作勢，其狀真與驢等。又曰：「可剉細草和蒸豆來，我欲飽食而死。」家人泣而進之。據盆大嚼，略無遺餘。食畢復臥，少頃氣絶。閻平生蓋在鄉里作牙儈者。

葉克己

壽昌葉克己，年十歲時，從其父大夫將居揚州，病赤目，繼以血利，久之大小便皆結塞。遇一僧曰：「是服藥茹毒，元藏已壞，今當取而下之。」即出外，旋剉治藥十兩許，擣入，漬以酒使服。預戒其家，具浴盆以俟。少焉，腸胃痛徹，亟踞盆，有物墜於内，乃腐腸

【四】無人憐之者　涵芬樓本注，葉本無「人」字。

也，長丈許，如是者再，氣息僅屬。父兄謂必死，至晚忽呻呼索粥，旦而履地，一家驚異之。俄大疽發於陰尻間，穿七竅，糞溺自其中出，臭污不堪聞。僧曰：「此非俗人家所能供視，當隨吾以歸。」既而不勝其煩，復以還葉氏。蓋又十年，從其兄行己寓蘭溪，有道人過而語之，曰：「汝抱疾甚異，吾能識之。但飲我酒，明日爲汝治，一錢不汝索也。」即取酒二升與飲。喜曰：「良醞也，所釀幾何？」曰：「五斗。」戒使悉留之，乃去。明日果來，燒通赤火箸，剸入尾閭六七寸，晏然如不覺。繼以冷箸塗藥隨傅之，數反。又燒鐵剷烙疽上，皮皆焦落，然後摻藥，填六竅而存其一，曰：「不可窒此，窒則死。」兄在旁，不忍視，掩袂而起。財兩夕，瘡痂盡脱，所烙處肉已平，六竅皆盈實，腹内别生小腸，自是與常人亡異。飲啖倍於他日，而所下糞全似雞。遂娶妻生子。年過五十，疽復發於臍下，洞腹乃死。凡無腸而活者四十二年，世間無此病也。二醫疑皆異人云。

臨安民

臨安民因病傷寒而舌出過寸，無能治者，但以筆管通粥飲入口，每日坐於門。某道人見之，咨嗟曰：「吾能療此，頃刻間事耳，奈藥材不可得何！」民家人聞而請曰：「苟有錢可得，當竭力訪之。」不肯告而去。明日又言之，會中貴人罷直歸，下馬觀病者，道人適至，其言如初。中貴固問所須，乃梅花片腦也，笑曰：「此不難致。」即遣僕馳取以付之。

道人屑爲末，摻舌上，隨手而縮，凡用二錢，病立愈。右二事，葉行己孝恭説。

雞頭人

徐吉卿侍郎嘉，居衢州之北三十里。乾道六年間，白晝有物立於牆下，人身雞頭，長可一丈。侍妾出見之，驚仆即死。健僕或持瓦石揮擊，若無所覺。良久乃没。徐之次子官於秀州，數日後聞其訃，正此怪見之日。而徐公壽考康寧，固未艾，怪不能爲之祟也。徐公宗人説。

夷堅丁志卷第十四 十二事

武真人

武真人，名元照，會稽蕭山民女也。方在孩抱，母或茹葷，輒終日不乳，及菜食，則如初，母甚異之。年稍長，議以妻邑之富人，既受幣，照鞅鞅不樂，訓以女工，坐而假寐。母笞怒之【一】。謝曰：「非敢怠也。昨夢金甲神告以后土【二】見召，與之偕往，入雲霄間，廣殿下，見高真坐殿上，玉女列侍，招我升殿，戒曰：『汝本玉女，頃坐累，暫謫塵境，三紀復來。汝歸休粮，遂【三】棄人間事。』及覺，欲不食，而母見强。又夢神怒曰：『命汝勿食，違吾戒，何也？』剖腹取腸胃，滌諸玉盆，復納于腹，而緘之。因授靈寶大洞法及大洞大法師回風【四】混合真人印，俾度世之有疾者。」母聞言，驚悟曰：「兒，異人也。予爲兒絶姻事，俾遂迺志。」自是獨居淨室間，以符水療人疾，遠近奔奏【五】求符。或邀過家視病，則命二僕肩輿以行，不裹糧。至中塗，從者餒，但市桃兩顆，呵氣授之，人食一桃，往數十里不飢。侍御史陳某居錢塘，以天心法治人疾。舍旁別圃建層樓，圃人告，有騎而行其上者。陳叱去，曰：「焉有是？」薄暮，攜劍印宿于下，亦聞馬聲【六】。未幾，家人扣門趣之

校勘記

【一】母笞怒之　涵芬樓本注，葉本作「母怒笞之」。

【二】后土　涵芬樓本注，葉本多「夫人」二字。

【三】遂　涵芬樓本注，葉本無「遂」字。

【四】及大洞大法師回風　涵芬樓本注，葉本無以上八字。

【五】奔奏　涵芬樓本注，明鈔本作「奔湊」。

【六】馬聲　涵芬樓本注，葉本作「人馬聲」。

歸，曰：「幼女係空中，如物羈縻狀。」視之，信然。女昏不知人，累日陳詣樓設醮厭之【七】，火起壁間，倉卒奔下，火亦止。又召道士攝治，及門，亡其巾。家人益恐，致書招元照，照衣冠造之。陳女起，迎門笑語，若初無疾者。照攜之宿樓上，越三晝夜，無所覩，女亦泰然。韓子宸太尉公裔官輦下，嘗自書章，擬奏于天，述遭遇太上興運事，人無知者。邀照奏之，俯伏良久乃起。誦章中語，無一非是，且曰：「上帝嘉公恬靖，無覬幸【八】。」批答云：「謹守千二日，辨曹賞厥功。」後皆應如照言。韓自幼患足疾，每作，至不得屈申。照爲按摩，覺腰間如火熱。又摩其髀，亦熱拂拂，有氣從足指中出，登時履地，厥疾遂瘳。韓僕宿於廬側隘舍，夜夢鬼物壓其身，叫呼而出。值照至，不告之故，與【九】縱步至其處，照及户而返，曰：「室有自縊者，蓬首出舌，見吾求度。」即書符，命僕焚之。夜夢人謝過曰：「吾得真官符超生，不復來矣。」啓關而出。韓氏設榻留照寢，不聞喘息，徐見青雲起鼻端，一嬰兒長三寸許，色如碧流離，光射一榻，盤旋腹上，頃之不見。張循王家婢【一〇】有娠，過期不産，請照往。諸婢雜立，照獨視孕者，咨嗟曰：「爾宿生爲樵夫，嘗擊殺大蛇。今故讎汝，在腹食爾五藏，盡乃已。」急白王出之，書二符授婢。婢如戒焚符，以水飲訖，産一大蛇。王聞之大駭，敬禮之，欲贈以金繒，不受。復如韓氏，留歲餘，欲歸，止之，不可，涕泣而别。言：「予不再至矣。」衆疑其將羽化也。旦日，拏舟歸蕭山，至家無疾而卒【一一】。先是，邑中十餘家，俱見照衣道服，各詣其家聚話，移時乃去。數日，或詣照家

【七】厭之　涵芬樓本注，葉本作「厭禳之」。

【八】無覬幸　涵芬樓本注，葉本多一「意」字。

【九】與　涵芬樓本注，葉本無「與」字。

【一〇】婢　涵芬樓本注，葉本作「妾」，下同。

【一一】無疾而卒　涵芬樓本注，葉本作「端坐而逝」。

訪之，家人云：「死矣。」邑子數輩先後至者，同曰：「昨方至吾家，何遽爾？」驗其訪諸人日，乃尸解日云。時紹興十一年也。韓俣廷碩說。

存心齋

趙善璉與其弟居衢州，肄業城内一寺，牓小室曰「亦樂齋」。是歲，獲解而絀於春官。或爲言：「『樂』與『落』同音，士子所深諱，而以名其居，宜不利矣。」乃改爲居易齋。久之，夢老翁高冠雪鬢來相訪，指而言曰：「子所以易此者，正以『樂』字爲不美，獨不思『居易』者，唐白樂天之名乎？白樂之稱，尤爲未韙。」璉謝曰：「然則何爲而可？」曰：「當命爲存心齋可矣。」覺而更之，遂以乾道五年登第，調章貢幙官，爲予言。

明州老翁

明州城外五十里小溪村，有富家翁造巨宅，凡門廊廳級皆如大官舍。或諫其爲非民居所宜，怒不聽。財成而翁死，其子不能守。先是，魏南夫丞相寓城中，無宅可居。及罷相來歸，空橐中得千萬買之。家人時時見老翁往來咨歎，如有恨者，共以白丞相，爲立小室，塑以爲土地，自是不復出。徐閎說。

千雞夢

新安郡士人，夢雞數百千隻飛翔廷中。時方應舉，疑非冲騰之物，以告所善者。或曰：「世謂雞爲五德。今若是其多者，千得萬得也，可爲君賀。」果登科。羅頡説。

武唐公

武唐公者，本閬州僧官，嗜酒亡賴。嘗夜半出扣酒家求沽，怒酒僕啓户遲，奮拳揕其胸，立死。踰城亡命，迤邐至台州國清寺，自稱武道人。素精醫技，凡所拯療用藥，皆非常法。又必痛飲斗餘，大醉跌宕，方肯診視。然疾者輒痛。後浪游衢州江山縣，豪族顔忠訓之妻毛氏，孕二十四月未育。武乘醉欲入視，顔曰：「道人醉矣，須明旦可乎？」武曰：「吾自醉爾，病人不醉也。」遂入。又呼酒數升，乃言曰：「賢室非妊娠。所感甚異，幸其物未出，設更半月，殆矣。吾請言其證，平生好食雞，每食必遣婢縛生雞於前，徐觀其死。大明一飽食，終日不復再飯。審如是乎？」顔生驚曰：「誠然。」武與約，索錢至二十萬，始留藥一服。戒家人預備巨鉢及利刃，曰：「即餌藥，中夕腹痛，當唤我。」如期，果大痛，急邀之入。入則毛氏正産一物，武持刃斷爲兩，覆以鉢，命婢掖孕者起，繞房行。明旦，啓鉢視之，蓋大鼈也。首足皆成全形，目亦開，特爲膜所絡，動轉未快，故不能殺人。顔生敬謝，欲償元約，且以所主酒坊與之。皆笑不取，曰：「吾特戲君耳。」建炎中，卒於國清，年八十餘歲。國清僧道益從其學醫，話此事。

孔都

饒州獄卒孔都，素與酒家婦人游。一日過其門，用他故爭鬭，郡牙校夏生適見之。明晨，婦人訴於郡，夏生頗左右之。孔受杖，心銜其事。後數日，出至永平監之東，欲買酒，而夏生又先在彼，望見孔入，從後户佚去。孔徑回，抵贍軍庫，以私醖告官。官亟追賣酒人，并比鄰送獄。獄成，醸者坐徒刑，且籍産拆屋，四鄰皆均賞錢，夏生亦被罪。醸者當出賞百餘千，無以償，至於鬻其女。不勝怨，率鄰人共詣東嶽行宫，具訴孔、夏私隙，遷怒破其家，祈神爲主。是日，孔在家，忽震恐不自持，呼妻子及里人聚坐。過夜半，乃言：「遭十餘人見捕，賴此間黨盛，今舍去矣。」天未曉，索衫著出，曰：「當往獄官廳。」是晚不還家。歷五日，或言有溺死於澮津湖者。孔妻驚疑必其夫，及廂官撈出户，果也。蓋孔挾一時之忿，致諸家撓壞如此，故神殛之云。淳熙元年四月也。

白崖神

梓潼射洪縣白崖陸使君祠，舊傳云姓陸名弼，終於梁瀘州刺史，今廟食益盛。政和八年十月七日，蜀人迪功郎郭時，自昌州歸臨邛，過宿瀨川驛。夢爲二吏所召，行數里，至官府，極宏麗。廳事對設二錦茵，廷下侍衛肅然。頃之，朱紫吏十輩，擁一神人，紫袍金帶，引時對立。時愕眙未及言，神顧曰：「且易服。」乃退如西廡。吏云：「王自言與君有同年家契，當受君拜，曷爲不言？王甚不樂。」時曰：「王爲誰？」曰：「射洪顯惠廟神，昔年瀘南安撫使、英州刺史王公也。其子雲，今爲簡州守。」時始悟與雲實同年進士，甚懼，曰：「然則欲謝不敏，且致拜可乎？」吏曰：「可再揖。」至茵次，通敘委曲，因再拜。神喜，跪受勞問，如世間禮，遂就坐。神曰：「吾入蜀踰二紀矣，曩過陸使君廟，留詩曰：『瀘州刺史非遷謫，合是龍歸舊洞來。』一時傳誦，指爲讖策。暨以言事得罪，棄官謝世，獲居於此，獨恨王氏族人無知者。藉子之簡州，告吾兒。」時敬諾。寤後六日，至簡池【一二】。謁太守，弗獲，不得告。明年，過資州，復夢神召見，責其食言。時愧謝，神曰：「是行必爲我言之。吾近數有功於民，不久亦稍增秩禮命矣。」時既覺，兼程至簡，以手書達所夢。太守感泣，訪手澤於家，而得其詩。王公名獻可，字補之。自文階易武，仕至諸司使、英州刺史、知瀘南而卒。豈非代陸公爲白崖神乎？龍歸洞之事，見於廟記。宣和七年，字文虛中與雲同在河北宣撫幕府，爲作記云。

【一二】簡池　原本字形不全，據陸本、南圖本補。

慈感蚌珠

大觀中，湖州人邵宗益買蚌於市，烹而剖之。其一有珠，宛然成羅漢像，偏袒右肩，矯首左顧，衣紋畢具，觀者敬駭，遂奉以歸慈感寺。寺僧櫝藏，客至必出示。葉少藴作詩云：「九淵幽怪舞垂涎，游戲那知我獨尊。應跡不辭從異類，藏身何意戀窮源。歸來自説龍宮化，久住方驚鷲嶺存。此話須逢老摩詰，圓通無礙本無門。」一時名流屬和甚衆。曾公袞紆云：「不知一殼幾由旬，能納須彌不動尊。疑是吴興清霅水，直通方廣古靈源。月沉濁水圓明在，蓮出汙泥寶性存。隱現去來初一致，莫將虚幻點空門。」此寺臨溪流，建炎間，兩浙提刑楊應誠與客傳玩，不覺越檻，躍入水中，四坐失色。亟禱佛，求之於煙波杳茫之間，一索而獲。葛常之立方説。

蔡郝妻妾

蔡待制之子某，建炎間自金州洵陽【一三】令解官，避地入蜀。久之，得監大寧監鹽井，挈家之任。妻生男五歲，女三歲矣，同處一舟。而蔡私挾外舍婦人，別乘一小艇，日往焉。常相距數里，至暮或相失，妻密知之。平旦遣童持合至蔡所，曰：「孺人送點心來。」啓之，則二兒首也。蔡驚痛如癡，止棹以須其至，至已自刎矣。蔡竟與嬖人之官，持身復不

【一三】洵陽　「洵」字原闕，據《宋史》卷八九《地理五・金州》條補。

謹，爲郡守王君所按。其家多貲，悉傾倒以獻，僅得免。未幾亦卒。郝師莊者，嘗爲忠州墊江令。後寓夔府僧寺，妻先亡，一妾有子專家政。郝生招同寺人飲酒，或指牆而笑曰：「此處獨無瓦，又光潔，得非僧徒夜踰垣至君内乎？」郝信以爲然。日夕訶責其妾，疑忌百端，雖小故不捨。妾不勝寃忿，伺郝曉出，即刃厥子，且藏刀衣下。郝聞變走還，及門欲入，適别婢擁篲在前，瞬目使去。凶妾知不可奈，亦自戕。婦人天資鷙忍，故殺子隕身而不憚。傳記中所載，或有之。

郭提刑妾

政和末，陝西提刑郭允迪，招提舉木筏葉大夫飲酒，出家伎侑席。一姬失寵於主人，解逢迎客意，葉乘醉謔之曰：「吾從主公求汝，必可得，當卜日遣車相迎。」姬大喜滿望，信爲誠説，窮日夜望之，眠食盡廢，遂綿綿得疾，不能興。傍人往視病，輒曰：「葉提舉車馬來未？」明年元夕，忽自力新粧易衣，告人曰：「向正約今日，而肩輿果來，我即去。」才舉步，奄然而隕。蓋葉君酒間戲言，旋踵不記憶，此姬乃用迷著以致死。二司皆在河中府，時外舅爲學官云。

劉十九郎

樂平耕民植稻歸，爲人呼出，見數輩在外，形貌怪惡，叱令負擔。經由數村疃，歷洪源、石村、何衝諸里。每一村，必先詣社神所，言欲行疫，皆拒却不聽。怪黨自云：「然則獨有劉村劉十九郎家可往爾。」遂往。徑入，趨廡下客房宿，略無飲食枕席之具。明旦，劉氏子出，怪魁告其徒曰：「擊此人右足。」杖纔下，子即仆地。繼老嫗過之，令擊左足，嫗仆如前。連害三人矣。然但守一房，不浪出。有偵者密白：「一虎從前躍而來，甚可畏。」魁色不動，遣兩鬼持杖待之，曰：「至則雙擊其兩足。」俄報虎斃於杖下。經兩日，偵者急報北方火作。斯須間，燄勢已及房，山水又大至。怪相視窘惽，不暇取行李，單身亟奔。怒耕民不致力，推墮田坎中。蹶然起，則身乃在牀臥，妻子環哭已三日。鄉人訪其事於劉氏，云：「二子一婢，同時疫困。呼巫治之，及門而死。復邀致他巫，巫懲前事，欲掩鬼不備，乃從後門施法，持刀吹角，誦水火輪呪而入，病者即日皆安。」予於乙志，書石田王十五爲瘟鬼驅至宣城事，頗相類。

雷震犬

淳熙元年六月十五日，饒州大雷雨。市店有客攜獵犬來數日矣，是日正午，臥於茶卓下。忽濃雲蔽屋，店中漸暗，客妻出呼犬，爲一青面長人掣其手使去。少頃開晴，犬已死，毛皆焦灼直上，屋瓦碎者甚多。犬之罪無由可知，然雷威亦褻矣。

夷堅丁志卷第十五十六事

譚李二醫【一】

夢龜告方

冀州士人徐蟠，因墜馬傷折手足，痛甚，命醫者治之。其方用一活龜，既得之矣，夜夢龜言曰：「吾惟整痛，不能整骨。有奇方奉告，幸勿相害也。」蟠扣之，云：「取生地黄一斤，生姜四兩，擣研細，入糟一斤，同炒匀。乘熱以布裹罨傷處，冷即易之。先能止痛，後整骨，大有神效。」蟠用其法，果驗。

田三姑

淄州人田穀女，嫁攸縣劉郎中之子。劉下世數年，田氏病，遣僕至衡山，招表姪張敏中，欲託以後事。未克往，而田不起。初，田有兄，娶衡山廖氏女。女死，又取其妹，兄亦亡，獨後嫂在。乃與敏中同往弔，寓于張故居没山閣【二】。時隆興甲申冬也。是夕，廖嫂

校勘記

【一】譚李二醫　涵芬樓本注，此下宋本闕二十七行。

【二】没山閣　涵芬樓本注，嚴校：「没」字恐譌。

暴心痛，醫療小愈。過夜半，欻起坐，語言不倫。張往省候，則其姊憑焉，咄咄責妹曰：「何處無昏姻，必欲與我共一壻？死又不設位祀我，使我歲時無所依。非相率同歸不可。」張諫曉之曰：「此自田叔所爲，非今嬸過。既一家姊妹，寧忍如此？」少頃，忽拱手，曰：「叔翁萬福。」又曰：「慶孫，汝可上床坐。」叔翁者，田三之季父㲉。慶孫者，其稚子也。皆亡矣。蓋羣鬼滿室，左右盡悚。俄開目變貌，作田氏音聲，顧張曰：「知縣其爲姑來，姑生前有欲言者，今當具以告。」邀使稍前，歷道始死時，夫兄侵牟，及婢妾竊攘事。主名物色，的的不差。且囑立所養次子爲劉氏後，復切切屏語，似不欲他人預聞。良久，洒淚曰：「我無大罪惡，不墮地獄道中，但受生有程，未能便超脱耳。」嗚咽而去。方附著時，廖氏眼頰笑渦及十指纖長，全如田姑在生容貌。如是繼日來，訖于廖歸。明年春，將祔于劉塋。張與廖送葬，宿其家次。方寒雨淒零，松風答響，皆起怖悸意。廖復爲所憑，張譙之曰：「必山鬼野怪假託，若真田三姑，何爲容色不與去冬等？」隨聲而變，宛然不少異。申言曩事，丁寧委曲，然後已。迨廖氏還家，又來倩，有禱於張旁。人曰：「張知縣居不遠，盍徑往白之？」曰：「宅龍遮我，雖欲入，不見容，我不免爲是。」後一年，廖卒，始絶。鬼附生人多矣，獨能使形狀如之，爲可怪也。

汪澄憑語

番陽人汪澄，家頗富，獨好以漁弋罝罦爲樂。年財三十，以乾道九年五月死。其妻里中余氏女也，稍取其敖戲之具與人，或毁棄之。明年七月旦，初夜妻在床，未睡，覺四體悚淅，驚惴呼告其乳媪。媪亦然。俄頃，作澄語罵其妻曰：「賤人來，吾死能幾時，汝已萌改適他人意。二子皆十許歲，家貲殊不薄，豈不能守以終喪？吾甚愛鸜鵒彫籠及雙角弓，何得便與三十五舅？」三十五舅者，妻之兄仲滔也。所居正比鄰，密覘壁間。澄厲聲曰：「何不入視我，而顧竊聽？」滔懼，即舍去。又使招其仲兄，辭以疾。則歎息曰：「生時不相陸，固知其不肯來。吾父可得見否？」父老且病，扶杖哭而入。澄拱手而揖，爲恭敬聽命之狀。父曰：「兒既不幸早世，得不墮惡趣，寬吾悲心。無爲見怪於家，怖妻子也。」澄亦泣曰：「大人有言，澄當去。」媪遂厥然而默如。兩食頃，復附語，呼其子曰：「我將出，而土地見阻。汝宜辦小祭，善爲我辭。」子遽殺雞取酒，詣祠禱解，媪乃蘇。□氏□客□□【三】說。

【三】□ 南圖本作「時」。

聶進食厭物

北京人聶進家，世奉道，不茹犬雁鼈蒜之屬。唯進獨喜食，父常戒之，輒曰：「將止矣。」他日又如初。年二十二歲時，病傷寒，困頓。見青衣人來喚，遂隨以行。踰山涉水，乃抵大城門。門吏問：「此何人？」青衣曰：「聶進也。」吏曰：「來矣，可速行。」已而到一宫闕，門下復有吏，衣裾甚偉，亦抗聲問曰：「何人？」青衣復曰：「聶進也。」吏亦曰：「來矣，官人相候久，可速入。」進殊驚悸。引立廡下，或呼令升階，進密舉首，見三人皆王者服，據案坐，諭進曰：「汝嗜食厭物，雖父兄戒飭，不敬聽，是何理耶？此等物亦有何好？」進伏地告曰：「兹蒙嚴旨，自此決當斷食。」王曰：「果能爾，當放還。」進曰：「苟復念此，罪死不赦。」王命吏送歸，冥行不知所之。及家，望孥累聚泣。吏推之，身投榻上，血汗從鼻出，約兩斗許，移時漸甦。進後由北方歸正得官。淳熙元年，年四十九矣，爲秉義郎，添監撫州酒税。自言其事。

新廣祐王

邵武軍北，大乾山廣祐王廟，攷圖記，乃唐末歐陽使君之神。距縣二十里，對路立屋數楹，以館祠客。有王道人者，居其旁，躬洒掃事，頗謹樸戇直。乾道四年秋，夢車騎滿野，羽儀輿蓋，如迎方伯連率，而又過之，皆自廟中出。趍問何所往，一吏曰：「遠接新廣祐王。」曰：「敢問王何人？今居何地？」曰：「在浦城縣，故臨江丞陳公也。」覺而記其語。明日徑走其處，詢訪之，果有陳丞，以進士登第，平生廉正，爲鄉里所稱，死方五日。

道人驗夢可信，喜而歸，稍以告人，今猶處祠側。

詹小哥

撫州南門黄柏路【四】居民詹六、詹七，以接鬻縑帛爲生。其季曰小哥，嘗賭博負錢，畏兄箠責，徑竄逸他處。久而不反，母思之益切，而夢寐占卜皆不祥，直以爲死矣。會中元盂蘭盆齋前一夕，詹氏羅紙錢以待享【五】。薄暮，若有幽歎于外者，母曰：「小哥真亡矣，今來告我。」取一紉錢【六】。祝曰：「果爲吾兒，能掣此錢出，則信可驗【七】。當求冥助於汝。」少焉，陰風肅肅，類人探而出之。母兄失聲哭，亟呼僧誦經拔度，無復望其歸。後數月，忽從外來。伯兄曰：「鬼也。」取刀將逐之。仲遽抱止，曰：「未可。」稍前諦視，問其死生。弟曰：「本懼杖而竄，故詣宜黄受傭，未嘗死也。」乃知前事爲鬼所詐云。

晁端揆

晁端揆居京師，悦里中少婦，流眄寄情，未能諧偶。婦忽乘夜來，挽衣求共被，晁大喜。未明索去，留之，不可，曰：「如是，得無畏家人知乎？」既去，蓐褥間餘血涴迹，亦莫知所以然。越三日，過其間，聞哭聲，扣鄰人。曰：「少婦因産而死，今三日矣。」晁掩涕而歸。

【四】黄柏路　「柏」原作「桓」（原文少下一横，下同）據葉本、南圖本改。

【五】享　涵芬樓本注，葉本作「享祀」。

【六】取一紉錢　涵芬樓本注，葉本作「乃一陌紙錢」。李按：葉本似少一「取」字。

【七】則信可驗　涵芬樓本注，葉本作「則可信驗」。

水上婦人

政和間，京西路提點刑獄周君【八】，以威風陗直震【九】郡縣。嘗乘舟按部，還，遥見水上若婦人，長尺餘，衣袂蹁躚，迎舟而下。洎相近，容色悽慘，類有所愬。及相去只尺，迷不知所在，疑爲偶然也。次日所見，復如之，其色益悲。周謂必寃魄伸吐，遂停棹，即近縣追一倡，須語言稍警惠【一〇】者，衆莫測何爲。既至，衣冠焚香，祝之曰：「汝果抱寃，當憑此倡以言，吾爲汝直。」須臾，倡凜凜改容，哀且泣，音聲如他州人，云：「妾某州某縣某氏，爲某人謀財見殺。事不聞於官，無由自白，敢以遺恨告。」周隨録其語，密檄下彼郡，捕得凶民，一問【一一】具伏，遂置諸法。周表卿尚書爲宜黄丞時，爲疎山長老了如説，而忘其名，或云即茂振樞密麟之父也。

張珪復生

江吴之俗，指傷寒疾爲疫癘。病者氣才絶，即斂而寄諸四郊，不敢時刻留。臨川民張珪死，置柩于城西廣澤庵。庵僧了燾夜聞撲索有聲，起而伺，則張柩中也。既不敢發視之，隔城數里，無由得言，但拱手而已。良久聲息，遲明奔告其家，亦不問。至秋，將火葬，剖柩見尸，乃側臥掩面，衣服盡碎裂，蓋曩夕復蘇而不獲伸也。吁，可傷哉！番陽亦有小

【八】周君　原注：失其名。

【九】震　涵芬樓本注，葉本作「聲震」。

【一〇】警惠　涵芬樓本注，葉本作「警慧」。

【一一】一問　涵芬樓本注，葉本作「一鞫」。

民，以六月拜嶽帝祠，觸熱悶絶，亟棺厝于普通塔，其事正同。

張客奇遇

餘干鄉民張客，因行販入邑，寓旅舍，夢婦人鮮衣華飾求薦寢。迨夢覺，宛然在旁，到明始辭去。次夕，方闔户，燈猶未滅，又立於前，復共臥。自述所從來，曰：「我鄰家子【一二】也，無多言。」經旬日，張意頗忽忽。主人疑焉，告曰：「此地昔有縊死者【一三】，得非爲所惑否？」張祕不肯言。須其來，具以問之，略無羞諱色，曰：「是也。」張與之狎，弗畏懼，委曲扣其實。曰：「我故倡女，與客楊生素厚。楊取我貲貨二百千，約以禮昏我。而三年不如盟，我悒悒成瘵疾，求生不能，家人漸見厭。不勝憤，投繯而死。家持所居售人，今爲邸店。此室實吾故棲，尚眷戀不忍捨。楊客與爾同鄉人，亦識之否？」張曰：「識之。聞移饒州市門，娶妻開邸，生事絶如意。」婦人嗟喟良久，曰：「我當以始終託子。憶埋白金五十兩於床下【一四】，人莫之知，可取以助費【一五】。」張發地得金，如言不誣。婦人自是正晝亦出。他日低語曰：「久留此無益，幸能挈我歸乎？」張曰：「諾。」令書一牌，曰：「廿二娘位」，緘于篋。遇所至，啟緘微呼，便出相見。張悉從之，結束告去。邸人謂張鬼氣已深，必殞於道路。張殊不以爲疑，日日經行，無不共處。既到家，徐於壁間開【一六】位牌。妻謂其所事神，方瞻仰次，婦入遂出。妻詰夫曰：「彼何人斯？勿盜【一七】良家子累

【一二】鄰家子　涵芬樓本注，葉本作「鄰家女」。

【一三】者　涵芬樓本注，葉本作「婦人」。

【一四】埋白金五十兩於床下　涵芬樓本注，葉本「埋」、「於」作「有」、「埋」。

【一五】助費　涵芬樓本注，葉本作「助君」。

【一六】開　涵芬樓本注，葉本作「設」。

【一七】盜　涵芬樓本注，葉本作「盜掠」。

我。」張盡以實對。妻貪所得，亦不問。同室凡五日，又求往州中督債，張許之。達城南，正度江，婦人出曰：「甚愧謝爾，奈相從不久何。」張泣下，莫曉所云。入城門亦如常，及就店【一八】，呼之再三，不可見。乃亟訪楊客居，則荒擾殊甚。鄰人曰：「楊元無疾，適七竅流血而死。」張駭怖遽歸，竟無復遇。臨川吴彦周，舊就館於張鄉里，能談其異，但未暇質究也。

吴二孝感

臨川水東小民吴二，事五通神甚靈，凡財貨之出入虧贏，必先陰告。忽來【一九】見夢曰：「汝明日午時當爲雷擊死。」吴乞救護，神曰：「此受命於天，不可免也。」吴雖下俚人【二〇】，而養母至孝。凌晨具饌以進，白云：「將他適，請暫詣姊家。」母不許。俄黑雲起日中，天地冥暗，雷聲填然。吴益慮驚母，趣使閉户，自出坐野田以待其罰。頃之，雲氣廓開，吴幸免禍。亟歸拊其母，猶疑神言不必實，未敢以告。是夜，復夢曰：「汝至孝感天，已有惡，宜加敬事也。」母子至今如初。

杜默謁項王【二一】

和州士人杜默，累歲【二二】不成名，性英儻不羈，因過烏江，入謁項王廟。時正被酒霑

【一八】及就店　涵芬樓本注，明鈔本無「店」字。

【一九】忽來　涵芬樓本注，葉本作「忽一夕」。

【二〇】下俚人　涵芬樓本注，葉本無「人」字。

【二一】杜默謁項王　涵芬樓本注，此下至卷末，宋本作一葉，嚴本於中縫注「補」字。

【二二】累歲　三志辛卷八作「累舉」。

醉，才炷香拜訖，徑升偶坐，據神頸，拊其首而慟。大聲語曰：「大王，有相虧者！英雄如大王，而不能得天下。文章如杜默，而進取不得官。好虧我！」語畢，又慟，淚如雨。廟祝畏其必獲罪，强扶掖下，掖之出。猶回首長嘆，不能自釋。祝秉燭入檢視，神像亦垂淚向未已【二三】。接此條，見三志辛卷第八。

龜鶴小石

王仲禮因作屋，就隙地取土，遂成窪池，得黑石小塊，才廣二寸許。汲水滌之，上有白龜、白鶴，形模宛然。鶴之尾，龜之背，則純黑。初謂前人染成者，稍刮磨之，實然。於是盛以磁器，置之書案，猶未覺其異。他日，夕陽透窗，正照鼎上，二物皆浮起於水中。取出諦視，元在故處。復置諸水，則亦如先所見，始加珍秘。時紹熙甲子歲也。至于乙亥，恰一紀，忽焉失之【二四】。

丁志十五卷終

【二三】神像亦垂淚向未已　涵芬樓本注，嚴校：「向」字疑誤。

【二四】忽焉失之　涵芬樓本注，嚴校：此葉亦元人妄補，非元文。

夷堅丁志卷第十六 十九事

胡飛英夢

淳熙二年，鄉士張玘赴省試。詣吳山廟【一】□□□試罷，具酒炙，約同往【二】。攜紙錢，致謁，願【三】□□【四】

蔡相骨字【五】

公訓□□【六】其後【七】，門人呂川作【八】湖湘旱，府帥張安國【九】邦人或曰：「東明石像觀音，夙著顯應，□□□□說禱之，果雨。」於是議飾殿宇，以備他日祈禱之地。蔡欑適在殿後，乃語其孫衛，使徙之。衛喜於乘時得安厝，即卜地，命役。及啟棺改斂，皮肉消枯【一〇】已盡，獨心骨【一一】上隱起一卍字，高一分許【一二】，如鐫刻【一三】所就，聞者異焉。

王師愈齊賢說。

校勘記

【一】吳山廟　「廟」字原闕，據陸本、南圖本補。

【二】約同往　涵芬樓本注，此下闕十字。

【三】願　涵芬樓本注，此下闕十一字。

【四】□□　涵芬樓本注，陸本作「何不」。此下闕十四字又六行。

【五】蔡相骨字　此目據目録補。《容齋三筆》卷一六作「蔡京胷字」。

【六】公訓□□　「公訓」原闕，據陸本、南圖本補。又此下闕十四字。

鄭生夫婦

鄭毅夫內翰姪孫爟，爲林才中大卿壻，成親四年，生一男一女，伉儷甚睦。鄭因入京，遇上元節，先一日將游上清宮，偶故人留飯，食牛脯甚美，暮方至宮。才觀燈殿上，忽覺神思敞罔【一四】，亟歸。已發狂妄語，手指其前，若有所見，曰：「吾前生曾毒殺此人【一五】，當時有男子在旁，見用藥，亦同爲蔽匿【一六】。」旁人乃今妻也。呼問林氏，亦約略能記憶。中毒者責罵之頗峻，林氏曰：「本非同舉意，何爲及我？」其人曰：「因何不言？」自是，鄭生常如病風，數歐詈厥妻，無復平時歡意【一七】，不能一朝居。林卿命女仳離歸家，寃隨之不釋，遂爲尼。鄭訖爲廢人，後出家，著僧服，死於無錫縣寺。

黄安道

番陽士人黄安道治《詩》，累試不第。議欲罷舉爲商，往來京洛關陝間，小有所贏，逐利之心遂固。方自京齎貨且西，適科詔下，鄉人在都者交責之，曰：「君養親，忍不自克而爲賈客乎？」不得已，同寓一寺。夜夢人著道服仙衣據案坐，前有簿書，呼語之曰：「此先輩牓。」黄意其神也，再拜哀禱，求知姓名。仙問：「汝誰氏子？何許人？」具以對。乃啓簿累葉，指一「黄戛」示之，曰：「君也。」對曰：「姓是，名非，恐必不然。」仙曰：

【七】其後　「其」字原闕，據陸本、南圖本補。

【八】門人呂川作　涵芬樓本注，此下闕十一字。

【九】張安國　涵芬樓本注，此下闕十字。

【一〇】皮肉消枯　「枯」字原闕，據陸本、南圖本補。《容齋三筆》卷一六、《玉芝堂談薈》卷一六作「化」。

【一一】心骨　《容齋三筆》卷一六、《玉芝堂談薈》卷一六作「胸」。

【一二】一分許　「一」同上二書作「二」。

【一三】鐫刻　「刻」字原闕，據陸本、南圖本及同上二書補。

【一四】神思敞罔　涵芬樓本注，葉本作「神思恍惚」。「罔」明鈔本作「悶」，南圖本作「网」。

「是矣。」至於再三，黃始沉思曰：「然則當易名應之耳。」謝而且退。仙又曰：「典謨訓誥，是汝及第時。」黃寤，與鄉人語，疑所治經復不同。或勸使併改經，遂名戛，而以《書》應舉，即預薦。到南省，第二道義題問典謨訓誥誓命之文，果登第。

吳民放鱓

吳中甲乙兩細民，同以鬻鱓爲業，日贏三百錢。甲嘗得鱓，未賣，夢人哀鳴曰：「念我有子。」言至再四。驚而覺，無所覩。燃火照尋，聲在桶内，一鱓仰頭喚喁，審聽之，口中如云「念我有子」者。甲遽悟，曰：「賣爾求利，本非善圖。」即默【一八】發願，改業。明日，又以常所贏錢與乙，而併買其所負【一九】者放諸江。鱓迎水引首隨之，久而不去。甲祝曰：「我坐貧，故不念罪福。今既放爾，而相逐不捨，豈非【二〇】尚有怨乎？」應聲而没。既空【二一】歸，其妻以失累日所得【二二】，詬之曰：「必以供飲博費【二三】。」窮詰不已。始具告之，殊弗信。是夜，別夢數十人言：「汝欲圖錢作經紀，盍往某路二十里間，當可得。」既寤，憶所指非人常行處，試往焉。約二十里，草蔓邃密，中似有物，視之，得舊開元通寶錢二萬，如宿藏者。欣然拜受，負以還，用爲本業，家遂小康。

【一五】吾前生曾毒殺此人　涵芬樓本注，前五字原闕，據葉本補。

【一六】亦同爲蔽匿　涵芬樓本注，上五字原闕，據葉本補。

【一七】歡意　涵芬樓本注，葉本作「歡愛」。

【一八】即默　涵芬樓本注，明鈔本無「默」字。

【一九】負　涵芬樓本注，明鈔本作「貨」。

【二〇】豈非　涵芬樓本注，葉本無「豈非」二字。

【二一】空　涵芬樓本注，葉本多一「手」字。

【二二】累日所得　上四字，葉本作「利」。

【二三】必以供飲博費　涵芬樓本注，葉本作「爾必供飲博費矣」。

仙舟上天

馬忠玉隨其父爲金陵幕官。七月中，家一女一婦同登舍後小樓。天色約未申間，仰空寓目，見一舟凌虛直上，數道士環坐笑語。須臾抵天表，天爲之開，色正赤。舟徑由開處入，天即合無際，而開處尚赩赩如霞。忠玉聞而往觀，但猶見一道赤色耳。

雷丹

吴智甫知撫州崇仁縣，當七月下旬，晚坐廳治事。風雨忽作，雷電總至，霹靂相繼數十聲，庭中火塊迸走。有飛光【二四】大如燕，自敕書樓過而南，須臾稍息。外報縣南村中民饒相家貯穀倉遭爇，倉在田間故寺基上，火至此而燃，月餘方止。倉及穀皆燒，變如甆狀。後數十日【二五】，有商客類道人過其處，以石擊所燒倉。食中敗穀堅如石，成五色，或如蜂蝶、蚓蟺、龜魚、鼉蛾之類，或猶是穀穗。客取數品藏去，焚香拜於【二六】前，及取碎末於盌内【二七】研細，酌溪水調服之。人問其故，曰：「此雷丹也。凡有禍有【二八】病者，此悉能治。」遂去。邑人聞之，持以療病祟【二九】輒愈。取之幾半【三〇】，饒氏方知愛惜，設杙遮闌，衆乃不至。而自外至中心皆成佛像，侍衛羅漢儼然，徙歸居室供事。智甫遣吏往求，但於裂罅中得類物形者少許而已。饒相官爲率府率。

【二四】光　涵芬樓本注，葉本作「火」。

【二五】後數十日　涵芬樓本注，明鈔本作「後數日」。

【二六】拜於　二字原闕，據葉本、陸本補。

【二七】及取碎末於盌内　涵芬樓本注，葉本作「及取碎米於盆内」。

【二八】有　涵芬樓本注，葉本無「有」字。

【二九】病祟　涵芬樓本注，葉本作「祟病」。

【三〇】幾半　涵芬樓本注，葉本作「幾年」。

酒蟲

齊州士曹席進孺，招所親張彬秀才爲館客。彬嗜酒，每夜必置數升於床隅，遇其興發，暗中一引而盡，無此物則不能聊生。一夕，忘設焉，夜半大渴，求之不可得，忿悶呼躁，俄頃嘔逆，吐一物於【三一】地，既乏燈可照，倦極就枕，安眠達旦。諸生畢□□彬未起，往視之，見床下塊肉如肝而黃，上□□□猶微動。諸生曰：「先生不夙興索飲，而困□□□□□出此蟲乎？」取酒沃之，唧唧有聲。□□□□□□□彬起視，試之【三二】，亦然，始悟平生【三三】。

牛舍利塔

恩州民張氏，以屠牛致富。一牛臨命【三四】跪膝，若有請，張不肯釋，殺之，將取其肝【三五】食，血筒處【三六】忽水珠迸出，色如水銀【三七】而圓，小大不等。張甚驚，尚疑是牛黃，始置未食【三八】。及烹肉就貨，乃【三九】不能切，皆有圓珠如石【四〇】滿其中，皮肉【四一】胃藏盡然，始知舍利也【四二】。張即日罷業【四三】，哀從來所棄牛骨并舍利，作一塔葬之【四四】。本條原闕四十五字，均從葉本補。

【三一】於　原闕，據陸本、南圖本補。

【三二】彬起視試之　「視試」二字原殘，據陸本、南圖本補。

【三三】始悟平生　涵芬樓本注，此下宋本闕一行。

【三四】恩州民張氏以屠牛致富一牛臨命　涵芬樓本注，上十四字原闕。

【三五】若有請張不肯釋殺之將取其肝　涵芬樓本注，後十一字原闕。

【三六】血筒處　涵芬樓本注，葉本作「血筒口處」。

【三七】忽水珠迸出色如水銀　涵芬樓本注，後七字原闕。

雞子夢

東平董瑛堅老之父，知澤州淩川縣。縣素荒寂，市中唯有賣胡餅一家，每以飲饌蕭索爲苦。會將嫁妹，郡官寄餉乾寥牙雞子三十枚，大以爲珍味，食其七而留其餘，挂於堂內梁上。已而，妹壻至，庖妾請以供晨餐。董夜夢二十三小兒自梁而下，同詞乞命。中一女著帬帔而跛足。旦起頮面，妾持叉取所挂物，得二十三枚，方憶昨夢，乃捨之。遍求牝雞於同官家，分抱焉，皆一一成雞，唯一雌病脚。董自是不殺生。右八事，皆董堅老相授云。其先君少保所記也，故皆遠年事。

浙西提舉

司馬漢章倬，紹興二十七年，自浙西提舉常平罷。其幹官張某夢人告曰：「司馬復得舊物矣。」旁又一人言，乃其弟季思伋也。張馳以白漢章，且賀其擢序。不久，繼邸報至，除國子監朱丞填闕，名字正同已，歎其驗。朱公即福州相君也。陛辭日，留爲右正言，而謝景思得之，與季思名同。鬼神善戲人如此。

【三八】張甚驚尚疑是牛黃始置未食　涵芬樓本注，前四字葉本作「張正驚視」，後六字原闕。

【三九】乃　涵芬樓本注，葉本作「刀」。

【四〇】圓珠如石　涵芬樓本注，前三字原闕。

【四一】皮肉　涵芬樓本注，葉本無此二字。

【四二】始知舍利也　涵芬樓本注，葉本作「始知是舍利也」。

【四三】張即日罷業　涵芬樓本注，前三字原闕。

【四四】葬之　涵芬樓本注，「葬」字原闕。

胡邦寧

宜春人胡邦寧，爲江西劇盜，出没吉州之西平山，官兵追捕不能獲，積爲民間巨害，累歲乃就擒。既磔死於豫章本郡，發夷其父冢，尸已槁，未盡壞，當心有白螘穴，宛然如一劍，但未脱鞘耳。其子盜弄潢池兵，宜伏斧鉞。異哉！二事皆漢章説。

祝錀二刀

縉雲祝錀，乾道壬辰春就銓。夢人來報，已中第三等，又有持二刀授之者。既榜出，中選如夢。迨注官，射隆興之新建尉、建昌之廣昌、南劍之劍浦主簿，凡三闕，竟得劍浦，乃悟二刀之兆。

國子監夢

汪安行，徽州績溪人。既改官，調知廬州舒城縣。闕到，而代者再任，汪欲走都下别謀之。到郡，見教授林文潛，同年生也，勸之曰：「二年缺，正自不易得，何以易爲？」汪即有歸志。夜夢人促其行，云：「已得國子監差遣矣。」寤而喜，語其僕，復決行計。至都數日，乃被敕差充國子監别試所謄録對讀官，給本監講堂印一紐。所謂差遣者，乃如此，孰謂小事非前定乎？

龍華三會

汪安行爲蘄州教授，乾道辛卯秋，校試廬州，得一卷，文理甚優，可居前列，而誤用一「夔」字【四五】，黄州教授時倈，堅謂當【四六】未有以【四七】三會也【四八】。旁僧解之，曰：此微事，與【四九】二方勉爲書，庭謝去。遂覺，乃驗。

葉芮江舟

葉岳，字子中，信州玉山人。自會稽渡錢塘，至江岸。同待渡二百人，其七十人立墩上，餘皆趑趄水濱。值潮勢甚大，水濱之人急回就岸，已爲濤所溺。潮將至墩，衆惶惑相視，無所逃命。俄一船【五〇】從西來，有出舷邊，促篙工急救墩上官人者，岳即登其舟。隨而登者三十輩，皆獲免。半濟，岳謝問姓名，乃芮國器祭酒之子【五一】。「何爲得得見救？」芮云：衆【五二】後數年，岳侍兄【五三】大江，先已□【五四】亂危【五五】□【五六】人皆倉卒【五七】。事皆祝養直説。

【四五】一夔字　涵芬樓本注，此下闕二字。據南圖本，「二」當爲「三」。
【四六】堅謂當　涵芬樓本注，此下闕九字。
【四七】未有以　涵芬樓本注，此下闕十五字又六行。又「以」字原闕，據陸本、南圖本補。
【四八】三會也　涵芬樓本注，此下闕十五字。
【四九】與　涵芬樓本注，此下闕九字。
【五〇】船　原作「涵」，據中華本、南圖本改。
【五一】乃芮國器祭酒之子　涵芬樓本注，此下闕七字。
【五二】衆　涵芬樓本注，此下闕九字。

【五三】岳侍兄　涵芬樓本注，此下闕十二字。
【五四】先已□　涵芬樓本注，此下闕十三字。又，空格，陸本作「渡」。
【五五】亂危　涵芬樓本注，此下闕十六字。
【五六】□　涵芬樓本注，陸本作「來」，此下闕十七字。
【五七】人皆倉卒　涵芬樓本注，此下闕十四字。
【五八】喜客嘗捐錢數十　涵芬樓本注，上七字原闕，據陸本補。
【五九】隨其後　涵芬樓本注，據陸本補。
【六〇】及門外　涵芬樓本注，據陸本補。

玉真道人

高子勉荷世居荆渚，多貲而喜客。嘗捐錢數十【五八】萬買美妾，置諸別圃，作竹樓居之，名曰玉真道人，日游其間。有佳客至，則呼之侑席。無事，輒終日閉關，未嘗時節出嬉。歷數歲，當寒食拜掃，子勉邀與家人同出，辭不肯。强之至再三，則曰：「主公有命，豈得終違？我此出必凶，是亦命也。」子勉怪其言，但疑其不欲與妻相見，竟使偕行。玉真乘轎雜於衆人間。甫出郊，上冢者紛紛，適有獵師過前，真戰栗之聲已聞于外。少頃，雙鷹往來掠簾外，雙犬即轎中曳出之，齧其喉，立死。子勉奔救，已無及，容質儼然如生。將舉尸歸，始見尾垂地，蓋野狐云。此事絶類唐鄭生也。王齊賢説。

臨邛李生

邛州李大夫之孫，元夕觀燈，惑一游女，隨其後【五九】不暫捨。女時時回首微笑，若招令出郭。及門外【六〇】，又一男子同途，適素所善者，以爲得侶，竊自喜。徐行至江邊，男子忽捨去，女不從橋過，而下臨水濱。李心猶了然，頗怪訝，亟往呼之。女從水面掩冉而返，逼李之身，環繞數四，遂迷不顧省，乃攜手凌波而度。徑入山寺中，趨廊下曲室。屋甚窄，幾壓其背，不勝悶，極聲大呼。寺僧固知所謂，秉炬來訪，蓋誰家婦莄堂。李踞臥于上，如欲入而未獲者。僧識之，曰：「此李中孚使君家人也。」急扶掖詣方丈，灌以藥。到明稍甦，送之歸。凡病彌月，始愈。司馬漢章云，乃其妻鮮于夫人之外弟也。

吴氏迎婦

樂平吴璞女，嫁德興余寧一。有子娶婺原張氏女爲婦。余生死，吴繼改嫁，後十年亦亡。余家老婢晝夢人來，謂己曰：「吴夫人具采舟在江中，遣我迎婦及汝。」婢夢中固拒，不肯往。婦獨命車，隨其使登舟。未數月，小病遽不起。時淳熙元年也。婢至今存。

夷堅丁志卷第十六

嚴校：卷中所缺者，皆係撕破，非模糊也。

夷堅丁志卷第十七十二事【一】

甘棠失目

番陽鄉民甘棠，病失一目十年矣。淳熙三年六月一日夜，夢僧持數珠誦經，珠色瑩黑，光耀可愛。試求之，得一珠而覺。後四日，以事入郡，出城東，於永平橋衆中，見道人頎而長著黄布袍，顧棠來，徑前攬其衣，曰：「與我偕去。」棠疑且懼，却之曰：「素昧平生，適未嘗相犯，何遽爾？」道人笑曰：「但來，當示汝好事。」既弗可脱，不得已隨行，百步至江岸。岸先艤巨舟，即挽使登。鷁首掛金書牌，刻「敕賜職醫」字，左右侍女數人，美容麗服，向所未覩。道人云：「汝失明久，今夙緣相值，當爲汝醫。」棠謝曰：「眼壞十年，瞳子已枯，雖醫何益？」道人不聽，强令仰卧，使四女分執其手足，取銅箸搜攪眶間，痛不堪忍。泣而言：「感君恩意，吾尚存一眼，實不願醫。」乃掖之起坐。一女傾缾中湯半杯與飲，頗覺甘美。正念少憩，復拉卧如初。棠知無可奈何，委命而已。箸再入眶，覺腦後如鉤出一物，徐以片紙掩其上。有頃去之，持鏡使照，則雙目瞭然，了無痛楚。棠驚喜，起拜謝，請暫還。既至邸，爲人言所逢，無不駭異。好事者十餘輩亟隨之，及舟處，略無見

校勘記

【一】十二事　涵芬樓本按：實祇九事。

矣。棠時年三十八，其所居爲崇德鄉，自初得疾，家人日誦觀世音菩薩名，香火供事甚謹，兹殆佛力云。

瑠璃缾

徽宗嘗以紫流離膽缾【一】十付小璫，使命匠範金托其裹。璫持示苑匠，皆束手，曰：「置金於中，當用鐵篦熨烙之，乃妥貼。而是器頸窄不能容，又脆薄不堪手觸，必治之，且破碎，寧獲罪，不敢爲也。」璫知不可强，漫貯篋中。他日行廛間，見錫工釦陶器精甚，試以一授之，曰：「爲我托裹。」工不復擬議，但約明旦來取，至則已畢。璫曰：「吾觀汝伎能，絶出禁苑諸人右，顧屈居此，得非以貧累乎？」因以實諗之。荅曰：「易事耳。」璫即與俱入，而奏其事。上亦欲親閲視，爲之幸後苑。悉呼衆金工列庭下，一一詢之，皆如昨説。錫工者獨前，取金鍛治，薄如紙，舉而裹瓶外。衆咄曰：「若然，誰不能？固知汝俗工，何足辦此！」其人笑不應，俄剥所裹者押【三】于銀箸上，插瓶中，稍稍實以汞，揜瓶口，左右澒挏之。良久，金附著滿中，了無罅隙，徐以爪甲匀其上而已。衆始愕眙相視。其人奏言：「瑠璃爲器，豈復容堅物振觸？獨水銀柔而重，徐入而不傷。雖其性必蝕金，然非目所睹處，無害也。」上大喜，厚賚賜遣之。予又記元祐間，中官宋用臣謫舒州。郡新作大樂鼓甚華，飾以金采。既登架旁，鐶忽斷，欲剖之，重惜工費。宋命别爲大環，歧其股

【二】紫流離膽缾　「紫」原作「北」，據陸本、南圖本改。

【三】押　涵芬樓本注，原本字形不全，今從陸本補。

爲鎖鬚狀，以鐵固鼓腹之竃，使極窄，即敲環入竃中，纔入而髮張，遂不復脱。是皆巧思得之於心，出人意表者。前事劉子思説。

袁仲誠

丹陽袁仲誠孚，自右正言外補。已而，爲江東提刑。夢人告曰：「直而不倨，曲而不屈，其義如何？」夢中不能答。明日，以語館客范存誠，存誠曰：「下文蓋云，命世亞聖之大才，真吉夢也。」未旬日，袁得風疾，卒于官。識者始解之曰：「二句之上云，有風人之託物，二雅之正言。袁所歷官，及所得疾，皆見於是矣。」何物黠鬼司夢，能戲弄人如此。時乾道三年。

閻羅城

襄陽南漳人張腆，居縣之鴈汊，世工醫。紹興十八年夏，夜夢自所居東行二里許，過固城鋪，北上。久之，入大城，出北門，登溪上高橋。橋上水中，人往來如織。見其妻鄭氏亦涉水登岸，欲前同途，轉眄間已相失。俄别至一城，同行者莫知其數。腆已入門，回問户者：「此何郡縣？」曰：「閻羅城也。」腆知身已死，甚悲懼。彷徨無計，不覺又前進。至階北，見大門三楹，與衆俱入。過百許步，復至一門，五楹金碧照耀。頃之，又過一門，塗飾益華。兩廡下對列司局，正殿極高大，垂黄簾。腆且行且觀，至東廡吏舍門内。顧舍中人，悉冠帶，或朱或紫，前揖之，了不相應。獨一緋衣者，微作答。腆立移時，緋衣頗相憫，以足撥一甎，云：「可坐此。」坐未定，妻忽立於門外，相顧皆漠然。頃之，一人自殿簾出，著黄背子，背拱手，仰視屋桷，移步甚緩，若有所思，久而復入。腆問何官，緋衣摇手低語曰：「此閻羅天子也。」腆曰：「適觀狀貌，與人間所畫不同，却與清元真君甚相似。」言未既，殿上卷簾，呼押文字，羣吏奔而往。下列囚甚衆，或送獄，或枷訊，或即放去。度兩時許，人去且盡。腆在吏舍，遥見其妻，亦決杖二十，但驚痛垂涕而已。須臾，簾復垂，吏還舍，解衣半坐半臥。緋衣指腆謂同列曰：「此人無過，何不令還？」衆皆默然。又言之，乃曰：「公欲遣去，何必相問？」其中一人云：「渠雖欲去，三重門如何過得？」緋衣戒腆曰：「外面如有人相問，但云司裹令唤獄子。」腆遜謝而出。每及一門，必有問者，如其言即免。復尋舊路急行。將近屋東橋下，跌水中而寤，雞既鳴矣。呼其妻，亦矍然驚覺，語所夢，無不同者。妻罵曰：「我方受杖時，君在旁，略不顧我，情如路人，豈可復爲夫婦？」遂各寢處。才數日，鄭氏腰下忽微瘇，繼生巨瘡，痛不堪忍。凡十日，膿始潰。又十日，方瘉。腆慨然棄家，詣均州武當山，從孫先生者訪道，越十七年乃亡。穀城醫者王思明，與腆相好，景裴弟官襄幕，得於思明云。

王積不飲

嚴州觀察判官王積，京東人。每與人燕會，酒不濡脣，同官皆疑爲挾詐，云：「得非陰伺吾曹醉中過失，售諸長官，以資進身計乎？」益久，稍以獨醒侵之。積長歎移時，愀然曰：「久欲祕此事，諸君既相疑，敢不盡言。」即袒衣示之，背兩瘢相對，如嘗受徒刑者。徐而言曰：「三年前，疽發於背，甚惡。一日瘡劇，冥冥不知人。或呼使出外，到官府中，有據案見詰曰：『汝曾爲某州幕職乎？』對曰：『然。』曰：『某時某事某人不應坐某罪，汝何得輒斷之？』對曰：『此郡守之意。』積持之連日，嘗入議狀爭辨，至遭叱怒，訖不能回。公牘始末具存，恨無由取至爾。』王者命左右云云，一卒趍而出。俄頃，已持文案來。主者反覆閱視，喜曰：『汝果無罪，幾誤殺汝，今遣汝歸。』呼元追吏護送。吏頗賢，沿路款語，力戒曰：『回世間，切勿飲酒。』問其故不肯言。及寤，腥血交流，瘡已潰，即日遂瘉。性本好飲，思冥吏之戒，不忍再速死也。」聞者皆惨懼自悔云。

淳安民

嚴州淳安縣富家翁，誤歐一村民至死，其家不能訴。民有弟爲大姓方氏僕，方氏激之曰：「汝兄爲人所殺，而不能訴，何以名爲人弟【四】？」即具牒，將詣縣。方君固與富翁

【四】何以名爲人弟　涵芬樓本注，葉本無「名」字。

善，諷使來祈己，而答曰：「此我家僕，何敢然【五】？ 當諭使止之【六】。彼不過薄有所覬耳。」爲喚僕，面責，且導以利。僕敬聽，謝不敢。翁歸，以錢百千與僕，別致三百千爲方君謝。纔數月【七】，僕復宣言。翁又詣方，方曰：「僕自得錢後無日不飲博，今既索然，所以如是。當執送邑懲治之。」翁懼泄，乞但用前策，又如昔者之數以與僕。方君曰：「適得中都一知舊訊，倩市漆二百斤，倉卒不辦買，翁幸爲我市，當輦錢【八】以償直。」翁曰：「蒙君力如許，兹細事，吾家故有之，何用言價？」即如數送漆【九】。明年，僕又欲終訟【一〇】，翁歎曰：「我過誤殺人，法不至死，所以不欲至有司者，畏獄吏求貨無藝，將蕩覆吾家。今私所費將百萬，而其謀未厭【一一】，吾老矣，有死而已。」乃距户自經。踰三年，方君爲鄂州蒲圻宰，白晝恍恍【一二】，於廳事對羣吏震悸言，曰：「固知翁必來。我屢取翁錢，而竟速翁於死。翁宜此來。」亟還舍，不及與妻子一語，仆地卒。吏以所見白，始知其冥報云。

薛賀州

鄭人薛銳仲藏爲賀州守，晚治事且退，意緒忽昏昏不佳，枕胡牀假寐。或揖其前請行，身隨以出。到某處，他吏來言曰：「官人傳語，使君大期甚不遠，若自此不出仕，前程猶未艾也。」薛寓會稽久，生理從容，宦情素薄，聞之即應，曰：「願自此不復仕。」吏即去。

【五】何敢然　涵芬樓本注，「然」葉本作「爾」。

【六】當諭使止之　涵芬樓本注，葉本無「使」字。

【七】纔數月　涵芬樓本注，「纔」葉本作「未」。

【八】輦錢　涵芬樓本注，葉本作「挐錢」。

【九】送漆　涵芬樓本注，明鈔本作「納漆」。

【一〇】終訟　涵芬樓本注，葉本作「興訟」。

【一一】而其謀未厭　涵芬樓本注，「謀」葉本作「求」。

【一二】恍恍　涵芬樓本注，葉本作「恍惚」。

俄復來，曰：「官人欲得一文書爲證。」薛索紙筆，書授之。吏顧曰：「既已形於文牘，不可復悔矣。」遂去。已而，又來曰：「官人甚喜，使君可歸。」薛惘然如夢。覺，即日上章，乞祠官還越。時淳熙三年，官爲朝請郎。爲人言：「少須至大夫，經郊恩任子，當掛冠矣【一三】。」後二年，薛致仕。

三鴉鎮

三鴉鎮在河北孤迥處【一四】，鎮官一員，俸入不能給妻孥，官況蕭條。地多塘濼，捨蒲藕魚鼈之外，市井絶無可買，前後監司未嘗至。有運使行部，從吏導之過焉。入其治，則官吏已悉委去，無簿書可尋詰。徘徊堂上，顧紙屏間題字尚溼，試閲之，乃小詩曰：「二年憔悴在三鴉，無米無錢怎養家？每日兩餐唯是藕，看看口裏出蓮花。」運使默笑而去。好事者傳誦焉。蒙城高公泗師魯，紹興末，監平江市征。吴中羊價絶高，肉一斤爲錢九百。時郡守去官，浙漕林安宅居仁攝府事。其人介而嗇，意郡僚買羊肉食者必貪，將索買物歷驗之。通判沈度公雅以告師魯，曰：「君北人，必不免食此。盍取歷竄改，毋爲府公所困。」師魯笑謝，爲沈話前説，且曰：「亦嘗倣其體作一絶句，云：平江九百一斤羊，俸薄如何敢買嘗？只把魚鰕充兩膳，肚皮今作小池塘。」聞者皆大笑。林公微聞之，索歷之事亦已。右四事皆高師魯説。

【一三】當掛冠矣　涵芬樓本注，後二年，薛致仕。

【一四】三鴉鎮在河北孤迥處　原注：汝州魯山縣亦有三鴉鎮。

劉堯舉

紹興十七年，京師人劉觀爲秀州許市巡檢。其子堯舉買舟趨郡，就流寓試。悦舟人女美，日夕肆微言以蠱之，女亦似有意。翁媪覺焉，防察不少懈。及到郡，猶憩舟中。翁每出則媪止，媪每出則翁止，生束手不能施。試之日，出《垂拱而天下治》賦、《秋風生桂枝》詩，皆所素爲者，但賦韻不同，須加修潤，迨昏乃出。次日試論，復然。既無所點竄，運筆一揮，未午而歸舟。舟人固以爲如昨日也，翁媪皆入市，獨女在。生徑造其所，遂合焉。是夕，生之父母同夢人持牓來報，秀才爲牓首。傍一人曰：「非也。郎君所爲事不義，天勅殿一舉矣。」覺而相語，皆驚異。生還家，父母責訊之，諱不言。已而，乃以雜犯見牓。後舟人來，其事始露。又三年，從官淮西，果魁薦，然竟不第以死。

嚴校：此卷不全，止十葉。

夷堅丁志卷第十八 十二事

路當可

丙志載梁子正説路當可事：「云其父爲商水主簿，路之父君實爲令，故見其得法甚的。」滕彦智云：「當可乃其舅氏，蓋得法於蜀，而君實是其叔祖，子正之説不然。」滕言嘗與中外兄弟白舅氏，丐一常行小術可以護身者。舅曰：「談何容易？吾平生持身莊敬，不敢斯須興慢心，猶三遇厄，當爲汝輩道之。」其一事云：頃經嚴州村落間，過舊友方氏家，留飲款洽。日且暮，里豪葉氏介主人來言：「笄女未嫁，而爲魅所惑撓。凡以法至者，輒沮敗以去。敢敬請於公。」吾雖被酒，固不妨行法。即如葉氏，唤女出。既出，端麗絶人，默驚羨，以爲向所未覩。女忽奮而前，若爲人所驅擁。吾惘然變色，急趨避于佛堂中。女追逐至門乃反。吾以鬼見困，從其家求閴靜處，將具奏于天。主人引吾至西邊小圃，一堂前後皆巨竹，與所居相□，云此最絜清。吾取篋笥朱丹符筆之屬置几上，未暇舉筆，俄蒙然無所知。閉目審聽，覺身在虛空，坐處摇兀不小定。蓋已見縻於竹抄【一】。食頃，還故處，則几案牕户皆糞穢狼籍，不可處【二】。度未能與敵，急唤僕肩輿出外。行十

校勘記

【一】竹抄　涵芬樓本按：「抄」字疑誤。

【二】處　原闕，據陸本、南圖本補。

許里，適得道觀，遂託宿。精神稍寧，始趨庭中，望斗下焚香，百拜謝過，退而焚奏章。留兩宿，微似有影響。遣一道流詣葉氏物色之，歸云：「火昨從圃中堂起，盡焫叢竹，延及山後高林，門前屋數十區，并土地小廟，皆煨燼。」吾知訟已直，自還。扣之，一家長少正相賀，云：「女經年冥冥不知人，今日如醉醒。」說去歲在房内，見一老翁來爲媒妁，出入數四。又數日，以金珠幣帛數合來。已而，迎一少年入，與我爲夫婦。明日，挾我歸謁翁姑，其他稱伯叔者又十餘人。翁甚老，呼謂衆曰：『吾家受葉氏香火幾世矣，汝等後生肆爲不義，禍必及我。何不取諸他處乎？』少年曰：『此憑媒納幣而取之，昏禮明白，何所懼？』後數聞術士至，必相與合力敵之，往往告捷。及路真官來，翁又呼謂衆曰：『吾聞路真官法力通神，非常人比，必不免。』衆亦頗懼。俄有喚我言【三】：『真官叫汝。』我遂行，衆皆從于後。將至書院，忽呼笑曰：『真官誇汝好，盍往就之？』遂擁我以前。既退，翁問所以，歎曰：『事已至此，果能殺之則大善，今禍猶在也。』適方會食，門内火遽起，煙炎亘天。翁拊膺慟哭曰：『禍至矣！』以手推我出，曰：『爲汝滅吾家！』我纔得歸，火乃稍息。」常時所見室宇臺觀，一切無孑遺。所謂行媒者，土地也。「此事本末可畏如此，吾幾受其害。豈汝輩所當學哉？」彥智舉此時尚有兩事，未及言而卒。

【三】俄有喚我言　「我」字原闕，據陸本、南圖本補。

饒廷直

饒廷直，字朝弼，建昌南城人，第進士，豪俊有氣節。紹興七年，以事過武昌，有所遇，自是不邇妻妾，翛然端居，如林下道人。自作詩紀其事。云丁巳秋夜半，偶遊黄鶴樓，忽遇異人，授以祕訣，所恨尚牽世故，未能從事於斯也，因作詩以識之。其詞曰：「黄鶴樓前秋月寒，樓前江闊煙漫漫。夜深人散萬籟息，獨對清影憑欄干。一聲長嘯肅天宇，知是飱霞御風侶。多生曾結香火緣，邂逅相逢竟相語。翛然洗盡朝市忙，直疑身在無何鄉。回看往事一破甑，下視舉世俱亡羊。嗟予局促猶軒冕，知是盧敖遊未遠。他年有約願追隨，共看蓬萊水清淺。」後三年，歲在庚申，朝廷復河南，以爲鄧州通判。金人叛盟，鄧城陷，縊而死。載其柩還鄉，舁者覺甚輕，然無敢發驗者。或疑其尸解仙去云。東坡公作《黄鶴樓》詩，紀馮當世所言老卒遇異人事，王定國亦載之於書，疑此亦其流也。

史翁女

南城人饒邠，大觀間，預貢西上，遂留近京。館于士人胡質夫家，胡亦貢士也。他日，同入京，暮投道店。見老媪以黄羅帕髮，執青蓋過門外，類莊家人。別有少女絶姝美，相逐而去。且行且眄，光豔動人。胡生惑之，率邠躡其後。甫食頃，恍迷所如益前。進可六七里，至一豪民居。登其門，老翁垂白負杖出，自言爲史氏，見客極喜，迎肅殊有禮節。廳事上掛觀世音像，香花奉事甚嚴，畫繪光彩，非人間筆。既夕留宿，休僕馬于外。二子請入拜其媪，許之，則逆旅所見者。詢其故，笑曰：「早攜孫女訪姻戚，薄暮歸。不知二君在彼，失於趨避，深負愧怍。」頃又呼孫女出，真國色也。言談晤默【四】，姿態横生，二子恍然心醉。須臾，引入中堂，供張華楚，治具豐潔，賓主酬酢歡甚。半酣，胡試挑其女，女欣然就之。邠起便旋，翁使乳婢秉燭從，姿色亦可悦。邠出，盥手，沃以水爲戲，皆大笑。酒罷，女侍胡寢，婢侍邠寢，皆熟寐。及寤，寒風襲人，披衣起視，東方已白。回顧，無復華屋洞户，乃在楓林古木間。二子相視歎怖，羣僕亦莫知所以然。憱悦歸邸，竟不測爲何物妖魅也。

紫姑藍粥詩

臨川【五】謝氏家城西，築圃蓺花，子姪聚學其中。暇日迎紫姑神，作歌詩雜文，友生江楠過焉，意後生僞爲之，而託以惑衆，弗信也。一日再至，見執箕者皆童奴，而詞語高妙，頗生信心。於是默禱求詩，箕徐動【六】，曰：「德林素不見信，曷爲索詩？」漫贈絶句【七】云：「末豆應急用，屑榆豈充欲？嗜好肖趙張，蒼皇救文叔。」衆不曉所謂，復禱求神【八】，願明以告我。又徐書云：「第一句見《晉書·石崇傳》，第二句見《唐書·陽

【四】言談晤默　「默」原作「黠」，據陸本、南圖本改。

【五】臨川　「川」原作「州」，據陸本、南圖本改。李按：宋無臨州，而江南西路撫州有臨川縣。

【六】箕徐動　涵芬樓本注，葉本作「箕徐書」。

【七】漫贈絶句　涵芬樓本注，葉本作「漫贈一絶」。

【八】復禱求神　「求」字原闕，據陸本、南圖本補。葉本作「復禱曰」，下無「神」字。

城傳》，第三句見《史記·倉公傳》，第四句見《後漢·馮異傳》。」檢視之，皆粥事也。蓋是時官妓藍氏者，家世賣粥，人以「藍粥」呼之。楠前夕方宿其館，神因以此戲之云。德林，楠字也。

劉狗麼

南城人劉生，別業在城南三十里，地名鯉湖。時往其所，檢視錢穀。至則必留旬日，徘徊不忍捨。嘗赴鄰家飲，中夜未歸，守舍僕倦甚，就臥主榻。少頃，見婦人衣二紅衫自外徑入，登牀熟視，審非劉生，罵曰：「爾何人，輒睡于此？」僕應聲推之，脱手亟去，翻身踰垣。時月色正明，隨逐之，化爲花狗走出。僕因是始疑主公留連不去之意，蓋爲所惑也。明日，告鄰人，則其家所畜者。殺之，剖腹中已有異，方知其怪變如此。後鄉人目之爲劉狗麼。右四事，南城人饒居中説。

張珍奴

張珍奴者，不知其所自來。或云吴興官妓，而未審也。雖落風塵中，而性頗淡素。每夕盥濯更衣，燒香扣天，祈脱去甚切。某士人過其家，珍出迎，見其風神秀異，敬待之，置酒盡歡而去。明日又至，凡往來幾月，然終不及亂。珍訝而問曰：「荷君見顧，不爲不久，獨不肯少留一昔，以盡相□□歡，豈非以下妾猥陋，不足以娛侍君子耶？」□曰：「不然。人情相得，不在是，所貴心相知爾。」他日酒半，客詢珍曰：「汝居常更何所爲？」對曰：「失身於此，又將何爲？但每夕告天，祈竟此債爾。」客曰：「然則何不學道？」曰：「迫於口體之奉，何暇爲此？且何從得師乎？」客曰：「吾爲汝師，何如？」曰：「果爾，則幸也。」起更衣炷香，拜之爲師。既去，數日不至。珍方獨處，漫自書云：「逢師許多時，不說些兒个。及至如今，悶損我。」援毫之際，客忽來，見所書，笑曰：「何爲者？」珍不答而匿之。客曰：「示我何害？」示之。即續其後云：「別無巧妙，與你方兒一箇。子後午前定息坐，夾脊雙門崑崙過，恁時得氣力，思量我。」珍大喜，再三致謝，自是豁然若有悟。亦密有所傳授，第不以告人，然未知其爲何人也。累月告去，珍開宴餞之，臨歧，出文字一封，曰：「我去後，開閱之。」及啓緘，乃小詞一首，皆言修煉之事云。「坎離乾兑分子午，但認取自家宗祖【九】。煉甲庚更降龍虎。地雷震動山頭雨，要澆灌黃芽出土。有人若問是誰傳，但說道先生姓呂。」始悟其洞賓也。遂齋戒謝賓客，繪其象，嚴奉事，倏其說。行之踰年，尸解而去。

袁從政【一〇】

袁從政，宜春人。紹興庚辰登第，調郴縣尉。先是，筠州上高陳氏女新寡，來歸以妻

【九】但認取自家宗祖　涵芬樓本注，原注：此下失一句。

【一〇】袁從政　涵芬樓本按：目録作「袁孝顯」。

袁，夫婦相歡，嘗有「彼此勿相忘，一死則生者不得嫁娶」之約。既之官，未滿秩，陳亡。不能挈柩歸，但殯道旁僧舍之山下。再調桂陽軍平陽丞，遂負前誓，更娶奉新涂氏女，相與赴平陽。道由是寺，同年有官於彼者，爲具召之。才就坐，見故妻從外來，戟手罵云：「平生之誓云何，今反負約邪？不捨汝矣。」袁但向空咄咄，如與人言。又呼從史令回城隍牒，史駭愕，漫應云：「已回牒了。」袁終席不復顧主人，不告而起，歸與涂氏説其詳。中夜發狂出走，涂追，照以燭，袁吹滅之，竟赴井死。

賣詩秀才

張季直，中原人，待湖北漕幕缺，寓居豫章龍興寺。嘗晝寢，恍惚間聞人拊掌笑曰：「休休得也岡【一二】，雲深處高卧斜陽。」驚起視之，無見也。再就枕，復聞之。張不敢寐，走出訪寺僧。僧曰：「昔年有秀才以賣詩爲生，病終此室，豈其鬼乎？」張悚然，立丐休官，不半年亦死。及葬西山，其地名「得也岡」云。右三事，李叔達説。

齊安百詠

黄州赤壁、竹樓、雪堂諸勝境，以周公瑾、王元之、蘇公遺蹟之故，名聞四海。紹興戊午，郡守韓之美、通判時衍之各賦齊安百詠，欲刊之郡齋。韓夢兩君子自言爲杜牧之及元

【一二】休休得也岡　「岡」字原闕，據陸本、南圖本補。

之，云：「二君所賦，多是蘇子瞻故實。如吾昔臨郡時，可紀固不少，何爲不得預？幸取吾二集觀之，采集中所傳，廣爲篇詠，則盡善矣。」韓夢覺，且愧且恐，方欲取《樊川》、《小畜》二集益爲二百詠，會將受代，不暇作，遂并前百詠皆不敢刊。

東坡雪堂

黄人何琥，東坡門人何頡斯舉之子也。兵革後，寓居鄂渚，每歲寒食必一歸。紹興戊午，黄守韓之美重建雪堂，理坡公舊路。時當中春，琥適來游，夢坡公告之，曰：「雪堂基址，比吾頃年差一百二十步。小橋細柳，皆非元所。汝宜正之。」夢中歷歷，憶所指不少忘。明日，往白韓。韓如其言，悉改定。他日，有故老唐德明者，八十七歲矣，自黄陂來觀，歎曰：「此處真蘇學士故基也。」右二事，韓守説。

李芨遇仙

濟南李芨，字定國，寓臨安軍營中，以聚學自給，暇則縱游湖山。嘗欲詣淨慈寺，過長橋，於竹徑迷路，見青衣道人林下斸筍，芨揖之。道人問所往，曰：「將往淨慈，瞻禮五百羅漢。」道人曰：「未須去，且來同食燒筍。」食之甚美。俄風雨晦冥，失道人所在。芨皇懼，伏林間。少頃雨止，尋徑而出。至寺門下，覺身輕神逸，行步如飛。洎歸舍，不復飲

校勘記

食。其從兄大猷莫爲諸王宫教授，將之任，遣僕致書，見其顔如桃紅，且能辟穀，以語大猷。及大猷至，即已去，云游茅山矣。後又聞入蜀，隱青城山。大猷爲梓路提刑，使人至眉訪所在。眉守復書，報數年前已輕舉乘雲而去，今唯繪象存。

唐蕭氏女

殿前司遊弈軍卒李立，以貧隸兵籍，日爲主將刈馬芻。嘗至湖山深僻無人處，遇女子，秀麗姝少，類仕宦家人，自邀與合，仍以衣服遺之。自是日會其地，且時致錢帛給用度，立賴是少蘇。其徒積訝之，意必盜也，共白主將，密使察之，無他故。始疑其必有異遇，因善術者宋安國試扣焉。宋使呼立，立至，作法召，女子亦來，曰：「妾非今世人，蓋唐時蕭家女。立宿生前乃白侍郎子，相許結昏，未嫁而妾不幸爲洛中神物所録，遂弗克諧。立福力淺薄，展轉墮爲馬曹，然妾一念故未嘗捨也。近者與神緣盡，得自由，遍求白氏子後身，到此乃知爲李立，遂與償夙契。憐其苦貧，是以賙給之爾。」宋曰：「汝所與物，得非竊取乎？」曰：「非也，皆取諸豪貴家有餘者。」宋曰：「汝可速去，勿復顧戀，恐詒後患。吾當移文東嶽，令汝受生。」女唯唯拜謝而退，後果不復見，立貧如初。右二事，皆童敏德藻之説。

夷堅丁志卷第十九 十五事

留怙香囊

衢人留怙彦彊，年二十餘，進士及第，調官歸鄉，常獨處一室。其地濱水，水次皆芰荷，景趣奇迥。忽若有所遇，家人莫得而知也，第怪其入室即扃户，非温清與賓客至，輒不出，人竊疑之，而不可問。後因易衣浣濯，家人得珠囊於帶間，皆北珠結成，而極圓瑩粲潔，非世能有。所串銀線柔軟光好，不可名狀，囊中香氣又特異。持以叩所自來，不肯言。伺間密聽之，時聞弈棋下子聲。遂作計啓關，掩其不備，乃一美婦人對局，見外人至，急趨入屏後。就視之，無所覩。父兄意其鬼魅，深以爲憂。呼方士巫者，治禜百方，終不驗，而怙顔皃充壯，了不類困於異物者。及將赴官，始絶不至。所存珠佩，其父遣擲棄海中。怙生平康寧無疾，至老嗜欲不衰，年八十餘，尚有少妾十輩。官至中大夫，年幾九十。晚年，人問昔所遇，曰：「水仙也。」當時失不詢名氏，無得而傳。蓋得養生之術於彼云。其曾孫清卿説。

英華詩詞

縉雲英華事，前志屢書，然未嘗聞其能詩詞也。今得兩篇，其詩云：「夜雨連空歇曉晴，前山重染一回青。林梢日暖禽聲滑，苦動春心不忍聽。」其《惜春》詞云：「東風忽起黄昏雨，紅紫飄殘香滿路。凭闌空有惜春心，濃緑滿枝無處訴。春光背我堂堂去，縱有黄金難買住。欲將春去問殘花，花亦不言春已暮。」殊有情致，故或者又以爲神云。公安尉蔡聰發説。

黄州野人

黄州麻城縣境有泰陂山，邵武人黄志從居之。其地多茂林絶麓，黄常自種蓺其間。百果粟豆成實，每苦爲物所竊食。密伺之，見如人而毛者。搏之則逝，追之不及，百計羅絡，因結繩置壠間而獲焉。初不甚了了，養之數日，始能言，乃實人也。云：「我某村陳氏子，年四十餘。靖康之難，全家死于兵，身獨得脱，竄伏山間。山有高嵓，可扳援藤蘿而上。上有草如毯可覆，飢餐屮實木葉，渴匊澗泉飲之。久而慣習，遍體生毛，亦無疾痛，忘其去家而居深山也。且敏捷如猿猱。」黄與之食，又强使受室。久之，膚毛皆脱，不復輕趫。人皆以爲若復縱之還山，或可不死，使之飲食者欲，爲可惜。黄不從。時童邦直爲郡守，外孫王仲共垂侍行，見其事，爲作《野人記》并詩云。

史言命術

王垂仲共，南城人。紹興乙丑，赴省試，聞術士史言方有聲，往謁之。史問知鄉里，曰：「旦者仙郡李鼎、周楠、余去病、石仲堪四先輩來問命，言獨不取石君，餘皆當高過。」又詢所業經，曰：「習《易》。」史曰：「適南劍鄧暐先輩亦云治《易》，此人今年當擢第。」語罷，始推王五行，曰：「毋諱吾說。君非但今茲不利，後舉亦不得鄉薦。歲在庚午，當再舉，辛未必成就也。」王不樂而退。已而，六人得失皆驗。所談王後來事，的的不差。既廷對，又與同年鄉人江秉鈞往謁。史已不憶前事，獨云：「二君復何問？豈非欲知高下耶？然科級皆不高，王君尚可居黄甲。更有一説，江君生乙巳，帶格角殺，必過房義養者。」二人相顧歎異。蓋江本甘氏子，來爲江翁後云。暨唱名，王第四甲，江末等。史生之精妙如此。右二事，皆王仲共説。

玉女喜神術

邵武人黄通判，自太平州秩滿寓居句容縣僧寺，寺與茅山接。一女未出適，輒有孕，父母疑與人爲姦。然女常日不出，亦無男子往來其家者。密詰之，女泣曰：「兒實非有遇，但每睡時，似夢非夢，必爲一道士迎置静室中，邀與飲宴，且行房室之事，以至有身。久負羞恨而不敢言也。」父意茅山方士所爲，乃託故具齋，悉集十里内道流，使女自帷中窺之，果某觀中道士，頎然秀整，類有道者。擒問之，具伏，遂縛致于縣。縣令考其跡狀，曰：「某所行蓋玉女喜神術也。」命加械杻，囚諸獄。道士高吟數語，未絶聲，黑霧四塞，對面不相覩。少頃霧散，唯五木狼藉于地，道士不見矣。饒文舉説。

盱江丁僧

紹興初，盱江城北十五里間，黄氏客邸有僧過其家，體貌軒昂，云俗姓丁。留數日，白主人，日入城中行乞，夜即還。凡數月，所得錢物亦分以與黄，黄異待之。相處益久，出入無所疑間。遂挑其妻，妻年尚少，有容質。既喜僧姿相，又以數得財故，心許而佯拒之。迨闇，排僧闥而入。房内無燈而自然光明，僧衣金襴袈裟，坐壁間青蓮華上，類世所畫佛菩薩然，妻驚慕作禮。僧遽躍下，語之曰：「吾非世人，將度汝，汝勿泄。」即留與亂。自是，每夫出必往。浸久，黄知而詰之，不敢隱盡，以直告。黄怒，設計將捕治，託故出宿，密反。人定後，妻又詣僧，摘語之曰：「我夫欲捉汝，爲之奈何？」僧曰：「汝無憂。」闔户就寢。黄伏户外側聽，愈怒。欲入而不可，但呼罵之。初亦相應答，已則其聲漸遠，俄寂然無聞。壞壁入，爇火照之，室已虚矣。四壁楞如，僧與妻及器物了不一存，而牕壁牖户無少損處。呼集鄰里追尋，到明昏無音跡，竟莫知所向。建昌崇真隱士黄彦中説。

江南木客

大江以南，地多山，而俗禨鬼。其神怪甚佹異，多依巖石樹木爲叢祠，村村有之。二浙、江東曰「五通」，江西、閩中曰「木下三郎」，又曰「木客」，一足者曰「獨脚五通」，名雖不同，其實則一。考之傳記，所謂木石之怪夔罔兩及山獵是也。李善注《東京賦》云：「野仲游光，兄弟八人，常在人間作怪害。」皆是物云。變幻妖惑，大抵與北方狐魅相似。或能使人乍富，故小人□□致奉事【一】，以祈無妄之福。若微忤其意，則又移奪而之他。遇盛夏，多販易材木於江湖間，隱見不常。人絶畏懼，至不敢斥言，祀賽惟謹。尤喜淫，或爲士大夫美男子，或隨人心所喜慕而化形，或止見本形，至者如猴猱，如尨，如蝦蟆，體相不一，皆趫捷勁健，冷若冰鐵。陽道壯偉，婦女遭之者，率厭苦不堪，羸悴無色，精神奄然。有轉而爲巫者，人指以爲仙，謂逢忤而病者爲仙病。又有三五日至旬月，僵卧不起，如死而復蘇者。自言身在華屋洞户，與貴人驩狎。亦有攝藏挾去，累日方出者。亦有相遇即發狂易，性理乖亂，不可療者。所淫據者，非皆好女子，神言宿契當爾，不然不得近也。交際訖事，遺精如墨水，多感孕成胎。怪媚百端，今紀十餘事于此。建昌軍城西北隅，兵馬監押廨，本吏人曹氏居室，籍入于官，屋後有小祠，來者多爲所擾。趙宥之之女已嫁，

【一】故小人□□致奉事　涵芬樓本注，兩空格，葉本作「好迎」。

與【二】夫侍父行，爲所迷，至白晝出與接。不見其形，但聞女悲泣呻吟，手足撓亂，叫言人來逼己。去而視之，遺瀝正黑【三】，浹液衣被中，女竟死。趙不訥妾，年可三十許，有姿態。嘗奏【四】溷，欲起，髻忽爲横木所串，閣于屋梁上，絶叫求救，人爲解免，便得病，才數日死。南城尉耿弁妻吴有祟孕，臨蓐，痛不可忍。呼僧誦孔雀咒，吞符乃下鬼雛，遍體皆毛。陳氏女未嫁而孕，既嫁，産肉塊如紫帛包裹衣物者。畏而瘞之，女亦死。龔氏妻生子，形如人而絶醜惡。洎長，不畏寒暑，霜天能溪浴。翁十八郎妻虞年少，乾道癸巳遇男子，每夕來同宿。夫元不知，雖在房，常擲置地上，或户外。初亦罔覺，但睡醒則不在床。虞孕三年，至淳熙乙未秋産塊如斗大，棄之溪流，尋亦死。饒氏婦王，在家爲女時，已有感。既嫁，亦來，遂見形，顔色秀麗如婦人，鮮衣華飾，與人語笑。外客至，則相與飣餖蔬果，若家人然。少佛之即擲沙礫，作風火，置人矢牛糞於飲食中，莫不慴畏。後遣歸其父母家，禍乃息。王不知所終。李一妻黄、劉十八妻周，生子如猪豘，毛甚長，墮地能跳躑，一死，一失所在。黄氏妻是【五】夜遇物如藁而長大，逼與交。孕過期乃生，得一青物，類其父。胡氏妻黄，孕不産，占之，巫云：「已在雲頭上受喜，神欲迎之，不可爲也。」果死。新城縣中田村民李氏妾【六】生子，軀幹矬小，面目睢盱如猴，手足指僅寸，不類人，三弟皆然。今五六十歲。南豐縣京源村民丘氏妻，孕十年。兒時時腹中作聲，母欲出門，胎必騰踏，痛至徹心，不出方止。後産一赤猴，色如血，棄之野，母幸獨存。宜黄縣下潦村民袁氏

【二】與　涵芬樓本注，葉本無「與」字。

【三】遺瀝正黑　涵芬樓本注，「正」葉本作「至」。

【四】奏溷　涵芬樓本注，葉本作「登溷」。

【五】是　涵芬樓本注，葉本作「謝」。

【六】妾　涵芬樓本注，葉本作「妻」。

女，汲水門外井中，爲大蛇繳繞仆地，遂與接。束之困急，女號啼宛轉，家人驚擾，召巫。巫云：「是木客所爲，不可殺，久當自去。」薄暮乃解，舁女歸，色萎如蠟。病踰月乃瘳，顔狀終不復舊，成癡人矣。

鬼卒渡溪

紹興癸□，新城縣村渡，月明中，漁人繫舟將歸，聞隔岸人唤船欲渡，就之，則皆文身荷兵刃者，二十餘輩，意其寨卒也，不暇問而載之。既濟，探囊予錢，登岸謝別而去。異時兵卒經過，未嘗有也，漁人既喜且訝。明日，視其錢，皆紙也，始悟其鬼。鄧漢説。

龍門山

南城縣東百餘里龍門山，山顛有寺，幽僻孤寂，人跡罕至，獨一僧居焉。客僧過之，留宿他室，與主僧房相去差遠。既寢，聞户外人呼聲，驚怪不敢起。須臾，門軋然自開。客悸甚，不敢喘息，急下床欲走，門已爲巨石所塞矣。大呼移時，主僧始應。甫問答間，石忽不見，而門開如初。客不復能寐，往即主僧宿焉，且詢其怪。曰：「山鬼所爲也。」前後見此事甚衆，但不能相犯云。邑士鄧慥説。

郴卒唐顛

南城鄧某，宣和五年，爲郴州户曹掾。時牢城卒唐勝，出處詭異，語默不常，若病風狂者，人目之爲唐顛。有母無妻子，嘗以過逃去。久乃從蘇仙山白鹿洞中出，言：「洞中大有佳境，山川邑屋，別一人間也。」或問：「爾何不遂留？」曰：「老母在，安可不歸？異時去，未爲晚。」細扣之，則不答。喜飲酒，常以馬通及蛇置于懷，詣人索酒。若呼與之酒，雖副以糞穢亦不拒。嘗擕毒虺來掾廳，掾呼至庭下，酌大白飲之，唐欣然一吸而盡，取虺齧食，留其半曰：「姑藏之，以俟晚飲。」每醉後，輒坦其腹，使人以鐵椎撞之，如擊木石，顔色略不變，後不知所終。掾之孫植説。

復塘龍珠

豫章武寧縣復塘村，乾道己丑歲七月二十一日，白晝雷雨大作。數牧童放牛壠上，見西北方電光中二龍鬭。良久，東南震霆數聲起，逐退之。二龍奔逃，墜一物於半空中，大如車輪，上下凡數十而不止。少頃，紅霞白雲，盤旋圍繞，竟不得上，遂墮田間。其光漸微，僅若鳧卵大，圓明如珠。衆童競取之，二樵者見其爭不已，爲擊以斧，欲碎而分之，極力不少傷。相近富人余氏聞之來觀，見光采異常，知其龍珠也，易以數十錢。映空而視，中有仙女焉，遂爲所得。府帥吳明可芾給事聞而訪之，余氏以僞珠塞命，吳亦不復取。自此後，邑境連年水災，繼以荒旱，莫咲其故也。

建昌犀石

建昌縣富民，有不肖子常亡賴縱飲。因大醉卧路旁，既醒，見一石如盌大，巉嵓可愛，日光射其中，有物焉。審視之，則犀牛也。不甚以爲貴，持往江州德安，潘氏者奇之，餉錢十萬，取其石。後其父聞而索之，已無及矣。時乾道五年八月也。

陳氏妻【七】

新淦民陳氏，所居在修德鄉之郭下里。隆興初，元妻爲物所魅，經數年，百方禳逐弗効。夫問之：「汝常日所見幾何人？厥狀何如？」妻曰：「先有白衣人强我同寢。我每緝麻時，老嫗必來伴績，仍攜兩童爲執爨，無日不然。」姑亦苦之，謂婦曰：「若至，當報我。」婦奉教。會嫗入室，走白姑。姑挾刃徑往褰帳，嫗正理麻，即斫之。嫗示以囊金曰：「所爲來，欲富汝家，安得殺我？」姑遂止。轉眼間，已滅不見。陳曰：「妖易治爾。」磨刀授妻曰：「白衣至，便斫之。」妻如言，舉刃中肩，怪走而嫗至焉，曰：「郎與相處許久，今乃謀殺之，何無人情如此？使在家受盡楚痛，展轉不能，亦不恨汝，令我來覓藥。」

【七】陳氏妻　涵芬樓本注，此下至卷末，宋本作兩葉，嚴本於中縫均注「補」字。

妻不應，刀猶在手，伺隙剸其脇，嫗奔大山，風掀裙起，狐尾露焉。俄兩女童哭而至曰：「汝已傷我郎君，又傷我婆婆，可謂無義。」妻連斫之，皆化爲石，自是絶不來。

謝生靈柑【八】

温州【九】民謝生，母老病不肯服藥。以夏月思生柑，不啻飢渴，謝生摶手無策。家有小園種此果，乃夜拜樹下，膝爲之穿裂。詰旦，已纍纍結丹實數顆，跪摘以奉。母食之，痼疾遂瘳。聞者傳爲孝感，遠近士大夫爭賦詩詞歌誦其美，目曰「靈柑詩軸」。郡守王溉巽澤詒書它邦，誇廣其事。惜不上諸朝，揭之史策，使繼姜詩孟宗之芳塵以示不朽。時淳熙十四年也。

許德和麥

樂平明口人許德和，聞城下米麥價高，令幹僕董德押一船出糶。既至，而價復增。德用沙礫拌和，以與人，每一石又贏五升。不數日，貨盡，載錢回。甫及家，天氣正好晴，或變陰暗，雷風掀其身於田畈間，即時震死。

【八】謝生靈柑　涵芬樓本按：此條見三志壬卷第五。
【九】温州　李按：三志壬卷五同條作「江州」。

夷堅丁志卷第二十 十五事

郎巖妻[一]

臨川畫工黄生，旅遊如廣昌，至秩巴寨，卒長郎巖館之。中夕，一婦人出燈下，頗可悦，乘醉挑之，欣然相就。詢其誰家人，曰：「主家婦也。」自是每夕至。黄或窘索，必竊資給之。留連半年，漸奄奄病悴。巖問之，不肯言。初，巖嘗與倡暱，妻不勝忿妬，自經死于房。雖葬，猶數爲影響，虚其室莫敢居，而黄居之。巖意其鬼也，告之故，始以實言。巖向空中唾罵之，徙黄出寓旅舍。是夕復來，黄方謀畏避。婦曰：「無用避我，我豈忍害子？子雖遁，我亦來。」黄不得已，留與宿。益久，黄終慮其害己，馳還鄉。中途憩泊，納涼桑下，婦又至，曰：「是賊太無情，相與好合許時，無一分顧戀意，忍棄我邪？宜速反！」黄不敢答，但冥心禱天地，默誦經。婦忽長吁，曰：「此我過也。初不合迷謬，至逢今日。没前程畜産何足慕？我獨不能別擇偶乎？」遂去，其怪始絶。

校勘記

【一】郎巖妻　中華本注：「郎」目録作「郭」。

黄資深

黄資深秀才，廣昌人，館于鄉里王氏。去主家百步許，有婦人自言主家女來與亂。既久，遂病瘵，主人疑焉。子弟於薄暮見牝狗銜酒器，人立而扣館門，匿跡窺之，黄啟户延入。俄聞飲食語笑聲，亦未敢呼問。明日，密詢之，諱拒甚力。是日且晚，狗趨屋後山間，久不返。子弟隨觀其所爲，乃入破冢中，戴髑髏而出。急逐之，棄而走。追擊以杖殺而曳歸。剖其腹，似有孕，一物如皮毬，膜裹皆精液，凝結如乳。即煮熟之，加鹽醯，託爲野物以啗黄。婦人遂不至。黄他日始知其詳，大驚愧，然所患瘵疾亦愈。廣昌黄裹説。

蛇妖

蛇最能爲妖，化形魅人，傳記多載，亦有真形，親與婦女交會者。南城縣東五十里大竹村，建炎間，民家少婦因歸寧，行兩山間，聞林中有聲，回顧，見大蛇在後，婦驚走。蛇昂首張口，疾追及，繞而淫之。婦宛轉不得脱，叫呼求救。見者奔告其家，鄰里皆來赴，莫能措手。盡夜至旦，乃去。又壕【二】口寶慈觀側，田家胡氏婦，年少白皙。春月餉田，去家數里，負擔行山麓。過叢薄中，蛇追之，婦棄擔走。未百步，驚顫而仆，爲所及。以身匝繞，舉尾褰裳，其捷如手，裳皆破裂，淫接甚久。其夫訝餉不至，歸就食，至則見之，憤恚不

【二】壕　涵芬樓本注，原本字形不全，從葉本補。

知所出，呼數十人持杖來救。蛇對衆舉首，怒目呀口，吐氣蓬勃如煙。衆股栗莫敢前，但熟視遠伺而已。數日乃去，婦困臥不能起，形腫腹脹，津沫狼藉。舁歸，下五色汁斗餘，病逾年，色如蠟。宜黄縣富家居近山，女刺繡開牕，每見一蛇相顧，咽間有聲，鳴其傍。伺左右無人，疾走入室，徑就女爲淫。時時以吻接女口，又引首搭肩上，如並頭狀。女啼呼宛轉，不忍聞。家人環視，欲殺蛇，恐并及女。交訖乃去，遂妊娠。十月產，蜿蜒數十。南豐縣葉落坑，紹興丁丑歲，董氏婦夏日浴溪中，遇黑衣男子與野合。又同歸舍，坐臥房内。家人但見長黑蛇，亦不敢殺，七日而後去。婦蓋不知爲異物也。此四女婦皆存。士人傅合、寶慈道士黄師肇説。

二狗怪[三]

臨川縣曹舍村吴氏女，未嫁而孕。父母責之，女云：「每夕黄昏後，有黄衣人踰牆推户入，强我與交，因遂感孕。」家人密伺之，果如女言。將入，迎掊以刃，即死。取火照視，乃鄰家老黄狗也。以藥去其胎，得異雛焉。南城竹油村田家，嘗失少婦，尋捕無迹。半月而後歸，云：「爲烏衣官人迎入山，處大屋下，飲宴相歡，不知何人也。」自是常常去之，或至旬日。家人以爲山鬼，率鄰里壯男子深入探逐。正見大石穴如屋，黑狗抱婦酣寢，不虞人至，無復能化形，遂擊殺之，以婦歸。

【三】二狗怪　涵芬樓本按：目録無「怪」字。

紅葉入懷

撫州金溪士人藍獻卿妻，頗有姿貌。與夫歸寧母家，肩輿行塗中，風雨暴作，空中飄紅葉，冉冉入懷，鮮紅可愛，撫翫不捨。至夜恍惚間，有人登床與接。及明，告其夫。俄得狂疾，言語錯亂，被髮裸跣，不可制。藍大以爲撓，醫巫無所施其伎，了不知何物爲妖也。朱樫說。

楊氏竈神

南城楊氏家頗富，長子不肖，父逐之。天寒無所向，入所貯牛藁屋中，藉草而寢。霜重月明，寒不得寐。忽一虎躍而來，翼從數鬼，皆倀也。直趨屋所，取草鼓舞爲戲。子不敢喘。俄黑雲勁風，咫尺翳暝，虎若被物逐，倉黄走，衆倀亦散。既，神人傳呼而至，命喚土地神。老叟出拜，神人責之曰：「汝受楊氏祭祀有年矣，公縱虎爲暴，郎君幾爲所食，致煩吾出神兵驅之，汝可謂不職矣。吾乃其家竈君司命也，汝識乎？」土地謝罪而退。明日起視，外有虎迹，草皆散擲地上。後其父怒解，子得歸，具言之，由是事竈益謹。縣士羅大臨說。

姚師文

姚師文，南城人。建炎初登第，得宜春尉以死。家之田園，先以歲饑速售，産去而税存。妻弱子幼，莫知買者主名。閲十餘年，負官物【四】至多。邑令李鼎治逋峻，繫姚子於獄累月。會歲盡，鼎憐其實窮，使召保任立期，暫歸。子至家，除夜無以享【五】，獨持飯一器祀其父，告以久囚，不能輸税之故，哀號不已。屋上忽有人呼小名，驚視之，父衣公服立，索紙墨筆硯。子欲梯而上，止之曰：「幽明異塗，不宜相近。第置四物簷間可也。」子退【六】，忍淚屏息，遥望之【七】。姚稍步及簷坐，就膝書滿紙擲下，俯拾之際，父遂不見。新歲，持死父書至邑，邑宰讀所書，某田歸某家，税當若干，遂逮人至【八】，皆駭異承伏，子乃得免。子婦之父董，在臨川，素相善，亦往訪之。空中揖語，相勞如平生。且請具酒席。敘款【九】，而不見形。董曰：「以何禮爲席？」曰：「與生人等耳。」董如言，相對盡敬，不敢少慢。又語及教子，爲出論題，説題意，主張有條理。罷酒，始辭去，仍囑善護其子，自此寂然。

徐以清【一〇】

【四】負官物　涵芬樓本注，「物」，葉本作「租」。

【五】享　涵芬樓本注，葉本多一「祀」字。

【六】子退　涵芬樓本注，葉本作「子如言」。

【七】遥望之　涵芬樓本注，葉本作「以聽」。

【八】遂逮人至　涵芬樓本注，葉本作「遂逮各人至」，南圖本作「遂逮逋人至」。

【九】且請具酒席敘款　涵芬樓本注，「席」葉本作「食」，「敘款」二字原闕，據葉本補。

【一〇】徐以清　涵芬樓本注，此下葉本闕十一行。

朱承議

南豐朱氏之祖軾，字器之，就館於村墅。嘗告歸邑居，中道如廁，見一農夫自縊而氣未絶，急呼傍近人共救解之。既得活，詢其故，曰：「負租坐繫不能輸【一一】，雖幸責任給限，竟無以自脱，至於就死。豈予所欲哉【一二】？」問：「所負幾何？」曰：「得數千錢便了，特無所從出。」朱隨身齎挾僅【一三】有此數，悉與之，不告姓名而行。歲夕無以祭神，亦不悔也【一四】。後以累舉恩，至承議郎。生五子，京至國子司業，彦終待制，褒爲郎官，襄至郡守，皆知名當世。朱公清健康寧，及見諸子達官【一五】，享甘旨，年八十有餘乃卒。里中人至今能言之。

巴山蛇

崇仁縣農家子婦，頗少艾，因往屋後暴衣不還，求之鄰里及其父母家，皆不見，遂詣縣告。縣爲下里正，揭賞搜捕，閲半月弗得。其家在巴山下十里，山絶高峻。樵者負薪歸，至半嶺，望絶壁嵒崖間，若皂衣人擁抱婦人坐者，疑此是也。置薪于地，尋磴道，攀援而上。稍近，兩人俱入穴中。穴深不可測，樵歸報厥夫，意爲惡子竊負而逃者。時日已夕，不克往。至明，家人率樵至其處偵視，莫敢入。或云：「穴深且暗，非人能處，殆妖魅所

【一一】不能輸　涵芬樓本注，葉本作「貧不能輸」。

【一二】至於就死豈予所欲哉　涵芬樓本注，葉本作「至就死地，豈所欲哉」。

【一三】僅　涵芬樓本注，葉本作「適」。

【一四】歲夕無以祭神亦不悔也　涵芬樓本注，「歲夕」下明鈔本多一「至」字，「祭神」葉本作「供祭」，且下無「亦」字。

【一五】達官　涵芬樓本注，葉本作「顯達」。

爲，宜委諸巫覡。」聞樂安詹生素善術，亟招致之。詹被髪銜刀，禹步作法，先擲布巾入。須臾，青氣一道如煙，吹巾出。又脱冠服擲下，亦爲氣所却。詹不得已，倮身持刀，躍而下。穴廣袤如數間屋，盤石如牀，婦人仰卧，大蛇纏其身，奮起欲鬬，詹揮刀排墮床下，挾婦人相繼躍出。婦色黄如梔，瞑目垂死。詹爲毒氛熏觸，因卧久，乃蘇。含水噀婦，婦即活，歸之。明日始能言，云：「初暴衣時，爲皂袍【一六】人隔籬相誘，不覺與俱行。亦不知登山履危，但在高堂華屋内，與共寢處。飢則以物如餳與我食，食已即飽。心常迷蒙，殊不悟其爲異類也。」鄉人共請詹盡蛇命，詹曰：「吾只能禁使勿出，不能殺也。」乃施符穴口，鎮之，自是亦絶。

興國道人

劉大夫子昂爲贛州興國宰，一子年十七八歲，嘗出書館中，見醉人酣寢于階下，令掖出，則常日在市貨藥道人也。明日復然，疑其異人，命扶入齋舍，揖使坐，焚香作禮。道人曰：「郎年少，拜我何爲？且何所求也？」劉曰：「某觀先生必非尋常人，願求秘術爾。」道人笑探布囊，取文字三卷，緘其二，皆長二寸許，僅如指大，堅緊若木石，悉以授之，戒曰：「謹守護，勿遺失，勿泄於人。先取不封一卷敬行之，餘以次啓視，書盡則事成矣。」丁寧反復，乃去。劉大喜，退發其書，皆符籙呪術也。依法稍行之，無不立驗。呪一棗置

【一六】皂袍　涵芬樓本注，原本字形不全，據陸本補。

水缸中，試飲病者，無新故癃篤輒愈，請水者雲集。父聞之，大以爲憂。詢小吏得其實，索書欲觀，子不敢隱，取以示，即命焚之。火畢，室有聲如雷。少頃，神將數輩如世所繪天下力士者，涕泣辭訣，謂子昂曰：「明府誤矣！賢子當積功行而得道，今乃如此，何不祥甚邪？豈惟不得道，將致禍。某年受大難，不可禳也。」言訖，隱不見。及期，子果死。

陳磨鏡

衡州陳道人以磨鏡爲業，中年忽盲，但日凭妻肩行於市。嘗到衡州，覺有拊其背，曰：「陳翁，明旦出郭相尋，無失約。」明將往，妻止之曰：「蠻寇方擾，安撫李尚書以重賞募級，或有殺平人以應令。汝設遭此，奈何？」遂已。明日復遇之，約如初，且責其失信。陳語其故，曰：「明日但出，無害也。」乃如之。至則一道人攜陳手行官道上，詣粉牆後，附耳語，俄頃别去，不知所言何事也。自是陳不復出，獨令妻自行磨鏡以取給，而閉户端坐。過百日，雙目瞭然復明，顔色潤澤如少年時，頗能談人未來事。至今猶往來湖湘間。

右二事，余翼説。

烏山媪

新建烏山村，乾道辛卯歲，邑境饑疫，有田家十餘口盡死，唯老媪與小孫在。未幾，媪亦死。孫力疾出，哀祈鄰里，丐掩葬，皆畏病染，不肯往。越五日，嫗手足微動，俄體煖目開，遂復活。孫掖起坐，問之曰：「數日何所往？若外人肯相助，則入土矣。幸而不至，豈非天乎？」嫗曰：「我了不覺知，但見人唤我去，仍擔我破籠，隨行到橋邊。一人自橋而下，令留住行李，使行橋上。顧來者紛紛，在泥在水，舉足如陷。不暇問，前詣官府，朱扉洞開，門内朱紫衣冠，緇黄男女，被驅逐甚衆。路逢縣中舊識吏，問是何處，吏曰：『非汝所知，汝不合來此。皆是劫會中人，五百年當一小劫。吾掌綾絹紙三等簿，紙簿勾已盡，絹簿亦勾半。汝係簿内人，然未當至，宜急回。』使人引出，復過橋，守者舉手加額曰：『還爾籠，爾有善心，脱此劫會，吾爲爾喜。今速歸，救爾屋宅。』遂失脚墮橋下，乃甦。」齊徹說。

陳巫女

南城士人于仲德，爲子齗納婦陳氏。陳世爲巫，女在家時，嘗許以事神。既嫁，神日日來惑蠱之。每至，必一犬踔躍前導，陳則盛飾入室以須。衆皆見犬，不見人，踰時始去。于氏以爲撓，召道士奏章告天。陳稍甦，自言：「比苦心志罔，罔不憶人事，唯覺在朱門洞户宫室之中，服飾供帳，華麗焕好。一美男子如貴人，相與燕處，如是甚久。其母忽怒呼，謂子曰：『不合留婦人於此，今上天有命，汝將奈何？盍以平日所積錢爲自脱計？』

子亦甚懼，遽云：『急遣歸。』自爾復常。于氏父子計，以婦本巫家，故爲神所擾。不若及其無恙時善遣之。遂令歸父母家，竟復使爲巫。王三錫説。

雪中鬼迹

紹興庚午歲十一月，建昌新城縣永安村，風雪大作半夜，村中聞數百千人行聲，或語或笑，或歌或哭，雜擾匆遽，不甚明了，莫不駭怪。而凝寒陰翳，咫尺莫辨。有膽者開門諦視，略無所覩。明旦，雪深尺餘，雪中迹如兵馬所經，人畜鳥獸之蹤相半，或流血污染，如此幾十許里，入深山乃絶。自十八卷至此，除《路當可》一事外，皆建昌士人鄧植端若轉爲予言。

圖書在版編目(CIP)數據

全宋筆記. 第9編. 4 / 上海師範大學古籍整理研究所編.— 鄭州：大象出版社，2018. 3

ISBN 978-7-5347-9438-4

Ⅰ.①全… Ⅱ.①上… Ⅲ.①中國歷史—史料—宋代 Ⅳ.①K244.066

中國版本圖書館 CIP 數據核字(2017)第 162668 號

全宋筆記 第九編 四

出版人	王劉純
特約編輯	陳新
責任編輯	郭一凡
整體設計	張勝
出版發行	大象出版社 鄭州市開元路16號(450044)
製版	上海杰申電腦排版有限公司
印刷	北京匯林印務有限公司
版次	2018年3月第1版2018年3月第1次印刷
開本	640mm×960mm 1/16 25.25印張
字數	275千字
印數	1—1000册
定價	88.00元